POLACO
V O C A B U L Á R I O

PALAVRAS MAIS ÚTEIS

PORTUGUÊS
POLACO

Para alargar o seu léxico e apurar
as suas competências linguísticas

7000 palavras

Vocabulário Português-Polaco - 7000 palavras
Por Andrey Taranov

Os vocabulários da T&P Books destinam-se a ajudar a aprender, a memorizar, e a rever palavras estrangeiras. O dicionário é dividido em temas, cobrindo todas as principais esferas de atividades quotidianas, negócios, ciência, cultura, etc.

O processo de aprendizagem, utilizando os dicionários baseados em temáticas da T&P Books dá-lhe as seguintes vantagens:

- Informação de origem corretamente agrupada predetermina o sucesso em fases subsequentes da memorização de palavras
- Disponibilização de palavras derivadas da mesma raiz, o que permite a memorização de unidades de texto (em vez de palavras separadas)
- Pequenas unidades de palavras facilitam o processo de estabelecimento de vínculos associativos necessários para a consolidação do vocabulário
- O nível de conhecimento da língua pode ser estimado pelo número de palavras aprendidas

T&P Books Publishing
www.tpbooks.com

ISBN: 978-1-78400-893-2

Este livro também está disponível em formato E-book.
Por favor visite www.tpbooks.com ou as principais livrarias on-line.

VOCABULÁRIO POLACO
palavras mais úteis

Os vocabulários da T&P Books destinam-se a ajudar a aprender, a memorizar, e a rever palavras estrangeiras. O vocabulário contém mais de 7000 palavras de uso comum organizadas tematicamente.

O vocabulário contém as palavras mais comummente usadas
Recomendado como adicional para qualquer curso de línguas
Satisfaz as necessidades dos iniciados e dos alunos avançados de línguas estrangeiras
Conveniente para o uso diário, sessões de revisão e atividades de auto-teste
Permite avaliar o seu vocabulário

Características especias do vocabulário

· As palavras estão organizadas de acordo com o seu significado, e não por ordem alfabética
· As palavras são apresentadas em três colunas para facilitar os processos de revisão e auto-teste
· As palavras compostas são divididas em pequenos blocos para facilitar o processo de aprendizagem
· O vocabulário oferece uma transcrição simples e adequada de cada palavra estrangeira

O vocabulário contém 198 tópicos incluindo:

Conceitos básicos, Números, Cores, Meses, Estações do ano, Unidades de medida, Roupas & Acessórios, Alimentos & Nutrição, Restaurante, Membros da Família, Parentes, Caráter, Sentimentos, Emoções, Doenças, Cidade, Passeios, Compras, Dinheiro, Casa, Lar, Escritório, Trabalho no Escritório, Importação & Exportação, Marketing, Pesquisa de Emprego, Desportos, Educação, Computador, Internet, Ferramentas, Natureza, Países, Nacionalidades e muito mais ...

TABELA DE CONTEÚDOS

GUIA DE PRONUNCIAÇÃO

Letra	Exemplo Polaco	Alfabeto fonético T&P	Exemplo Português

Vogais

A a	fala	[a]	chamar
Ą ą	są	[ɔ̃]	anaconda
E e	tekst	[ɛ]	mesquita
Ę ę	pięć	[ɛ̃]	centro
I i	niski	[i]	sinónimo
O o	strona	[ɔ]	emboço
Ó ó	ołów	[u]	bonita
U u	ulica	[u]	bonita
Y y	stalowy	[ɪ]	sinónimo

Consoantes

B b	brew	[b]	barril
C c	palec	[ʦ]	tsé-tsé
Ć ć	haftować	[ʧ]	Tchau!
D d	modny	[d]	dentista
F f	perfumy	[f]	safári
G g	zegarek	[g]	gosto
H h	handel	[h]	[h] aspirada
J j	jajko	[j]	géiser
K k	krab	[k]	kiwi
L l	mleko	[l]	libra
Ł ł	głodny	[w]	página web
M m	guma	[m]	magnólia
N n	Indie	[n]	natureza
Ń ń	jesień	[ɲ]	ninhada
P p	poczta	[p]	presente
R r	portret	[r]	riscar
S s	studnia	[s]	sanita
Ś ś	świat	[ɕ]	shiatsu
T t	taniec	[t]	sitiar
W w	wieczór	[v]	fava
Z z	zachód	[z]	sésamo
Ź ź	żaba	[ʑ]	tajique
Ż ż	żagiel	[ʒ]	talvez

Letra	Exemplo Polaco	Alfabeto fonético T&P	Exemplo Português

Combinações de letras

ch	ich, zachód	[h]	[h] suave
ci	kwiecień	[tʃ]	Tchim-tchim!
cz	czasami	[tʃ]	Tchau!
dz	dzbanek	[dz]	pizza
dzi	dziecko	[dʑ]	tajique
dź	dźwig	[dʑ]	tajique
dż	dżinsy	[j]	géiser
ni	niedziela	[ɲ]	ninhada
rz	orzech	[ʒ]	talvez
si	osiem	[ɕ]	shiatsu
sz	paszport	[ʃ]	mês
zi	zima	[ʑ]	tajique

Comentários

* As letras **Qq, Ww, Xx** são usadas apenas em estrangeirismos

ABREVIATURAS
usadas no vocabulário

Abreviaturas do Português

adj	-	adjetivo
adv	-	advérbio
anim.	-	animado
conj.	-	conjunção
desp.	-	desporto
etc.	-	etecetra
ex.	-	por exemplo
f	-	nome feminino
f pl	-	feminino plural
fem.	-	feminino
inanim.	-	inanimado
m	-	nome masculino
m pl	-	masculino plural
m, f	-	masculino, feminino
masc.	-	masculino
mat.	-	matemática
mil.	-	militar
pl	-	plural
prep.	-	preposição
pron.	-	pronome
sb.	-	sobre
sing.	-	singular
v aux	-	verbo auxiliar
vi	-	verbo intransitivo
vi, vt	-	verbo intransitivo, transitivo
vr	-	verbo reflexivo
vt	-	verbo transitivo

Abreviaturas do Polaco

ż	-	nome feminino
ż, l.mn.	-	feminino plural
l.mn.	-	plural
m	-	nome masculino
m, ż	-	masculino, feminino
m, l.mn.	-	masculino plural
n	-	neutro

CONCEITOS BÁSICOS

Conceitos básicos. Parte 1

1. Pronomes

eu	ja	[ja]
tu	ty	[ti]
ele	on	[ɔn]
ela	ona	['ɔna]
ele, ela (neutro)	ono	['ɔnɔ]
nós	my	[mi]
vocês	wy	[vi]
eles, elas	one	['ɔnɛ]

2. Cumprimentos. Saudações. Despedidas

Olá!	Dzień dobry!	[dʒeɲ 'dɔbri]
Bom dia! (formal)	Dzień dobry!	[dʒeɲ 'dɔbri]
Bom dia! (de manhã)	Dzień dobry!	[dʒeɲ 'dɔbri]
Boa tarde!	Dzień dobry!	[dʒeɲ 'dɔbri]
Boa noite!	Dobry wieczór!	[dɔbri 'vetʃur]
cumprimentar (vt)	witać się	['vitatʃ ɕɛ̃]
Olá!	Cześć!	[tʃɛɕtʃ]
saudação (f)	pozdrowienia (l.mn.)	[pɔzdrɔ'veɲa]
saudar (vt)	witać	['vitatʃ]
Como vai?	Jak się masz?	[jak ɕɛ̃ maʃ]
O que há de novo?	Co nowego?	[tsɔ nɔ'vɛgɔ]
Até à vista!	Do widzenia!	[dɔ vi'dzɛɲa]
Até breve!	Do zobaczenia!	[dɔ zɔbat'ʃɛɲa]
Adeus! (sing.)	Żegnaj!	['ʒɛgnaj]
Adeus! (pl)	Żegnam!	['ʒɛgnam]
despedir-se (vr)	żegnać się	['ʒɛgnatʃ ɕɛ̃]
Até logo!	Na razie!	[na 'raʒe]
Obrigado! -a!	Dziękuję!	[dʒɛ̃'kue]
Muito obrigado! -a!	Bardzo dziękuję!	[bardzɔ dʒɛ̃'kuɛ̃]
De nada	Proszę	['prɔʃɛ]
Não tem de quê	To drobiazg	[tɔ 'drɔbʲazg]
De nada	Nie ma za co	['ne ma 'za tsɔ]
Desculpa! -pe!	Przepraszam!	[pʃɛp'raʃam]
desculpar (vt)	wybaczać	[vi'batʃatʃ]

desculpar-se (vr)	przepraszać	[pʃɛp'raʃatʃ]
As minhas desculpas	Przepraszam!	[pʃɛp'raʃam]
Desculpe!	Przepraszam!	[pʃɛp'raʃam]
perdoar (vt)	wybaczać	[vi'batʃatʃ]
por favor	proszę	['prɔʃɛ̃]

Não se esqueça!	Nie zapomnijcie!	[ne zapɔm'nijtʃe]
Certamente! Claro!	Oczywiście!	[ɔtʃi'viɕtʃe]
Claro que não!	Oczywiście, że nie!	[ɔtʃiviɕtʃe ʒɛ 'ne]
Está bem! De acordo!	Zgoda!	['zɡɔda]
Basta!	Dosyć!	['dɔsitʃ]

3. Números cardinais. Parte 1

zero	zero	['zɛrɔ]
um	jeden	['edɛn]
dois	dwa	[dva]
três	trzy	[tʃi]
quatro	cztery	['tʃtɛri]

cinco	pięć	[pɛ̃tʃ]
seis	sześć	[ʃɛɕtʃ]
sete	siedem	['ɕedɛm]
oito	osiem	['ɔɕem]
nove	dziewięć	['dʒevɛ̃tʃ]

dez	dziesięć	['dʒeɕɛ̃tʃ]
onze	jedenaście	[edɛ'naɕtʃe]
doze	dwanaście	[dva'naɕtʃe]
treze	trzynaście	[tʃi'naɕtʃe]
catorze	czternaście	[tʃtɛr'naɕtʃe]

quinze	piętnaście	[pɛ̃t'naɕtʃe]
dezasseis	szesnaście	[ʃɛs'naɕtʃe]
dezassete	siedemnaście	[ɕedɛm'naɕtʃe]
dezoito	osiemnaście	[ɔɕem'naɕtʃe]
dezanove	dziewiętnaście	[dʒevɛ̃t'naɕtʃe]

vinte	dwadzieścia	[dva'dʒeɕtʃʲa]
vinte e um	dwadzieścia jeden	[dva'dʒeɕtʃʲa 'edɛn]
vinte e dois	dwadzieścia dwa	[dva'dʒeɕtʃʲa dva]
vinte e três	dwadzieścia trzy	[dva'dʒeɕtʃʲa tʃi]

trinta	trzydzieści	[tʃi'dʒeɕtʃi]
trinta e um	trzydzieści jeden	[tʃi'dʒeɕtʃi 'edɛn]
trinta e dois	trzydzieści dwa	[tʃi'dʒeɕtʃi dva]
trinta e três	trzydzieści trzy	[tʃi'dʒeɕtʃi tʃi]

quarenta	czterdzieści	[tʃtɛr'dʒeɕtʃi]
quarenta e um	czterdzieści jeden	[tʃtɛr'dʒeɕtʃi 'edɛn]
quarenta e dois	czterdzieści dwa	[tʃtɛr'dʒeɕtʃi dva]
quarenta e três	czterdzieści trzy	[tʃtɛr'dʒeɕtʃi tʃi]
cinquenta	pięćdziesiąt	[pɛ̃'dʒeɕɔ̃t]
cinquenta e um	pięćdziesiąt jeden	[pɛ̃'dʒeɕɔ̃t 'edɛn]

| cinquenta e dois | pięćdziesiąt dwa | [pɛ̃'dʒeɕɔt dva] |
| cinquenta e três | pięćdziesiąt trzy | [pɛ̃'dʒeɕɔt tʃi] |

sessenta	sześćdziesiąt	[ʃɛɕ'dʒeɕɔt]
sessenta e um	sześćdziesiąt jeden	[ʃɛɕ'dʒeɕɔt 'edɛn]
sessenta e dois	sześćdziesiąt dwa	[ʃɛɕ'dʒeɕɔt dva]
sessenta e três	sześćdziesiąt trzy	[ʃɛɕ'dʒeɕɔt tʃi]

setenta	siedemdziesiąt	[ɕedɛm'dʒeɕɔt]
setenta e um	siedemdziesiąt jeden	[ɕedɛm'dʒeɕɔt 'edɛn]
setenta e dois	siedemdziesiąt dwa	[ɕedɛm'dʒeɕɔt dva]
setenta e três	siedemdziesiąt trzy	[ɕedɛm'dʒeɕɔt tʃi]

oitenta	osiemdziesiąt	[ɔɕem'dʒeɕɔt]
oitenta e um	osiemdziesiąt jeden	[ɔɕem'dʒeɕɔt 'edɛn]
oitenta e dois	osiemdziesiąt dwa	[ɔɕem'dʒeɕɔt dva]
oitenta e três	osiemdziesiąt trzy	[ɔɕem'dʒeɕɔt tʃi]

noventa	dziewięćdziesiąt	[dʒevɛ̃'dʒeɕɔt]
noventa e um	dziewięćdziesiąt jeden	[dʒevɛ̃'dʒeɕɔt edɛn]
noventa e dois	dziewięćdziesiąt dwa	[dʒevɛ̃'dʒeɕɔt dva]
noventa e três	dziewięćdziesiąt trzy	[dʒevɛ̃'dʒeɕɔt tʃi]

4. Números cardinais. Parte 2

cem	sto	[stɔ]
duzentos	dwieście	['dveɕtʃe]
trezentos	trzysta	['tʃista]
quatrocentos	czterysta	['tʃtɛrista]
quinhentos	pięćset	['pɛ̃tʃsɛt]

seiscentos	sześćset	['ʃɛɕtʃsɛt]
setecentos	siedemset	['ɕedɛmsɛt]
oitocentos	osiemset	[ɔ'ɕemsɛt]
novecentos	dziewięćset	['dʒevɛ̃tʃsɛt]

mil	tysiąc	['tiɕɔts]
dois mil	dwa tysiące	[dva tiɕɔtsɛ]
De quem são ...?	trzy tysiące	[tʃi tiɕɔtsɛ]
dez mil	dziesięć tysięcy	['dʒeɕɛtʃ ti'ɕentsi]
cem mil	sto tysięcy	[stɔ ti'ɕentsi]
um milhão	milion	['miʎjɔn]
mil milhões	miliard	['miʎjart]

5. Números. Frações

fração (f)	ułamek (m)	[u'wamɛk]
um meio	jedna druga	['edna 'druga]
um terço	jedna trzecia	['edna 'tʃetʃa]
um quarto	jedna czwarta	['edna 'tʃfarta]
um oitavo	jedna ósma	['edna 'usma]
um décimo	jedna dziesiąta	['edna dʒeɕɔta]

| dois terços | dwie trzecie | [dve 'ʧɛʧe] |
| três quartos | trzy czwarte | [ʧi 'ʧfarte] |

6. Números. Operações básicas

subtração (f)	odejmowanie (n)	[ɔdɛjmɔ'vane]
subtrair (vi, vt)	odejmować	[ɔdɛj'mɔvaʧ]
divisão (f)	dzielenie (n)	[dʒe'lene]
dividir (vt)	dzielić	['dʒeliʧ]

adição (f)	dodawanie (n)	[dɔda'vane]
somar (vt)	dodać	['dɔdaʧ]
adicionar (vt)	dodawać	[dɔ'davaʧ]
multiplicação (f)	mnożenie (n)	[mnɔ'ʒɛne]
multiplicar (vt)	mnożyć	['mnɔʒiʧ]

7. Números. Diversos

algarismo, dígito (m)	cyfra (ż)	['tsifra]
número (m)	liczba (ż)	['liʧba]
numeral (m)	liczebnik (m)	[lit'ʃɛbnik]
menos (m)	minus (m)	['minus]
mais (m)	plus (m)	[plys]
fórmula (f)	wzór (m)	[vzur]

cálculo (m)	obliczenie (n)	[ɔbli'ʧane]
contar (vt)	liczyć	['liʧiʧ]
calcular (vt)	podliczać	[pɔd'liʧaʧ]
comparar (vt)	porównywać	[pɔruv'nivaʧ]

Quanto, -os, -as?	lle?	['ile]
soma (f)	suma (ż)	['suma]
resultado (m)	wynik (m)	['vinik]
resto (m)	reszta (ż)	['rɛʃta]

alguns, algumas …	kilka	['kiʎka]
um pouco de …	niedużo …	[ne'duʒɔ]
resto (m)	reszta (ż)	['rɛʃta]
um e meio	półtora	[puw'tɔra]
dúzia (f)	tuzin (m)	['tuʒin]

ao meio	na pół	[na puw]
em partes iguais	po równo	[pɔ 'ruvnɔ]
metade (f)	połowa (ż)	[pɔ'wɔva]
vez (f)	raz (m)	[raz]

8. Os verbos mais importantes. Parte 1

| abrir (vt) | otwierać | [ɔt'feraʧ] |
| acabar, terminar (vt) | kończyć | ['kɔɲʧiʧ] |

16

aconselhar (vt)	radzić	['radʒitɕ]
adivinhar (vt)	odgadnąć	[ɔd'gadnɔ̃tɕ]
advertir (vt)	ostrzegać	[ɔst'ʃɛgatɕ]

ajudar (vt)	pomagać	[pɔ'magatɕ]
almoçar (vi)	jeść obiad	[eɕtɕ 'ɔbʲat]
alugar (~ um apartamento)	wynajmować	[vinaj'mɔvatɕ]
amar (vt)	kochać	['kɔhatɕ]
ameaçar (vt)	grozić	['grɔʒitɕ]

anotar (escrever)	zapisywać	[zapi'sivatɕ]
apanhar (vt)	łowić	['wɔvitɕ]
apressar-se (vr)	śpieszyć się	['ɕpeʃitɕ ɕɛ̃]
arrepender-se (vr)	żałować	[ʒa'wɔvatɕ]
assinar (vt)	podpisywać	[pɔtpi'sivatɕ]

atirar, disparar (vi)	strzelać	['stʃɛʎatɕ]
brincar (vi)	żartować	[ʒar'tɔvatɕ]
brincar, jogar (crianças)	grać	[gratɕ]
buscar (vt)	szukać	['ʃukatɕ]
caçar (vi)	polować	[pɔ'lɔvatɕ]

cair (vi)	spadać	['spadatɕ]
cavar (vt)	kopać	['kɔpatɕ]
cessar (vt)	przestawać	[pʃɛs'tavatɕ]
chamar (~ por socorro)	wołać	['vɔwatɕ]
chegar (vi)	przyjeżdżać	[pʃi'eʒdʒatɕ]
chorar (vi)	płakać	['pwakatɕ]

começar (vt)	rozpoczynać	[rɔspɔt'ʃinatɕ]
comparar (vt)	porównywać	[pɔruv'nivatɕ]
compreender (vt)	rozumieć	[rɔ'zumetɕ]
concordar (vi)	zgadzać się	['zgadzatɕ ɕɛ̃]
confiar (vt)	ufać	['ufatɕ]

confundir (equivocar-se)	mylić	['militɕ]
conhecer (vt)	znać	[znatɕ]
contar (fazer contas)	liczyć	['litʃitɕ]
contar com (esperar)	liczyć na ...	['litʃitɕ na]
continuar (vt)	kontynuować	[kɔntinu'ɔvatɕ]

controlar (vt)	kontrolować	[kɔntrɔ'lɔvatɕ]
convidar (vt)	zapraszać	[zap'raʃatɕ]
correr (vi)	biec	[bets]
criar (vt)	stworzyć	['stfɔʒitɕ]
custar (vt)	kosztować	[kɔʃ'tɔvatɕ]

9. Os verbos mais importantes. Parte 2

dar (vt)	dawać	['davatɕ]
dar uma dica	czynić aluzje	['tʃinitɕ a'lyzʲe]
decorar (enfeitar)	ozdabiać	[ɔz'dabʲatɕ]
defender (vt)	bronić	['brɔnitɕ]
deixar cair (vt)	upuszczać	[u'puʃtʃatɕ]

17

descer (para baixo)	schodzić	['shɔdʒitʃ]
desculpar-se (vr)	przepraszać	[pʃɛp'raʃatʃ]
dirigir (~ uma empresa)	kierować	[ke'rɔvatʃ]
discutir (notícias, etc.)	omawiać	[ɔ'maviatʃ]
dizer (vt)	powiedzieć	[pɔ'vedʒetʃ]

duvidar (vt)	wątpić	['võtpitʃ]
encontrar (achar)	znajdować	[znaj'dɔvatʃ]
enganar (vt)	oszukiwać	[ɔʃu'kivatʃ]
entrar (na sala, etc.)	wchodzić	['fhɔdʒitʃ]
enviar (uma carta)	wysyłać	[vɨ'siwatʃ]

errar (equivocar-se)	mylić się	['militʃ cɛ̃]
escolher (vt)	wybierać	[vɨ'beratʃ]
esconder (vt)	chować	['hɔvatʃ]
escrever (vt)	pisać	['pisatʃ]
esperar (o autocarro, etc.)	czekać	['tʃɛkatʃ]

esperar (ter esperança)	mieć nadzieję	[metʃ na'dʒeɛ̃]
esquecer (vt)	zapominać	[zapɔ'minatʃ]
estudar (vt)	studiować	[studʰɔvatʃ]
exigir (vt)	zażądać	[za'ʒõdatʃ]
existir (vi)	istnieć	['istnetʃ]

explicar (vt)	objaśniać	[ɔbʰ'jacɲatʃ]
falar (vi)	rozmawiać	[rɔz'maviatʃ]
faltar (clases, etc.)	opuszczać	[ɔ'puʃtʃatʃ]
fazer (vt)	robić	['rɔbitʃ]
gabar-se, jactar-se (vr)	chwalić się	['hfalitʃ cɛ̃]

gostar (apreciar)	podobać się	[pɔ'dɔbatʃ cɛ̃]
gritar (vi)	krzyczeć	['kʃɨtʃɛtʃ]
guardar (cartas, etc.)	zachowywać	[zahɔ'vivatʃ]
informar (vt)	informować	[infɔr'mɔvatʃ]
insistir (vi)	nalegać	[na'legatʃ]

insultar (vt)	znieważać	[zne'vaʒatʃ]
interessar-se (vr)	interesować się	[intɛrɛ'sɔvatʃ cɛ̃]
ir (a pé)	iść	[ictʃ]
ir nadar	kąpać się	['kõpatʃ cɛ̃]
jantar (vi)	jeść kolację	[ectʃ kɔ'ʎats ʰɛ̃]

10. Os verbos mais importantes. Parte 3

ler (vt)	czytać	['tʃitatʃ]
libertar (cidade, etc.)	wyzwalać	[viz'vaʎatʃ]
matar (vt)	zabijać	[za'bijatʃ]
mencionar (vt)	wspominać	[fspɔ'minatʃ]
mostrar (vt)	pokazywać	[pɔka'zivatʃ]

mudar (modificar)	zmienić	['zmenitʃ]
nadar (vi)	pływać	['pwivatʃ]
negar-se a ...	odmawiać	[ɔd'maviatʃ]
objetar (vt)	sprzeciwiać się	[spʃɛ'tʃiviatʃ cɛ̃]

observar (vt)	obserwować	[ɔbsɛr'vɔvatʃ]
ordenar (mil.)	rozkazywać	[rɔska'zivatʃ]
ouvir (vt)	słyszeć	['swiʃɛtʃ]
pagar (vt)	płacić	['pwatʃitʃ]
parar (vi)	zatrzymywać się	[zatʃi'mivatʃ ɕɛ̃]

participar (vi)	uczestniczyć	[utʃɛst'nitʃitʃ]
pedir (comida)	zamawiać	[za'mavʲatʃ]
pedir (um favor, etc.)	prosić	['prɔɕitʃ]
pegar (tomar)	brać	[bratʃ]
pensar (vt)	myśleć	['miɕletʃ]

perceber (ver)	zauważać	[zau'vaʒatʃ]
perdoar (vt)	przebaczać	[pʃɛ'batʃatʃ]
perguntar (vt)	pytać	['pitatʃ]
permitir (vt)	zezwalać	[zɛz'vaʎatʃ]
pertencer a ...	należeć	[na'leʒɛtʃ]

planear (vt)	planować	[pʎa'nɔvatʃ]
possuir (vt)	posiadać	[pɔ'ɕadatʃ]
preferir (vt)	woleć	['vɔletʃ]
preparar (vt)	gotować	[gɔ'tɔvatʃ]

prever (vt)	przewidzieć	[pʃɛ'vidʒetʃ]
prometer (vt)	obiecać	[ɔ'betsatʃ]
pronunciar (vt)	wymawiać	[vi'mavʲatʃ]
propor (vt)	proponować	[prɔpɔ'nɔvatʃ]
punir (castigar)	karać	['karatʃ]

11. Os verbos mais importantes. Parte 4

quebrar (vt)	psuć	[psutʃ]
queixar-se (vr)	skarżyć się	['skarʒitʃ ɕɛ̃]
querer (desejar)	chcieć	[htʃetʃ]
recomendar (vt)	polecać	[pɔ'letsatʃ]
repetir (dizer outra vez)	powtarzać	[pɔf'taʒatʃ]

repreender (vt)	besztać	['bɛʃtatʃ]
reservar (~ um quarto)	rezerwować	[rɛzɛr'vɔvatʃ]
responder (vt)	odpowiadać	[ɔtpɔ'vʲadatʃ]
rezar, orar (vi)	modlić się	['mɔdlitʃ ɕɛ̃]
rir (vi)	śmiać się	['ɕmʲatʃ ɕɛ̃]

roubar (vt)	kraść	[kraɕtʃ]
saber (vt)	wiedzieć	['vedʒetʃ]
sair (~ de casa)	wychodzić	[vi'hɔdʒitʃ]
salvar (vt)	ratować	[ra'tɔvatʃ]
seguir ...	podążać	[pɔ'dɔ̃ʒatʃ]

sentar-se (vr)	siadać	['ɕadatʃ]
ser necessário	być potrzebnym	[bitʃ pɔt'ʃɛbnim]
ser, estar	być	[bitʃ]
significar (vt)	znaczyć	['znatʃitʃ]
sorrir (vi)	uśmiechać się	[uɕ'mehatʃ ɕɛ̃]

subestimar (vt)	nie doceniać	[nedɔ'tsɛɲatʃ]
surpreender-se (vr)	dziwić się	['dʒiviʧ ɕɛ̃]
tentar (vt)	próbować	[pru'bɔvatʃ]

ter (vt)	mieć	[meʧ]
ter fome	chcieć jeść	[hʧeʧ eɕʧ]
ter medo	bać się	[batʃ ɕɛ̃]
ter sede	chcieć pić	[hʧeʧ piʧ]

tocar (com as mãos)	dotykać	[dɔ'tikatʃ]
tomar o pequeno-almoço	jeść śniadanie	[eɕʧ ɕɲa'dane]
trabalhar (vi)	pracować	[pra'tsɔvatʃ]
traduzir (vt)	tłumaczyć	[twu'maʧiʧ]
unir (vt)	łączyć	['wɔ̃ʧiʧ]

vender (vt)	sprzedawać	[spʃɛ'davatʃ]
ver (vt)	widzieć	['vidʒeʧ]
virar (ex. ~ à direita)	skręcać	['skrɛntsatʃ]
voar (vi)	lecieć	['leʧeʧ]

12. Cores

cor (f)	kolor (m)	['kɔlɜr]
matiz (m)	odcień (m)	['ɔʧeɲ]
tom (m)	ton (m)	[tɔn]
arco-íris (m)	tęcza (ż)	['tɛntʃa]

branco	biały	['bʲawi]
preto	czarny	['ʧarni]
cinzento	szary	['ʃari]

verde	zielony	[ʒe'lɜni]
amarelo	żółty	['ʒuwti]
vermelho	czerwony	[ʧɛr'vɔni]

azul	ciemny niebieski	['ʧɛmni ne'beski]
azul claro	niebieski	[ne'beski]
rosa	różowy	[ru'ʒɔvi]
laranja	pomarańczowy	[pɔmaraɲt'ʃɔvi]
violeta	fioletowy	[fʲɔle'tɔvi]
castanho	brązowy	[brɔ̃'zɔvi]

| dourado | złoty | ['zwɔti] |
| prateado | srebrzysty | [srɛb'ʒisti] |

bege	beżowy	[bɛ'ʒɔvi]
creme	kremowy	[krɛ'mɔvi]
turquesa	turkusowy	[turku'sɔvi]
vermelho cereja	wiśniowy	[viɕ'nɜvi]
lilás	liliowy	[li'ʎjɔvi]
carmesim	malinowy	[mali'nɔvi]

| claro | jasny | ['jasni] |
| escuro | ciemny | ['ʧemni] |

vivo	jasny	['jasnɨ]
de cor	kolorowy	[kɔlɜ'rɔvi]
a cores	kolorowy	[kɔlɜ'rɔvi]
preto e branco	czarno-biały	['ʧarnɔ 'bʲawɨ]
unicolor	jednokolorowy	['ednɔkɔlɜ'rɔvi]
multicor	różnokolorowy	['ruʒnɔkɔlɜ'rɔvi]

13. Questões

Quem?	Kto?	[ktɔ]
Que?	Co?	[ʦɔ]
Onde?	Gdzie?	[gdʒe]
Para onde?	Dokąd?	['dɔkɔ̃t]
De onde?	Skąd?	[skɔ̃t]
Quando?	Kiedy?	['kedɨ]
Para quê?	Dlaczego?	[dʎat'ʃɛgɔ]
Porquê?	Czemu?	['ʧɛmu]

Para quê?	Do czego?	[dɔ 'ʧɛgɔ]
Como?	Jak?	[jak]
Qual?	Jaki?	['jaki]
Qual? (entre dois ou mais)	Który?	['kturɨ]

Sobre quem?	O kim?	['ɔ kim]
Do quê?	O czym?	['ɔ ʧim]
Com quem?	Z kim?	[s kim]

Quanto, -os, -as?	Ile?	['ile]
De quem? (masc.)	Czyj?	[ʧij]

14. Palavras funcionais. Advérbios. Parte 1

Onde?	Gdzie?	[gdʒe]
aqui	tu	[tu]
lá, ali	tam	[tam]

em algum lugar	gdzieś	[gdʒeɕ]
em lugar nenhum	nigdzie	['nigdʒe]

ao pé de ...	koło, przy	['kɔwɔ], [pʃɨ]
ao pé da janela	przy oknie	[pʃɨ 'ɔkne]

Para onde?	Dokąd?	['dɔkɔ̃t]
para cá	tutaj	['tutaj]
para lá	tam	[tam]
daqui	stąd	[stɔ̃t]
de lá, dali	stamtąd	['stamtɔ̃t]

perto	blisko	['bliskɔ]
longe	daleko	[da'lɛkɔ]
perto de ...	koło	['kɔwɔ]
ao lado de	obok	['ɔbɔk]

perto, não fica longe	niedaleko	[neda'lekɔ]
esquerdo	lewy	['levi]
à esquerda	z lewej	[z 'levɛj]
para esquerda	w lewo	[v 'levɔ]

direito	prawy	['pravi]
à direita	z prawej	[s 'pravɛj]
para direita	w prawo	[f 'pravɔ]

à frente	z przodu	[s 'pʃɔdu]
da frente	przedni	['pʃɛdni]
em frente (para a frente)	naprzód	['napʃut]

atrás de …	z tyłu	[s 'tiwu]
por detrás (vir ~)	od tyłu	[ɔt 'tiwu]
para trás	do tyłu	[dɔ 'tiwu]

| meio (m), metade (f) | środek (m) | ['ɕrɔdɛk] |
| no meio | w środku | [f 'ɕrɔdku] |

de lado	z boku	[z 'bɔku]
em todo lugar	wszędzie	['fʃɛ̃dʑe]
ao redor (olhar ~)	dookoła	[dɔːˈkɔwa]

de dentro	z wewnątrz	[z 'vɛvnɔ̃tʃ]
para algum lugar	dokądś	['dɔkɔ̃tɕ]
diretamente	na wprost	['na fprɔst]
de volta	z powrotem	[s pɔv'rɔtɛm]

| de algum lugar | skądkolwiek | [skɔ̃t'kɔʎvek] |
| de um lugar | skądś | [skɔ̃tɕ] |

em primeiro lugar	po pierwsze	[pɔ 'perfʃɛ]
em segundo lugar	po drugie	[pɔ 'druge]
em terceiro lugar	po trzecie	[pɔ 'tʃɛtʃe]

de repente	nagle	['nagle]
no início	na początku	[na pɔt'ʃɔ̃tku]
pela primeira vez	po raz pierwszy	[pɔ ras 'perfʃi]
muito antes de …	na długo przed …	[na 'dwugɔ pʃɛt]
de novo, novamente	od nowa	[ɔd 'nɔva]
para sempre	na zawsze	[na 'zafʃɛ]

nunca	nigdy	['nigdi]
de novo	znowu	['znɔvu]
agora	teraz	['tɛras]
frequentemente	często	['tʃɛnstɔ]
então	wtedy	['ftɛdi]
urgentemente	pilnie	['piʎne]
usualmente	zwykle	['zvikle]

a propósito, …	a propos	[a prɔ'pɔ]
é possível	może, możliwe	['mɔʒɛ], [mɔʒ'livɛ]
provavelmente	prawdopodobnie	[pravdɔpɔ'dɔbne]
talvez	być może	[bitɕ 'mɔʒɛ]
além disso, …	poza tym	[pɔ'za tim]

por isso ...	dlatego	[dʎa'tɛgɔ]
apesar de ...	mimo że ...	['mimɔ ʒɛ]
graças a ...	dzięki	['dʒɛ̃ki]

que (pron.)	co	[ʦɔ]
que (conj.)	że	[ʒɛ]
algo	coś	[ʦɔɕ]
alguma coisa	cokolwiek	[ʦɔ'kɔʎvek]
nada	nic	[niʦ]

quem	kto	[ktɔ]
alguém (~ teve uma ideia ...)	ktoś	[ktɔɕ]
alguém	ktokolwiek	[ktɔ'kɔʎvek]

ninguém	nikt	[nikt]
para lugar nenhum	nigdzie	['nigdʒe]
de ninguém	niczyj	['niʧij]
de alguém	czyjkolwiek	[ʧij'kɔʎvek]

tão	tak	[tak]
também (gostaria ~ de ...)	także	['tagʒɛ]
também (~ eu)	też	[tɛʃ]

15. Palavras funcionais. Advérbios. Parte 2

Porquê?	Dlaczego?	[dʎat'ʃɛgɔ]
por alguma razão	z jakiegoś powodu	[z ja'kegɔɕ pɔ'vɔdu]
porque ...	dlatego, że ...	[dla'tɛgɔ], [ʒɛ]
por qualquer razão	po coś	['pɔ ʦɔɕ]

e (tu ~ eu)	i	[i]
ou (ser ~ não ser)	albo	['aʎbɔ]
mas (porém)	ale	['ale]
para (~ a minha mãe)	dla	[dʎa]

demasiado, muito	zbyt	[zbɨt]
só, somente	tylko	['tɨʎkɔ]
exatamente	dokładnie	[dɔk'wadne]
cerca de (~ 10 kg)	około	[ɔ'kɔwɔ]

aproximadamente	w przybliżeniu	[f pʃibli'ʒɛny]
aproximado	przybliżony	[pʃibli'ʒɔnʲi]
quase	prawie	[prave]
resto (m)	reszta (ż)	['rɛʃta]

cada	każdy	['kaʒdʲi]
qualquer	jakikolwiek	[jaki'kɔʎvjek]
muito	dużo	['duʒɔ]
muitas pessoas	wiele	['vele]
todos	wszystkie	['fʃistke]

em troca de ...	w zamian za ...	[v 'zamʲan za]
em troca	zamiast	['zamʲast]
à mão	ręcznie	['rɛnʧne]

pouco provável	ledwo, prawie	['ledvɔ], ['pravje]
provavelmente	prawdopodobnie	[pravdɔpɔ'dɔbne]
de propósito	celowo	[tsɛ'lɔvɔ]
por acidente	przypadkiem	[pʃi'patkem]

muito	bardzo	['bardzɔ]
por exemplo	na przykład	[na 'pʃikwat]
entre	między	['mendʑi]
entre (no meio de)	wśród	[fɕrut]
tanto	aż tyle	[aʒ 'tile]
especialmente	szczególnie	[ʃʧɛ'guʎne]

Conceitos básicos. Parte 2

16. Opostos

| rico | bogaty | [bɔ'gatɨ] |
| pobre | biedny | ['bednɨ] |

| doente | chory | ['hɔrɨ] |
| são | zdrowy | ['zdrɔvi] |

| grande | duży | ['duʒɨ] |
| pequeno | mały | ['mawɨ] |

| rapidamente | szybko | ['ʃipkɔ] |
| lentamente | wolno | ['vɔʌnɔ] |

| rápido | szybki | ['ʃipki] |
| lento | powolny | [pɔ'vɔʌnɨ] |

| alegre | wesoły | [vɛ'sɔwi] |
| triste | smutny | ['smutnɨ] |

| juntos | razem | ['razɛm] |
| separadamente | oddzielnie | [ɔd'dʒeʌne] |

| em voz alta (ler ~) | na głos | ['na gwɔs] |
| para si (em silêncio) | po cichu | [pɔ 'ʧihu] |

| alto | wysoki | [vɨ'sɔki] |
| baixo | niski | ['niski] |

| profundo | głęboki | [gwɛ̃'bɔki] |
| pouco fundo | płytki | ['pwɨtki] |

| sim | tak | [tak] |
| não | nie | [ne] |

| distante (no espaço) | daleki | [da'lɛki] |
| próximo | bliski | ['bliski] |

| longe | daleko | [da'lɛkɔ] |
| perto | obok | ['ɔbɔk] |

| longo | długi | ['dwugi] |
| curto | krótki | ['krutki] |

| bom, bondoso | dobry | ['dɔbrɨ] |
| mau | zły | [zwɨ] |

| casado | żonaty | [ʒɔ'natɨ] |

solteiro	nieżonaty	[neʒɔ'nati]
proibir (vt)	zakazać	[za'kazatʃ]
permitir (vt)	zezwolić	[zɛz'vɔlitʃ]
fim (m)	koniec (m)	['kɔnets]
começo (m)	początek (m)	[pɔt'ʃɔ̃tɛk]
esquerdo	lewy	['levɨ]
direito	prawy	['pravɨ]
primeiro	pierwszy	['perfʃi]
último	ostatni	[ɔs'tatni]
crime (m)	przestępstwo (n)	[pʃɛs'tɛ̃pstfɔ]
castigo (m)	kara (ż)	['kara]
ordenar (vt)	rozkazać	[rɔs'kazatʃ]
obedecer (vt)	podporządkować się	[pɔtpɔʒɔ̃d'kɔvatʃ ɕɛ̃]
reto	prosty	['prɔsti]
curvo	krzywy	['kʃivɨ]
paraíso (m)	raj (m)	[raj]
inferno (m)	piekło (n)	['pekwɔ]
nascer (vi)	urodzić się	[u'rɔdʒitʃ ɕɛ̃]
morrer (vi)	umrzeć	['umʒɛtʃ]
forte	silny	['ɕiʎni]
fraco, débil	słaby	['swabɨ]
idoso	stary	['starɨ]
jovem	młody	['mwɔdɨ]
velho	stary	['starɨ]
novo	nowy	['nɔvɨ]
duro	twardy	['tfardɨ]
mole	miękki	['meŋki]
tépido	ciepły	['tʃepwɨ]
frio	zimny	['ʒimnɨ]
gordo	gruby	['grubɨ]
magro	szczupły	['ʃtʃupwɨ]
estreito	wąski	['võski]
largo	szeroki	[ʃɛ'rɔki]
bom	dobry	['dɔbrɨ]
mau	zły	[zwɨ]
valente	mężny	['mɛnʒnɨ]
cobarde	tchórzliwy	[thuʒ'livɨ]

17. Dias da semana

segunda-feira (f)	poniedziałek (m)	[pɔne'dʒ¡awɛk]
terça-feira (f)	wtorek (m)	['ftɔrɛk]
quarta-feira (f)	środa (ż)	['ɕrɔda]
quinta-feira (f)	czwartek (m)	['ʧfartɛk]
sexta-feira (f)	piątek (m)	[pɔ̃tɛk]
sábado (m)	sobota (ż)	[sɔ'bɔta]
domingo (m)	niedziela (ż)	[ne'dʒeʎa]

hoje	dzisiaj	['dʑiɕaj]
amanhã	jutro	['jutrɔ]
depois de amanhã	pojutrze	[pɔ'jutʂɛ]
ontem	wczoraj	['fʧɔraj]
anteontem	przedwczoraj	[pʃɛtft'ʃoraj]

dia (m)	dzień (m)	[dʒeɲ]
dia (m) de trabalho	dzień (m) roboczy	[dʒeɲ rɔ'bɔʧi]
feriado (m)	dzień (m) świąteczny	[dʒeɲ ɕfɔ̃'tɛʧni]
dia (m) de folga	dzień (m) wolny	[dʒeɲ 'vɔʎni]
fim (m) de semana	weekend (m)	[u'ikɛnt]

o dia todo	cały dzień	['tsawɨ dʒeɲ]
no dia seguinte	następnego dnia	[nastɛp'nɛgɔ dɲa]
há dois dias	dwa dni temu	[dva dni 'tɛmu]
na véspera	w przeddzień	[f 'pʃɛddʒeɲ]
diário	codzienny	[tsɔ'dʒeɲi]
todos os dias	codziennie	[tsɔ'dʒeɲe]

semana (f)	tydzień (m)	['tidʒeɲ]
na semana passada	w zeszłym tygodniu	[v 'zɛʃwim ti'gɔdny]
na próxima semana	w następnym tygodniu	[v nas'tɛpnim ti'gɔdny]
semanal	tygodniowy	[tigɔd'nɔvi]
cada semana	co tydzień	[tsɔ ti'dʒeɲ]
duas vezes por semana	dwa razy w tygodniu	[dva 'razi v ti'gɔdny]
cada terça-feira	co wtorek	[tsɔ 'ftɔrek]

18. Horas. Dia e noite

manhã (f)	ranek (m)	['ranɛk]
de manhã	rano	['ranɔ]
meio-dia (m)	południe (n)	[pɔ'wudne]
à tarde	po południu	[pɔ pɔ'wudny]

noite (f)	wieczór (m)	['veʧur]
à noite (noitinha)	wieczorem	[vet'ʃɔrɛm]
noite (f)	noc (ż)	[nɔts]
à noite	w nocy	[v 'nɔtsi]
meia-noite (f)	północ (ż)	['puwnɔts]

segundo (m)	sekunda (ż)	[sɛ'kunda]
minuto (m)	minuta (ż)	[mi'nuta]
hora (f)	godzina (ż)	[gɔ'dʒina]

27

meia hora (f)	pół godziny	[puw gɔ'dʒini]
quarto (m) de hora	kwadrans (m)	['kfadrans]
quinze minutos	piętnaście minut	[pɛ̃t'naɕtɕe 'minut]
vinte e quatro horas	doba (ż)	['dɔba]

nascer (m) do sol	wschód (m) słońca	[fshut 'swɔɲtsa]
amanhecer (m)	świt (m)	[ɕfit]
madrugada (f)	wczesny ranek (m)	['ftʃɛsni 'ranɛk]
pôr do sol (m)	zachód (m)	['zahut]

de madrugada	wcześnie rano	['ftʃɛɕne 'ranɔ]
hoje de manhã	dzisiaj rano	['dʑiɕaj 'ranɔ]
amanhã de manhã	jutro rano	['jutrɔ 'ranɔ]

hoje à tarde	dzisiaj w dzień	['dʑiɕaj v dʑeɲ]
à tarde	po południu	[pɔ pɔ'wudny]
amanhã à tarde	jutro popołudniu	[jutrɔ pɔpɔ'wudny]

| hoje à noite | dzisiaj wieczorem | [dʑiɕaj vet'ʃɔrɛm] |
| amanhã à noite | jutro wieczorem | ['jutrɔ vet'ʃɔrɛm] |

às três horas em ponto	równo o trzeciej	['ruvnɔ ɔ 'tʃɛtʃej]
por volta das quatro	około czwartej	[ɔ'kɔwɔ 'tʃfartɛj]
às doze	na dwunastą	[na dvu'nastɔ̃]

dentro de vinte minutos	za dwadzieścia minut	[za dva'dʑeɕtɕa 'minut]
dentro duma hora	za godzinę	[za gɔ'dʒinɛ̃]
a tempo	na czas	[na tʃas]

menos um quarto	za kwadrans	[za 'kfadrans]
durante uma hora	w ciągu godziny	[f tʃɔ̃gu gɔ'dʒini]
a cada quinze minutos	co piętnaście minut	[tsɔ pɛ̃t'naɕtɕe 'minut]
as vinte e quatro horas	całą dobę	['tsawɔ̃ 'dɔbɛ̃]

19. Meses. Estações

janeiro (m)	styczeń (m)	['stitʃɛɲ]
fevereiro (m)	luty (m)	['lyti]
março (m)	marzec (m)	['maʒɛts]
abril (m)	kwiecień (m)	['kfetʃeɲ]
maio (m)	maj (m)	[maj]
junho (m)	czerwiec (m)	['tʃɛrvets]

julho (m)	lipiec (m)	['lipets]
agosto (m)	sierpień (m)	['ɕerpeɲ]
setembro (m)	wrzesień (m)	['vʒɛɕeɲ]
outubro (m)	październik (m)	[paʑ'dʒernik]
novembro (m)	listopad (m)	[lis'tɔpat]
dezembro (m)	grudzień (m)	['grudʒeɲ]

primavera (f)	wiosna (ż)	['vɕsna]
na primavera	wiosną	['vɕsnɔ̃]
primaveril	wiosenny	[vɕ'sɛɲi]
verão (m)	lato (n)	['ʎatɔ]

no verão	latem	['ʎatɛm]
de verão	letni	['letni]

outono (m)	jesień (ż)	['eɕeɲ]
no outono	jesienią	[e'ɕenɔ̃]
outonal	jesienny	[e'ɕeɲi]

inverno (m)	zima (ż)	['ʒima]
no inverno	zimą	['ʒimɔ̃]
de inverno	zimowy	[ʒi'mɔvi]
mês (m)	miesiąc (m)	['meɕɔ̃ts]
este mês	w tym miesiącu	[f tim me'ɕɔ̃tsu]
no próximo mês	w przyszłym miesiącu	[v 'pʃisʃwim me'ɕɔ̃tsu]
no mês passado	w zeszłym miesiącu	[v 'zɛʃwim me'ɕɔ̃tsu]

há um mês	miesiąc temu	['meɕɔ̃ts 'tɛmu]
dentro de um mês	za miesiąc	[za 'meɕɔ̃ts]
dentro de dois meses	za dwa miesiące	[za dva me'ɕɔ̃tse]
todo o mês	przez cały miesiąc	[pʃɛs 'tsawi 'meɕɔ̃ts]
um mês inteiro	cały miesiąc	['tsawi 'meɕɔ̃ts]

mensal	comiesięczny	[tsɔme'ɕentʃni]
mensalmente	comiesięcznie	[tsɔme'ɕentʃne]
cada mês	co miesiąc	[tsɔ 'meɕɔ̃ts]
duas vezes por mês	dwa razy w miesiącu	[dva 'razi v meɕɔ̃tsu]

ano (m)	rok (m)	[rɔk]
este ano	w tym roku	[f tim 'rɔku]
no próximo ano	w przyszłym roku	[v 'pʃisʃwim 'rɔku]
no ano passado	w zeszłym roku	[v 'zɛʃwim 'rɔku]
há um ano	rok temu	[rɔk 'tɛmu]
dentro dum ano	za rok	[za rɔk]
dentro de 2 anos	za dwa lata	[za dva 'ʎata]
todo o ano	cały rok	['tsawi rɔk]
um ano inteiro	cały rok	['tsawi rɔk]

cada ano	co roku	[tsɔ 'rɔku]
anual	coroczny	[tsɔ'rɔtʃni]
anualmente	corocznie	[tsɔ'rɔtʃne]
quatro vezes por ano	cztery razy w roku	['tʃtɛri 'razi v 'rɔku]

data (~ de hoje)	data (ż)	['data]
data (ex. ~ de nascimento)	data (ż)	['data]
calendário (m)	kalendarz (m)	[ka'lendaʃ]

meio ano	pół roku	[puw 'rɔku]
seis meses	półrocze (n)	[puw'rɔtʃɛ]
estação (f)	sezon (m)	['sɛzɔn]
século (m)	wiek (m)	[vek]

20. Tempo. Diversos

tempo (m)	czas (m)	[tʃas]
momento (m)	chwilka (ż)	['hfiʎka]

instante (m)	chwila (ż)	['hfiʎa]
instantâneo	błyskawiczny	[bwiska'vitʃni]
lapso (m) de tempo	odcinek (m)	[ɔ'tʃinɛk]
vida (f)	życie (n)	['ʒitʃe]
eternidade (f)	wieczność (ż)	['vetʃnɔɕtʃ]

época (f)	epoka (ż)	[ɛ'pɔka]
era (f)	era (ż)	['ɛra]
ciclo (m)	cykl (m)	['tsikʎ]
período (m)	okres (m), czas m	['ɔkrɛs], [tʃas]
prazo (m)	termin (m)	['tɛrmin]

futuro (m)	przyszłość (ż)	['pʃiʃwɔɕtʃ]
futuro	przyszły	['pʃiʃwi]
da próxima vez	następnym razem	[nas'tɛpnim 'razɛm]
passado (m)	przeszłość (ż)	['pʃɛʃwɔɕtʃ]
passado	ubiegły	[u'begwi]
na vez passada	ostatnim razem	[ɔs'tatnim 'razɛm]
mais tarde	później	['puʑnej]
depois	po	[pɔ]
atualmente	obecnie	[ɔ'bɛtsne]
agora	teraz	['tɛras]
imediatamente	natychmiast	[na'tihmʲast]
em breve, brevemente	wkrótce	['fkruttsɛ]
de antemão	wcześniej	['ftʃɛɕnej]

há muito tempo	dawno	['davnɔ]
há pouco tempo	niedawno	[ne'davnɔ]
destino (m)	los (m)	['lɔs]
recordações (f pl)	pamięć (ż)	['pamɛ̃tʃ]
arquivo (m)	archiwum (n)	[ar'hivum]
durante ...	podczas ...	['pɔdtʃas]
durante muito tempo	długo	['dwugɔ]
pouco tempo	niedługo	[ned'wugɔ]
cedo (levantar-se ~)	wcześnie	['ftʃɛɕne]
tarde (deitar-se ~)	późno	['puʑnɔ]

para sempre	na zawsze	[na 'zafʃɛ]
começar (vt)	rozpoczynać	[rɔspɔt'ʃinatʃ]
adiar (vt)	przesunąć	[pʃɛ'sunɔ̃tʃ]

simultaneamente	jednocześnie	[ednɔt'ʃɛɕne]
permanentemente	stale	['stale]
constante (ruído, etc.)	ciągły	[tʃɔ̃gwi]
temporário	tymczasowy	[timtʃa'sɔvi]

às vezes	czasami	[tʃa'sami]
raramente	rzadko	['ʒmatkɔ]
frequentemente	często	['tʃɛnstɔ]

21. Linhas e formas

| quadrado (m) | kwadrat (m) | ['kfadrat] |
| quadrado | kwadratowy | [kfadra'tɔvi] |

círculo (m)	koło (n)	['kɔwɔ]
redondo	okrągły	[ɔk'rɔ̃gwi]
triângulo (m)	trójkąt (m)	['trujkɔ̃t]
triangular	trójkątny	[truj'kɔ̃tni]

oval (f)	owal (m)	['ɔvaʎ]
oval	owalny	[ɔ'vaʎni]
retângulo (m)	prostokąt (m)	[prɔs'tɔkɔ̃t]
retangular	prostokątny	[prɔstɔ'kɔ̃tni]

pirâmide (f)	piramida (ż)	[pira'mida]
rombo, losango (m)	romb (m)	[rɔmp]
trapézio (m)	trapez (m)	['trapɛs]
cubo (m)	sześcian (m)	['ʃɛɕtʃan]
prisma (m)	graniastosłup (m)	[graɲas'tɔswup]

circunferência (f)	okrąg (m)	['ɔkrɔ̃k]
esfera (f)	powierzchnia (ż) kuli	[pɔ'veʃhɲa 'kuli]
globo (m)	kula (ż)	['kuʎa]
diâmetro (m)	średnica (ż)	[ɕrɛd'nitsa]
raio (m)	promień (m)	['prɔmeɲ]
perímetro (m)	obwód (m)	['ɔbvut]
centro (m)	środek (m)	['ɕrɔdɛk]

horizontal	poziomy	[pɔ'ʒɔmi]
vertical	pionowy	[pɜ'nɔvi]
paralela (f)	równoległa (ż)	[ruvnɔ'legwa]
paralelo	równoległy	[ruvnɔ'legwi]

linha (f)	linia (ż)	['liɲja]
traço (m)	linia (ż)	['liɲja]
reta (f)	prosta (ż)	['prɔsta]
curva (f)	krzywa (ż)	['kʃiva]
fino (linha ~a)	cienki	['tʃeɲki]
contorno (m)	kontur (m)	['kɔntur]

interseção (f)	przecięcie (n)	[pʃɛ'tʃɛ̃tʃe]
ângulo (m) reto	kąt (m) prosty	[kɔ̃t 'prɔsti]
segmento (m)	segment (m)	['sɛgmɛnt]
setor (m)	wycinek (m)	[vi'tʃinɛk]
lado (de um triângulo, etc.)	strona (ż)	['strɔna]
ângulo (m)	kąt (m)	[kɔ̃t]

22. Unidades de medida

peso (m)	ciężar (m)	['tʃenʒar]
comprimento (m)	długość (ż)	['dwugɔɕtʃ]
largura (f)	szerokość (ż)	[ʃɛ'rɔkɔɕtʃ]
altura (f)	wysokość (ż)	[vi'sɔkɔɕtʃ]
profundidade (f)	głębokość (ż)	[gwɛ̃'bɔkɔɕtʃ]
volume (m)	objętość (ż)	[ɔbʰ'entɔɕtʃ]
área (f)	powierzchnia (ż)	[pɔ'veʃhɲa]
grama (m)	gram (m)	[gram]
miligrama (m)	miligram (m)	[mi'ligram]

quilograma (m)	kilogram (m)	[ki'lɜgram]
tonelada (f)	tona (ż)	['tɔna]
libra (453,6 gramas)	funt (m)	[funt]
onça (f)	uncja (ż)	['untsʰja]

metro (m)	metr (m)	[mɛtr]
milímetro (m)	milimetr (m)	[mi'limɛtr]
centímetro (m)	centymetr (m)	[tsɛn'timɛtr]
quilómetro (m)	kilometr (m)	[ki'lɜmɛtr]
milha (f)	mila (ż)	['miʎa]

polegada (f)	cal (m)	[tsaʎ]
pé (304,74 mm)	stopa (ż)	['stɔpa]
jarda (914,383 mm)	jard (m)	['jart]

| metro (m) quadrado | metr (m) kwadratowy | [mɛtr kfadra'tɔvi] |
| hectare (m) | hektar (m) | ['hɛktar] |

litro (m)	litr (m)	[litr]
grau (m)	stopień (m)	['stɔpeɲ]
volt (m)	wolt (m)	[vɔʎt]
ampere (m)	amper (m)	[am'pɛr]
cavalo-vapor (m)	koń (m) mechaniczny	[kɔɲ mɛha'nitʃni]

quantidade (f)	ilość (ż)	['ilɜɕtʃ]
um pouco de …	niedużo …	[ne'duʒɔ]
metade (f)	połowa (ż)	[pɔ'wɔva]
dúzia (f)	tuzin (m)	['tuʒin]
peça (f)	sztuka (ż)	['ʃtuka]

| dimensão (f) | rozmiar (m) | ['rɔzmʲar] |
| escala (f) | skala (ż) | ['skaʎa] |

mínimo	minimalny	[mini'maʎni]
menor, mais pequeno	najmniejszy	[najm'nejʃi]
médio	średni	['ɕrɛdni]
máximo	maksymalny	[maksi'maʎni]
maior, mais grande	największy	[naj'veŋkʃi]

23. Recipientes

boião (m) de vidro	słoik (m)	['swɔik]
lata (~ de cerveja)	puszka (ż)	['puʃka]
balde (m)	wiadro (n)	['vʲadrɔ]
barril (m)	beczka (ż)	['bɛtʃka]

bacia (~ de plástico)	miednica (ż)	[med'nitsa]
tanque (m)	zbiornik (m)	['zbɜrnik]
cantil (m) de bolso	piersiówka (ż)	[per'ɕyvka]
bidão (m) de gasolina	kanister (m)	[ka'nistɛr]
cisterna (f)	cysterna (ż)	[tsis'tɛrna]

| caneca (f) | kubek (m) | ['kubɛk] |
| chávena (f) | filiżanka (ż) | [fili'ʒaŋka] |

pires (m)	spodek (m)	['spɔdɛk]
copo (m)	szklanka (ż)	['ʃkʎaŋka]
taça (f) de vinho	kielich (m)	['kelih]
panela, caçarola (f)	garnek (m)	['garnɛk]
garrafa (f)	butelka (ż)	[bu'tɛʎka]
gargalo (m)	szyjka (ż)	['ʃijka]
jarro, garrafa (f)	karafka (ż)	[ka'rafka]
jarro (m) de barro	dzbanek (m)	['dʑbanɛk]
recipiente (m)	naczynie (n)	[nat'ʃine]
pote (m)	garnek (m)	['garnɛk]
vaso (m)	wazon (m)	['vazɔn]
frasco (~ de perfume)	flakon (m)	[fʎa'kɔn]
frasquinho (ex. ~ de iodo)	fiolka (ż)	[fʰɔʎka]
tubo (~ de pasta dentífrica)	tubka (ż)	['tupka]
saca (ex. ~ de açúcar)	worek (m)	['vɔrɛk]
saco (~ de plástico)	torba (ż)	['tɔrba]
maço (m)	paczka (ż)	['patʃka]
caixa (~ de sapatos, etc.)	pudełko (n)	[pu'dɛwkɔ]
caixa (~ de madeira)	skrzynka (ż)	['skʃiŋka]
cesta (f)	koszyk (m)	['kɔʃik]

24. Materiais

material (m)	materiał (m)	[ma'tɛrʰjaw]
madeira (f)	drewno (n)	['drɛvnɔ]
de madeira	drewniany	[drɛv'ɲani]
vidro (m)	szkło (n)	[ʃkwɔ]
de vidro	szklany	['ʃkʎani]
pedra (f)	kamień (m)	['kameɲ]
de pedra	kamienny	[ka'meɲi]
plástico (m)	plastik (m)	['pʎastik]
de plástico	plastikowy	[pʎasti'kɔvi]
borracha (f)	guma (ż)	['guma]
de borracha	gumowy	[gu'mɔvi]
tecido, pano (m)	tkanina (ż)	[tka'nina]
de tecido	z materiału	[z matɛrʰ'jawu]
papel (m)	papier (m)	['paper]
de papel	papierowy	[pape'rɔvi]
cartão (m)	karton (m)	['kartɔn]
de cartão	kartonowy	[kartɔ'nɔvi]
polietileno (m)	polietylen (m)	[pɔliɛ'tilen]
celofane (m)	celofan (m)	[ʦɛ'lɔfan]

contraplacado (m)	sklejka (ż)	['sklejka]
porcelana (f)	porcelana (ż)	[pɔrtsɛ'ʎana]
de porcelana	porcelanowy	[pɔrtseʎa'nɔvi]
barro (f)	glina (ż)	['glina]
de barro	gliniany	[gli'ɲani]
cerâmica (f)	ceramika (ż)	[tsɛ'ramika]
de cerâmica	ceramiczny	[tsɛra'mitʃni]

25. Metais

metal (m)	metal (m)	['mɛtaʎ]
metálico	metalowy	[mɛta'lɜvi]
liga (f)	stop (m)	[stɔp]

ouro (m)	złoto (n)	['zwɔtɔ]
de ouro	złoty	['zwɔti]
prata (f)	srebro (n)	['srɛbrɔ]
de prata	srebrny	['srɛbrni]

ferro (m)	żelazo (n)	[ʒɛ'ʎazɔ]
de ferro	żelazny	[ʒe'ʎazni]
aço (m)	stal (ż)	[staʎ]
de aço	stalowy	[sta'lɜvi]
cobre (m)	miedź (ż)	[metʃ]
de cobre	miedziany	[me'dʑani]

alumínio (m)	aluminium (n)	[aly'miɲjym]
de alumínio	aluminiowy	[alymi'ɲjovi]
bronze (m)	brąz (m)	[brɔ̃z]
de bronze	brązowy	[brɔ̃'zɔvi]

latão (m)	mosiądz (m)	['mɔçɔ̃ts]
níquel (m)	nikiel (m)	['nikeʎ]
platina (f)	platyna (ż)	['pʎatina]
mercúrio (m)	rtęć (ż)	[rtɛ̃tʃ]
estanho (m)	cyna (ż)	['tsina]
chumbo (m)	ołów (m)	['ɔwuf]
zinco (m)	cynk (m)	[tsiŋk]

O SER HUMANO

O ser humano. O corpo

26. Humanos. Conceitos básicos

ser (m) humano	człowiek (m)	['tʃwɔvek]
homem (m)	mężczyzna (m)	[mɛ̃ʃt'ʃizna]
mulher (f)	kobieta (ż)	[kɔ'beta]
criança (f)	dziecko (n)	['dʒetskɔ]
menina (f)	dziewczynka (ż)	[dʒeft'ʃiŋka]
menino (m)	chłopiec (m)	['hwɔpets]
adolescente (m)	nastolatek (m)	[nastɔ'ʎatɛk]
velho (m)	staruszek (m)	[sta'ruʃɛk]
velha, anciã (f)	staruszka (ż)	[sta'ruʃka]

27. Anatomia humana

organismo (m)	organizm (m)	[ɔr'ganizm]
coração (m)	serce (n)	['sɛrtsɛ]
sangue (m)	krew (ż)	[krɛf]
artéria (f)	tętnica (ż)	[tɛ̃t'nitsa]
veia (f)	żyła (ż)	['ʒiwa]

cérebro (m)	mózg (m)	[musk]
nervo (m)	nerw (m)	[nɛrf]
nervos (m pl)	nerwy (l.mn.)	['nɛrvi]
vértebra (f)	kręg (m)	[krɛ̃k]
coluna (f) vertebral	kręgosłup (m)	[krɛ̃'gɔswup]

estômago (m)	żołądek (m)	[ʒɔ'wɔ̃dɛk]
intestinos (m pl)	jelita (l.mn.)	[e'lita]
intestino (m)	jelito (n)	[e'litɔ]
fígado (m)	wątroba (ż)	[võt'rɔba]
rim (m)	nerka (ż)	['nɛrka]

osso (m)	kość (ż)	[kɔɕtʃ]
esqueleto (m)	szkielet (m)	['ʃkelet]
costela (f)	żebro (n)	['ʒɛbrɔ]
crânio (m)	czaszka (ż)	['tʃaʃka]

| músculo (m) | mięsień (m) | ['mɛɲɕɛ̃] |
| bíceps (m) | biceps (m) | ['bitseps] |

| tendão (m) | ścięgno (n) | ['ɕtʃeŋɔ] |
| articulação (f) | staw (m) | [staf] |

pulmões (m pl)	płuca (l.mn.)	['pwutsa]
órgãos (m pl) genitais	narządy (l.mn.) płciowe	[na'ʒɔ̃di 'pwtʃɔve]
pele (f)	skóra (ż)	['skura]

28. Cabeça

cabeça (f)	głowa (ż)	['gwɔva]
cara (f)	twarz (ż)	[tfaʃ]
nariz (m)	nos (m)	[nɔs]
boca (f)	usta (l.mn.)	['usta]

olho (m)	oko (n)	['ɔkɔ]
olhos (m pl)	oczy (l.mn.)	['ɔtʃi]
pupila (f)	źrenica (ż)	[zʲre'nitsa]
sobrancelha (f)	brew (ż)	[brɛf]
pestana (f)	rzęsy (l.mn.)	['ʒɛnsi]
pálpebra (f)	powieka (ż)	[pɔ'veka]

língua (f)	język (m)	['enzik]
dente (m)	ząb (m)	[zɔ̃mp]
lábios (m pl)	wargi (l.mn.)	['vargi]
maçãs (f pl) do rosto	kości (l.mn.) policzkowe	['kɔɕtʃi politʃ'kɔvɛ]
gengiva (f)	dziąsło (n)	[dʒɔ̃swɔ]
palato (m)	podniebienie (n)	[pɔdne'bene]

narinas (f pl)	nozdrza (l.mn.)	['nɔzdʒa]
queixo (m)	podbródek (m)	[pɔdb'rudek]
mandíbula (f)	szczęka (ż)	['ʃtʃɛŋka]
bochecha (f)	policzek (m)	[pɔ'litʃɛk]

testa (f)	czoło (n)	['tʃɔwɔ]
têmpora (f)	skroń (ż)	[skrɔɲ]
orelha (f)	ucho (n)	['uhɔ]
nuca (f)	potylica (ż)	[pɔti'litsa]
pescoço (m)	szyja (ż)	['ʃija]
garganta (f)	gardło (n)	['gardwɔ]

cabelos (m pl)	włosy (l.mn.)	['vwɔsi]
penteado (m)	fryzura (ż)	[fri'zura]
corte (m) de cabelo	uczesanie (n)	[utʃɛ'sane]
peruca (f)	peruka (ż)	[pɛ'ruka]

bigode (m)	wąsy (l.mn.)	['vɔ̃si]
barba (f)	broda (ż)	['brɔda]
usar, ter (~ barba, etc.)	nosić	['nɔɕitʃ]
trança (f)	warkocz (m)	['varkɔtʃ]
suíças (f pl)	baczki (l.mn.)	['batʃki]

ruivo	rudy	['rudi]
grisalho	siwy	['ɕivi]
calvo	łysy	['wisi]
calva (f)	łysina (ż)	[wi'ɕina]
rabo-de-cavalo (m)	koński ogon (m)	['kɔɲski 'ɔgɔn]
franja (f)	grzywka (ż)	['gʒifka]

29. Corpo humano

mão (f)	dłoń (ż)	[dwɔɲ]
braço (m)	ręka (ż)	['rɛŋka]
dedo (m)	palec (m)	['palets]
polegar (m)	kciuk (m)	['ktʃuk]
dedo (m) mindinho	mały palec (m)	['mawɨ 'palets]
unha (f)	paznokieć (m)	[paz'nɔketʃ]
punho (m)	pięść (ż)	[pɛ̃ɕtʃ]
palma (f) da mão	dłoń (ż)	[dwɔɲ]
pulso (m)	nadgarstek (m)	[nad'garstɛk]
antebraço (m)	przedramię (n)	[pʃɛd'ramɛ̃]
cotovelo (m)	łokieć (n)	['wɔketʃ]
ombro (m)	ramię (n)	['ramɛ̃]
perna (f)	noga (ż)	['nɔga]
pé (m)	stopa (ż)	['stɔpa]
joelho (m)	kolano (n)	[kɔ'ʎanɔ]
barriga (f) da perna	łydka (ż)	['wɨtka]
anca (f)	biodro (n)	['bɔdrɔ]
calcanhar (m)	pięta (ż)	['penta]
corpo (m)	ciało (n)	['tʃʲawɔ]
barriga (f)	brzuch (m)	[bʒuh]
peito (m)	pierś (ż)	[perɕ]
seio (m)	piersi (l.mn.)	['perɕi]
lado (m)	bok (m)	[bɔk]
costas (f pl)	plecy (l.mn.)	['pletsɨ]
região (f) lombar	krzyż (m)	[kʃɨʃ]
cintura (f)	talia (ż)	['taʎja]
umbigo (m)	pępek (m)	['pɛ̃pɛk]
nádegas (f pl)	pośladki (l.mn.)	[pɔɕ'ʎatki]
traseiro (m)	tyłek (m)	['tiwɛk]
sinal (m)	pieprzyk (m)	['pepʃik]
sinal (m) de nascença	znamię (n)	['znamɛ̃]
tatuagem (f)	tatuaż (m)	[ta'tuaʃ]
cicatriz (f)	blizna (ż)	['blizna]

Vestuário & Acessórios

30. Roupa exterior. Casacos

roupa (f)	odzież (ż)	['ɔdʒeʃ]
roupa (f) exterior	wierzchnie okrycie (n)	['veʃhne ɔk'ritʃe]
roupa (f) de inverno	odzież (ż) zimowa	['ɔdʒeʒ ʒi'mɔva]

sobretudo (m)	palto (n)	['paʎtɔ]
casaco (m) de peles	futro (n)	['futrɔ]
casaco curto (m) de peles	futro (n) krótkie	['futrɔ 'krɔtkɛ]
casaco (m) acolchoado	kurtka (ż) puchowa	['kurtka pu'hɔva]

casaco, blusão (m)	kurtka (ż)	['kurtka]
impermeável (m)	płaszcz (m)	[pwaʃtʃ]
impermeável	nieprzemakalny	[nepʃɛma'kaʎni]

31. Vestuário de homem & mulher

camisa (f)	koszula (ż)	[kɔ'ʃuʎa]
calças (f pl)	spodnie (l.mn.)	['spɔdne]
calças (f pl) de ganga	dżinsy (l.mn.)	['dʒinsi]
casaco (m) de fato	marynarka (ż)	[mari'narka]
fato (m)	garnitur (m)	[gar'nitur]

vestido (ex. ~ vermelho)	sukienka (ż)	[su'keŋka]
saia (f)	spódnica (ż)	[spud'nitsa]
blusa (f)	bluzka (ż)	['blyska]
casaco (m) de malha	sweterek (m)	[sfɛ'tɛrɛk]
casaco, blazer (m)	żakiet (m)	['ʒaket]

T-shirt, camiseta (f)	koszulka (ż)	[kɔ'ʃuʎka]
calções (Bermudas, etc.)	spodenki (l.mn.)	[spɔ'dɛŋki]
fato (m) de treino	dres (m)	[drɛs]
roupão (m) de banho	szlafrok (m)	['ʃʎafrɔk]
pijama (m)	pidżama (ż)	[pi'dʒama]

| suéter (m) | sweter (m) | ['sfɛtɛr] |
| pulôver (m) | pulower (m) | [pu'lɔvɛr] |

colete (m)	kamizelka (ż)	[kami'zɛʎka]
fraque (m)	frak (m)	[frak]
smoking (m)	smoking (m)	['smɔkiŋk]

uniforme (m)	uniform (m)	[u'nifɔrm]
roupa (f) de trabalho	ubranie (n) robocze	[ub'rane rɔ'bɔtʃɛ]
fato-macaco (m)	kombinezon (m)	[kɔmbi'nɛzɔn]
bata (~ branca, etc.)	kitel (m)	['kitɛʎ]

32. Vestuário. Roupa interior

roupa (f) interior	bielizna (ż)	[be'lizna]
camisola (f) interior	podkoszulek (m)	[pɔtkɔ'ʃulek]
peúgas (f pl)	skarpety (l.mn.)	[skar'pɛti]
camisa (f) de noite	koszula (ż) nocna	[kɔ'ʃuʎa 'nɔʦna]
sutiã (m)	biustonosz (m)	[bys'tɔnɔʃ]
meias longas (f pl)	podkolanówki (l.mn.)	[pɔdkɔʎa'nufki]
meia-calça (f)	rajstopy (l.mn.)	[rajs'tɔpɨ]
meias (f pl)	pończochy (l.mn.)	[pɔɲt'ʃɔhɨ]
fato (m) de banho	kostium (m) kąpielowy	['kɔstʰjum kɔ̃pelɔvɨ]

33. Adereços de cabeça

chapéu (m)	czapka (ż)	['ʧapka]
chapéu (m) de feltro	kapelusz (m) fedora	[ka'pɛlyʃ fɛ'dɔra]
boné (m) de beisebol	bejsbolówka (ż)	[bɛjsbɔ'lɨfka]
boné (m)	kaszkiet (m)	['kaʃket]
boina (f)	beret (m)	['bɛrɛt]
capuz (m)	kaptur (m)	['kaptur]
panamá (m)	panama (ż)	[pa'nama]
lenço (m)	chustka (ż)	['hustka]
chapéu (m) de mulher	kapelusik (m)	[kapɛ'lyɕik]
capacete (m) de proteção	kask (m)	[kask]
bibico (m)	furażerka (ż)	[fura'ʒɛrka]
capacete (m)	hełm (m)	[hɛwm]
chapéu-coco (m)	melonik (m)	[mɛ'lɔnik]
chapéu (m) alto	cylinder (m)	[ʦi'lindɛr]

34. Calçado

calçado (m)	obuwie (n)	[ɔ'buve]
botinas (f pl)	buty (l.mn.)	['butɨ]
sapatos (de salto alto, etc.)	pantofle (l.mn.)	[pan'tɔfle]
botas (f pl)	kozaki (l.mn.)	[kɔ'zaki]
pantufas (f pl)	kapcie (l.mn.)	['kapʧe]
ténis (m pl)	adidasy (l.mn.)	[adi'dasɨ]
sapatilhas (f pl)	tenisówki (l.mn.)	[tɛni'sufki]
sandálias (f pl)	sandały (l.mn.)	[san'dawɨ]
sapateiro (m)	szewc (m)	[ʃɛfʦ]
salto (m)	obcas (m)	['ɔbʦas]
par (m)	para (ż)	['para]
atacador (m)	sznurowadło (n)	[ʃnurɔ'vadwɔ]
apertar os atacadores	sznurować	[ʃnu'rɔvaʨ]

| calçadeira (f) | łyżka (ż) do butów | ['wiʒka dɔ 'butuf] |
| graxa (f) para calçado | pasta (ż) do butów | ['pasta dɔ 'butuf] |

35. Têxtil. Tecidos

algodão (m)	bawełna (ż)	[ba'vɛwna]
de algodão	z bawełny	[z ba'vɛwni]
linho (m)	len (m)	[len]
de linho	z lnu	[z ʎnu]

seda (f)	jedwab (m)	['edvap]
de seda	jedwabny	[ed'vabni]
lã (f)	wełna (ż)	['vɛwna]
de lã	wełniany	[vɛw'ɲani]

veludo (m)	aksamit (m)	[ak'samit]
camurça (f)	zamsz (m)	[zamʃ]
bombazina (f)	sztruks (m)	[ʃtruks]

náilon (m)	nylon (m)	['niɫɜn]
de náilon	z nylonu	[z ni'lɜnu]
poliéster (m)	poliester (m)	[poli'ɛstɛr]
de poliéster	poliestrowy	[poliɛst'rɔvi]

couro (m)	skóra (ż)	['skura]
de couro	ze skóry	[zɛ 'skuri]
pele (f)	futro (n)	['futrɔ]
de peles, de pele	futrzany	[fut'ʃani]

36. Acessórios pessoais

luvas (f pl)	rękawiczki (l.mn.)	[rɛ̃ka'vitʃki]
mitenes (f pl)	rękawiczki (l.mn.)	[rɛ̃ka'vitʃki]
cachecol (m)	szalik (m)	['ʃalik]

óculos (m pl)	okulary (l.mn.)	[ɔku'ʎari]
armação (f) de óculos	oprawka (ż)	[ɔp'rafka]
guarda-chuva (m)	parasol (m)	[pa'rasɔʎ]
bengala (f)	laska (ż)	['ʎaska]
escova (f) para o cabelo	szczotka (ż) do włosów	['ʃtʃotka dɔ 'vwɔsuv]
leque (m)	wachlarz (m)	['vahʎaʃ]

gravata (f)	krawat (m)	['kravat]
gravata-borboleta (f)	muszka (ż)	['muʃka]
suspensórios (m pl)	szelki (l.mn.)	['ʃɛʎki]
lenço (m)	chusteczka (ż) do nosa	[hus'tɛtʃka dɔ 'nɔsa]

pente (m)	grzebień (m)	['gʒɛbeɲ]
travessão (m)	spinka (ż)	['spiŋka]
gancho (m) de cabelo	szpilka (ż)	['ʃpiʎka]
fivela (f)	sprzączka (ż)	['spʃɔ̃tʃka]
cinto (m)	pasek (m)	['pasɛk]

correia (f)	pasek (m)	['pasɛk]
mala (f)	torba (ż)	['tɔrba]
mala (f) de senhora	torebka (ż)	[tɔ'rɛpka]
mochila (f)	plecak (m)	['plɛʦak]

37. Vestuário. Diversos

moda (f)	moda (ż)	['mɔda]
na moda	modny	['mɔdni]
estilista (m)	projektant (m) mody	[prɔ'ektant 'mɔdi]

colarinho (m), gola (f)	kołnierz (m)	['kɔwnʲeʃ]
bolso (m)	kieszeń (ż)	['keʃɛɲ]
de bolso	kieszonkowy	[keʃɔ'ŋkɔvi]
manga (f)	rękaw (m)	['rɛŋkaf]
alcinha (f)	wieszak (m)	['veʃak]
braguilha (f)	rozporek (m)	[rɔs'pɔrɛk]

fecho (m) de correr	zamek (m) błyskawiczny	['zamɛk bwiska'viʧni]
fecho (m), colchete (m)	zapięcie (m)	[za'pɛ̃ʧe]
botão (m)	guzik (m)	['guʒik]
casa (f) de botão	dziurką (ż) na guzik	['ʤyrka na gu'ʒik]
soltar-se (vr)	urwać się	['urvaʧ ɕɛ̃]

coser, costurar (vi)	szyć	[ʃiʧ]
bordar (vt)	haftować	[haf'tɔvaʧ]
bordado (m)	haft (m)	[haft]
agulha (f)	igła (ż)	['igwa]
fio (m)	nitka (ż)	['nitka]
costura (f)	szew (m)	[ʃɛf]

sujar-se (vr)	wybrudzić się	[vib'ruʤiʧ ɕɛ̃]
mancha (f)	plama (ż)	['pʎama]
engelhar-se (vr)	zmiąć się	[zmɔ̃ʲʧ ɕɛ̃]
rasgar (vt)	rozerwać	[rɔ'zɛrvaʧ]
traça (f)	mól (m)	[muʎ]

38. Cuidados pessoais. Cosméticos

pasta (f) de dentes	pasta (ż) do zębów	['pasta dɔ 'zɛ̃buʃ]
escova (f) de dentes	szczoteczka (ż) do zębów	[ʃʧɔ'tɛʧka dɔ 'zɛ̃buʃ]
escovar os dentes	myć zęby	[miʧ 'zɛ̃bi]

máquina (f) de barbear	maszynka (ż) do golenia	[ma'ʃiŋka dɔ gɔ'leɲa]
creme (m) de barbear	krem (m) do golenia	[krɛm dɔ gɔ'leɲa]
barbear-se (vr)	golić się	['gɔliʧ ɕɛ̃]

| sabonete (m) | mydło (n) | ['midwɔ] |
| champô (m) | szampon (m) | ['ʃampɔn] |

| tesoura (f) | nożyczki (l.mn.) | [nɔ'ʒiʧki] |
| lima (f) de unhas | pilnik (m) do paznokci | ['piʎnik dɔ paz'nɔkʧi] |

| corta-unhas (m) | cążki (l.mn.) do paznokci | ['tsɔ̃ʃki dɔ paz'nɔktʃi] |
| pinça (f) | pinceta (ż) | [pin'tsɛta] |

cosméticos (m pl)	kosmetyki (l.mn.)	[kɔs'mɛtiki]
máscara (f) facial	maseczka (ż)	[ma'sɛtʃka]
manicura (f)	manikiur (m)	[ma'nikyr]
fazer a manicura	robić manikiur	['rɔbitʃ ma'nikyr]
pedicure (f)	pedikiur (m)	[pɛ'dikyr]

mala (f) de maquilhagem	kosmetyczka (ż)	[kɔsmɛ'titʃka]
pó (m)	puder (m)	['pudɛr]
caixa (f) de pó	puderniczka (ż)	[pudɛr'nitʃka]
blush (m)	róż (m)	[ruʃ]

perfume (m)	perfumy (l.mn.)	[pɛr'fumi]
água (f) de toilette	woda (ż) toaletowa	['vɔda tɔale'tɔva]
loção (f)	płyn (m) kosmetyczny	[pwin kɔsmɛ'titʃni]
água-de-colónia (f)	woda (ż) kolońska	['vɔda kɔ'lɜɲska]

sombra (f) de olhos	cienie (l.mn.) do powiek	['tʃene dɔ 'pɔvek]
lápis (m) delineador	kredka (ż) do oczu	['krɛtka dɔ 'ɔtʃu]
máscara (f), rímel (m)	tusz (m) do rzęs	[tuʃ dɔ ʒɛ̃s]

batom (m)	szminka (ż)	['ʃmiŋka]
verniz (m) de unhas	lakier (m) do paznokci	['ʎaker dɔ paz'nɔktʃi]
laca (f) para cabelos	lakier (m) do włosów	['ʎaker dɔ 'vwɔsuv]
desodorizante (m)	dezodorant (m)	[dɛzɔ'dɔrant]

creme (m)	krem (m)	[krɛm]
creme (m) de rosto	krem (m) do twarzy	[krɛm dɔ 'tfaʒi]
creme (m) de mãos	krem (m) do rąk	[krɛm dɔ rɔ̃k]
de dia	na dzień	['na dʒeɲ]
da noite	nocny	['nɔtsni]

tampão (m)	tampon (m)	['tampɔn]
papel (m) higiénico	papier (m) toaletowy	['paper tɔale'tɔvi]
secador (m) elétrico	suszarka (ż) do włosów	[su'ʃarka dɔ 'vwɔsuv]

39. Joalheria

joias (f pl)	kosztowności (l.mn.)	[kɔʃtɔv'nɔɕtʃi]
precioso	kosztowny	[kɔʃ'tɔvni]
marca (f) de contraste	próba (ż)	['pruba]

anel (m)	pierścionek (m)	[perɕ'tʃɔnɛk]
aliança (f)	obrączka (ż)	[ɔb'rɔ̃tʃka]
pulseira (f)	bransoleta (ż)	[bransɔ'leta]

brincos (m pl)	kolczyki (l.mn.)	[kɔʎt'ʃiki]
colar (m)	naszyjnik (m)	[na'ʃijnik]
coroa (f)	korona (ż)	[kɔ'rɔna]
colar (m) de contas	korale (l.mn.)	[kɔ'rale]
diamante (m)	brylant (m)	['briʎant]
esmeralda (f)	szmaragd (m)	['ʃmaragd]

rubi (m)	rubin (m)	['rubin]
safira (f)	szafir (m)	['ʃafir]
pérola (f)	perły (l.mn.)	['pɛrwi]
âmbar (m)	bursztyn (m)	['burʃtin]

40. Relógios de pulso. Relógios

relógio (m) de pulso	zegarek (m)	[zɛ'garɛk]
mostrador (m)	tarcza (ż) zegarowa	['tartʃa zɛga'rɔva]
ponteiro (m)	wskazówka (ż)	[fska'zɔfka]
bracelete (f) em aço	bransoleta (ż)	[bransɔ'leta]
bracelete (f) em couro	pasek (m)	['pasɛk]

pilha (f)	bateria (ż)	[ba'tɛrʲja]
descarregar-se	wyczerpać się	[vit'ʃɛrpatʃ ɕɛ̃]
trocar a pilha	wymienić baterię	[vʲ'menitʃ ba'tɛrʲɛ̃]
estar adiantado	śpieszyć się	['ɕpeʃitʃ ɕɛ̃]
estar atrasado	spóźnić się	['spuʑnitʃ ɕɛ̃]

relógio (m) de parede	zegar (m) ścienny	['zɛgar 'ɕtʃeɲi]
ampulheta (f)	klepsydra (ż)	[klɛp'sidra]
relógio (m) de sol	zegar (m) słoneczny	['zɛgar swɔ'nɛtʃni]
despertador (m)	budzik (m)	['budʑik]
relojoeiro (m)	zegarmistrz (m)	[zɛ'garmistʃ]
reparar (vt)	naprawiać	[nap'ravʲatʃ]

Alimentação. Nutrição

41. Comida

carne (f)	mięso (n)	['mensɔ]
galinha (f)	kurczak (m)	['kurtʃak]
frango (m)	kurczak (m)	['kurtʃak]
pato (m)	kaczka (ż)	['katʃka]
ganso (m)	gęś (ż)	[gɛ̃ɕ]
caça (f)	dziczyzna (ż)	[dʒit'ʃizna]
peru (m)	indyk (m)	['indik]
carne (f) de porco	wieprzowina (ż)	[vepʃɔ'vina]
carne (f) de vitela	cielęcina (ż)	[tʃelɛ̃'tʃina]
carne (f) de carneiro	baranina (ż)	[bara'nina]
carne (f) de vaca	wołowina (ż)	[vɔwɔ'vina]
carne (f) de coelho	królik (m)	['krulik]
chouriço, salsichão (m)	kiełbasa (ż)	[kew'basa]
salsicha (f)	parówka (ż)	[pa'rufka]
bacon (m)	boczek (m)	['bɔtʃɛk]
fiambre (f)	szynka (ż)	['ʃiŋka]
presunto (m)	szynka (ż)	['ʃiŋka]
patê (m)	pasztet (m)	['paʃtɛt]
fígado (m)	wątróbka (ż)	[võt'rupka]
carne (f) moída	farsz (m)	[farʃ]
língua (f)	ozór (m)	['ɔzur]
ovo (m)	jajko (n)	['jajkɔ]
ovos (m pl)	jajka (l.mn.)	['jajka]
clara (f) do ovo	białko (n)	['bʲawkɔ]
gema (f) do ovo	żółtko (n)	['ʒuwtkɔ]
peixe (m)	ryba (ż)	['riba]
mariscos (m pl)	owoce (l.mn.) morza	[ɔ'vɔtsɛ 'mɔʒa]
caviar (m)	kawior (m)	['kavɜr]
caranguejo (m)	krab (m)	[krap]
camarão (m)	krewetka (ż)	[krɛ'vɛtka]
ostra (f)	ostryga (ż)	[ɔst'riga]
lagosta (f)	langusta (ż)	[ʎa'ŋusta]
polvo (m)	ośmiornica (ż)	[ɔɕmɜr'nitsa]
lula (f)	kałamarnica (ż)	[kawamar'nitsa]
esturjão (m)	mięso (n) jesiotra	['mensɔ e'ɕɜtra]
salmão (m)	łosoś (m)	['wɔsɔɕ]
halibute (m)	halibut (m)	[ha'libut]
bacalhau (m)	dorsz (m)	[dɔrʃ]
cavala, sarda (f)	makrela (ż)	[mak'rɛla]

| atum (m) | tuńczyk (m) | ['tuɲtʃik] |
| enguia (f) | węgorz (m) | ['vɛŋɔʃ] |

truta (f)	pstrąg (m)	[pstrɔ̃k]
sardinha (f)	sardynka (ż)	[sar'diŋka]
lúcio (m)	szczupak (m)	['ʃtʃupak]
arenque (m)	śledź (m)	[ɕletʃ]

pão (m)	chleb (m)	[hlep]
queijo (m)	ser (m)	[sɛr]
açúcar (m)	cukier (m)	['tsuker]
sal (m)	sól (ż)	[suʎ]

arroz (m)	ryż (m)	[riʃ]
massas (f pl)	makaron (m)	[ma'karɔn]
talharim (m)	makaron (m)	[ma'karɔn]

manteiga (f)	masło (n) śmietankowe	['maswɔ ɕmeta'ŋkɔvɛ]
óleo (m) vegetal	olej (m) roślinny	['ɔlej rɔɕliɲi]
óleo (m) de girassol	olej (m) słonecznikowy	['ɔlej swɔnɛtʃnikɔvi]
margarina (f)	margaryna (ż)	[marga'rina]

| azeitonas (f pl) | oliwki (ż, l.mn.) | [ɔ'lifki] |
| azeite (m) | olej (m) oliwkowy | ['ɔlej olif'kɔvi] |

leite (m)	mleko (n)	['mlekɔ]
leite (m) condensado	mleko (n) skondensowane	['mlekɔ skɔndɛnsɔ'vanɛ]
iogurte (m)	jogurt (m)	[ɜgurt]
nata (f) azeda	śmietana (ż)	[ɕme'tana]
nata (f) do leite	śmietanka (ż)	[ɕme'taŋka]

| maionese (f) | majonez (m) | [maɜnɛs] |
| creme (m) | krem (m) | [krɛm] |

grãos (m pl) de cereais	kasza (ż)	['kaʃa]
farinha (f)	mąka (ż)	['mɔ̃ka]
enlatados (m pl)	konserwy (l.mn.)	[kɔn'sɛrvi]

flocos (m pl) de milho	płatki (l.mn.) kukurydziane	['pwatki kukuri'dʑanɛ]
mel (m)	miód (m)	[myt]
doce (m)	dżem (m)	[dʒɛm]
pastilha (f) elástica	guma (ż) do żucia	['guma dɔ 'ʒutʃʲa]

42. Bebidas

água (f)	woda (ż)	['vɔda]
água (f) potável	woda (ż) pitna	['vɔda 'pitna]
água (f) mineral	woda (ż) mineralna	['vɔda minɛ'raʎna]

sem gás	niegazowana	[nega'zɔvana]
gaseificada	gazowana	[ga'zɔvana]
com gás	gazowana	[ga'zɔvana]
gelo (m)	lód (m)	[lyt]
com gelo	z lodem	[z 'lɔdɛm]

sem álcool	bezalkoholowy	[bɛzaʎkɔhɔ'lɜvi]
bebida (f) sem álcool	napój (m) bezalkoholowy	['napuj bɛzalkɔhɔ'lɜvi]
refresco (m)	napój (m) orzeźwiający	['napuj ɔʒɛzʲvjaɔ̃tsi]
limonada (f)	lemoniada (ż)	[lemɔ'ɲjada]

bebidas (f pl) alcoólicas	napoje (l.mn.) alkoholowe	[na'pɔe aʎkɔhɔ'lɜvɛ]
vinho (m)	wino (n)	['vinɔ]
vinho (m) branco	białe wino (n)	['bʲawɛ 'vinɔ]
vinho (m) tinto	czerwone wino (n)	[ʧɛr'vɔnɛ 'vinɔ]

licor (m)	likier (m)	['liker]
champanhe (m)	szampan (m)	['ʃampan]
vermute (m)	wermut (m)	['vɛrmut]

uísque (m)	whisky (ż)	[u'iski]
vodka (f)	wódka (ż)	['vutka]
gim (m)	dżin (m), gin (m)	[dʒin]
conhaque (m)	koniak (m)	['kɔɲjak]
rum (m)	rum (m)	[rum]

café (m)	kawa (ż)	['kava]
café (m) puro	czarna kawa (ż)	['ʧarna 'kava]
café (m) com leite	kawa (ż) z mlekiem	['kava z 'mlekem]
cappuccino (m)	cappuccino (n)	[kapu'ʧinɔ]
café (m) solúvel	kawa (ż) rozpuszczalna	['kava rɔspuʃ'ʃaʎna]

leite (m)	mleko (n)	['mlekɔ]
coquetel (m)	koktajl (m)	['kɔktajʎ]
batido (m) de leite	koktajl (m) mleczny	['kɔktajʎ 'mleʧni]

sumo (m)	sok (m)	[sɔk]
sumo (m) de tomate	sok (m) pomidorowy	[sɔk pomidɔ'rɔvi]
sumo (m) de laranja	sok (m) pomarańczowy	[sɔk pɔmaraɲt'ʃɔvi]
sumo (m) fresco	sok (m) ze świeżych owoców	[sɔk zɛ 'ɕfeʒih ɔ'vɔtsuʃ]

cerveja (f)	piwo (n)	['pivɔ]
cerveja (f) clara	piwo (n) jasne	[pivɔ 'jasnɛ]
cerveja (f) preta	piwo (n) ciemne	[pivɔ 'ʧemnɛ]

chá (m)	herbata (ż)	[hɛr'bata]
chá (m) preto	czarna herbata (ż)	['ʧarna hɛr'bata]
chá (m) verde	zielona herbata (ż)	[ʒe'lɜna hɛr'bata]

43. Vegetais

| legumes (m pl) | warzywa (l.mn.) | [va'ʒiva] |
| verduras (f pl) | włoszczyzna (ż) | [vwɔʃt'ʃizna] |

tomate (m)	pomidor (m)	[pɔ'midɔr]
pepino (m)	ogórek (m)	[ɔ'gurɛk]
cenoura (f)	marchew (ż)	['marhɛf]
batata (f)	ziemniak (m)	[ʒem'ɲak]
cebola (f)	cebula (ż)	[tsɛ'buʎa]

alho (m)	czosnek (m)	['tʃɔsnɛk]
couve (f)	kapusta (ż)	[ka'pusta]
couve-flor (f)	kalafior (m)	[ka'ʎafɜr]
couve-de-bruxelas (f)	brukselka (ż)	[bruk'sɛʎka]
brócolos (m pl)	brokuły (l.mn.)	[brɔ'kuwi]

beterraba (f)	burak (m)	['burak]
beringela (f)	bakłażan (m)	[bak'waʒan]
curgete (f)	kabaczek (m)	[ka'batʃɛk]
abóbora (f)	dynia (ż)	['diɲa]
nabo (m)	rzepa (ż)	['ʒɛpa]

salsa (f)	pietruszka (ż)	[pet'ruʃka]
funcho, endro (m)	koperek (m)	[kɔ'pɛrɛk]
alface (f)	sałata (ż)	[sa'wata]
aipo (m)	seler (m)	['sɛler]
espargo (m)	szparagi (l.mn.)	[ʃpa'ragi]
espinafre (m)	szpinak (m)	['ʃpinak]

ervilha (f)	groch (m)	[grɔh]
fava (f)	bób (m)	[bup]
milho (m)	kukurydza (ż)	[kuku'ridza]
feijão (m)	fasola (ż)	[fa'sɔʎa]

pimentão (m)	słodka papryka (ż)	['swɔdka pap'rika]
rabanete (m)	rzodkiewka (ż)	[ʒɔt'kefka]
alcachofra (f)	karczoch (m)	['kartʃɔh]

44. Frutos. Nozes

fruta (f)	owoc (m)	['ɔvɔʦ]
maçã (f)	jabłko (n)	['jabkɔ]
pera (f)	gruszka (ż)	['gruʃka]
limão (m)	cytryna (ż)	[ʦit'rina]
laranja (f)	pomarańcza (ż)	[pɔma'raɲtʃa]
morango (m)	truskawka (ż)	[trus'kafka]

tangerina (f)	mandarynka (ż)	[manda'riŋka]
ameixa (f)	śliwka (ż)	['ɕlifka]
pêssego (m)	brzoskwinia (ż)	[bʒɔsk'fiɲa]
damasco (m)	morela (ż)	[mɔ'rɛʎa]
framboesa (f)	malina (ż)	[ma'lina]
ananás (m)	ananas (m)	[a'nanas]

banana (f)	banan (m)	['banan]
melancia (f)	arbuz (m)	['arbus]
uva (f)	winogrona (l.mn.)	[vinɔg'rɔna]
ginja (f)	wiśnia (ż)	['viɕɲa]
cereja (f)	czereśnia (ż)	[tʃɛ'rɛɕɲa]
meloa (f)	melon (m)	['mɛlɔn]

toranja (f)	grejpfrut (m)	['grɛjpfrut]
abacate (m)	awokado (n)	[avɔ'kadɔ]
papaia (f)	papaja (ż)	[pa'paja]

manga (f)	mango (n)	['maŋɔ]
romã (f)	granat (m)	['granat]

groselha (f) vermelha	czerwona porzeczka (ż)	[ʧɛr'vɔna pɔ'ʒɛʧka]
groselha (f) preta	czarna porzeczka (ż)	['ʧarna pɔ'ʒɛʧka]
groselha (f) espinhosa	agrest (m)	['agrɛst]
mirtilo (m)	borówka (ż) czarna	[bɔ'rɔfka 'ʧarna]
amora silvestre (f)	jeżyna (ż)	[e'ʒina]

uvas (f pl) passas	rodzynek (m)	[rɔ'dzinɛk]
figo (m)	figa (ż)	['figa]
tâmara (f)	daktyl (m)	['daktil]

amendoim (m)	orzeszek (l.mn.) ziemny	[ɔ'ʒɛʃɛk 'ʒemnɛ]
amêndoa (f)	migdał (m)	['migdaw]
noz (f)	orzech (m) włoski	['ɔʒɛh 'vwɔski]
avelã (f)	orzech (m) laskowy	['ɔʒɛh ʎas'kɔvi]
coco (m)	orzech (m) kokosowy	['ɔʒɛh kɔkɔ'sɔvi]
pistáchios (m pl)	fistaszki (l.mn.)	[fis'taʃki]

45. Pão. Bolaria

pastelaria (f)	wyroby (l.mn.) cukiernicze	[vi'rɔbi ʦuker'niʧɛ]
pão (m)	chleb (m)	[hlep]
bolacha (f)	herbatniki (l.mn.)	[hɛrbat'niki]

chocolate (m)	czekolada (ż)	[ʧɛkɔ'ʎada]
de chocolate	czekoladowy	[ʧɛkɔʎa'dɔvi]
rebuçado (m)	cukierek (m)	[ʦu'kerɛk]
bolo (cupcake, etc.)	ciastko (n)	['ʧastkɔ]
bolo (m) de aniversário	tort (m)	[tɔrt]

tarte (~ de maçã)	ciasto (n)	['ʧastɔ]
recheio (m)	nadzienie (n)	[na'dʒene]

doce (m)	konfitura (ż)	[kɔnfi'tura]
geleia (f) de frutas	marmolada (ż)	[marmɔ'ʎada]
waffle (m)	wafle (l.mn.)	['vafle]
gelado (m)	lody (l.mn.)	['lɔdi]

46. Pratos cozinhados

prato (m)	danie (n)	['dane]
cozinha (~ portuguesa)	kuchnia (ż)	['kuhɲa]
receita (f)	przepis (m)	['pʃɛpis]
porção (f)	porcja (ż)	['pɔrʦʰja]

salada (f)	sałatka (ż)	[sa'watka]
sopa (f)	zupa (ż)	['zupa]

caldo (m)	rosół (m)	['rɔsuw]
sandes (f)	kanapka (ż)	[ka'napka]

ovos (m pl) estrelados	jajecznica (ż)	[jaetʃ'nitsa]
hambúrguer (m)	hamburger (m)	[ham'burgɛr]
bife (m)	befsztyk (m)	['bɛfʃtik]

conduto (m)	dodatki (l.mn.)	[dɔ'datki]
espaguete (m)	spaghetti (n)	[spa'gɛtti]
pizza (f)	pizza (ż)	['pitsa]
papa (f)	kasza (ż)	['kaʃa]
omelete (f)	omlet (m)	['ɔmlɛt]

cozido em água	gotowany	[gotɔ'vani]
fumado	wędzony	[vɛ̃'dzɔni]
frito	smażony	[sma'ʒɔni]
seco	suszony	[su'ʃɔni]
congelado	mrożony	[mrɔ'ʒɔni]
em conserva	marynowany	[marinɔ'vani]

doce (açucarado)	słodki	['swɔtki]
salgado	słony	['swɔni]
frio	zimny	['ʒimni]
quente	gorący	[gɔ'rɔ̃tsi]
amargo	gorzki	['gɔʃki]
gostoso	smaczny	['smatʃni]

cozinhar (em água a ferver)	gotować	[gɔ'tɔvatʃ]
fazer, preparar (vt)	gotować	[gɔ'tɔvatʃ]
fritar (vt)	smażyć	['smaʒitʃ]
aquecer (vt)	odgrzewać	[ɔdg'ʒɛvatʃ]

salgar (vt)	solić	['sɔlitʃ]
apimentar (vt)	pieprzyć	['pepʃitʃ]
ralar (vt)	trzeć	[tʃɛtʃ]
casca (f)	skórka (ż)	['skurka]
descascar (vt)	obierać	[ɔ'beratʃ]

47. Especiarias

sal (m)	sól (ż)	[suʎ]
salgado	słony	['swɔni]
salgar (vt)	solić	['sɔlitʃ]

pimenta (f) preta	pieprz (m) czarny	[pepʃ 'tʃarni]
pimenta (f) vermelha	papryka (ż)	[pap'rika]
mostarda (f)	musztarda (ż)	[muʃ'tarda]
raiz-forte (f)	chrzan (m)	[hʃan]

condimento (m)	przyprawa (ż)	[pʃip'rava]
especiaria (f)	przyprawa (ż)	[pʃip'rava]
molho (m)	sos (m)	[sɔs]
vinagre (m)	ocet (m)	['ɔtset]

anis (m)	anyż (m)	['aniʃ]
manjericão (m)	bazylia (ż)	[ba'ziʎja]
cravo (m)	goździki (l.mn.)	['gɔʒʲdʒiki]

gengibre (m)	imbir (m)	['imbir]
coentro (m)	kolendra (ż)	[kɔ'lendra]
canela (f)	cynamon (m)	[tsi'namɔn]

sésamo (m)	sezam (m)	['sɛzam]
folhas (f pl) de louro	liść (m) laurowy	[liɕtʃ ʎau'rɔvi]
páprica (f)	papryka (ż)	[pap'rika]
cominho (m)	kminek (m)	['kminɛk]
açafrão (m)	szafran (m)	['ʃafran]

48. Refeições

| comida (f) | jedzenie (n) | [e'dzɛne] |
| comer (vt) | jeść | [eɕtʃ] |

pequeno-almoço (m)	śniadanie (n)	[ɕɲa'dane]
tomar o pequeno-almoço	jeść śniadanie	[eɕtʃ ɕɲa'dane]
almoço (m)	obiad (m)	['ɔbʲat]
almoçar (vi)	jeść obiad	[eɕtʃ 'ɔbʲat]

| jantar (m) | kolacja (ż) | [kɔ'ʎatsʰja] |
| jantar (vi) | jeść kolację | [eɕtʃ kɔ'ʎatsʰjɛ̃] |

| apetite (m) | apetyt (m) | [a'pɛtit] |
| Bom apetite! | Smacznego! | [smatʃ'nɛgɔ] |

abrir (~ uma lata, etc.)	otwierać	[ɔt'feratʃ]
derramar (vt)	rozlać	['rɔzʎatʃ]
derramar-se (vr)	rozlać się	['rɔzʎatʃ ɕɛ̃]

ferver (vi)	gotować się	[gɔ'tɔvatʃ ɕɛ̃]
ferver (vt)	gotować	[gɔ'tɔvatʃ]
fervido	gotowany	[gɔtɔ'vani]

| arrefecer (vt) | ostudzić | [ɔs'tudʒitʃ] |
| arrefecer-se (vr) | stygnąć | ['stignɔ̃tʃ] |

| sabor, gosto (m) | smak (m) | [smak] |
| gostinho (m) | posmak (m) | ['pɔsmak] |

fazer dieta	odchudzać się	[ɔd'hudzatʃ ɕɛ̃]
dieta (f)	dieta (ż)	['dʰeta]
vitamina (f)	witamina (ż)	[vita'mina]
caloria (f)	kaloria (ż)	[ka'lɔrja]

| vegetariano (m) | wegetarianin (m) | [vɛgɛtarʰʲanin] |
| vegetariano | wegetariański | [vɛgɛtarʰʲaɲski] |

gorduras (f pl)	tłuszcze (l.mn.)	['twuʃtʃɛ]
proteínas (f pl)	białka (l.mn.)	['bʲawka]
carboidratos (m pl)	węglowodany (l.mn.)	[vɛnɛ̃ɜvɔ'dani]
fatia (~ de limão, etc.)	plasterek (m)	[pʎas'tɛrɛk]
pedaço (~ de bolo)	kawałek (m)	[ka'vawɛk]
migalha (f)	okruchek (m)	[ɔk'ruhɛk]

49. Por a mesa

colher (f)	łyżka (ż)	['wiʃka]
faca (f)	nóż (m)	[nuʃ]
garfo (m)	widelec (m)	[vi'dɛlets]

chávena (f)	filiżanka (ż)	[fili'ʒaŋka]
prato (m)	talerz (m)	['taleʃ]
pires (m)	spodek (m)	['spɔdɛk]
guardanapo (m)	serwetka (ż)	[sɛr'vɛtka]
palito (m)	wykałaczka (ż)	[vika'watʃka]

50. Restaurante

restaurante (m)	restauracja (ż)	[rɛstau'ratsʰja]
café (m)	kawiarnia (ż)	[ka'vʲarɲa]
bar (m), cervejaria (f)	bar (m)	[bar]
salão (m) de chá	herbaciarnia (ż)	[hɛrba'tʃarɲa]

empregado (m) de mesa	kelner (m)	['kɛʎnɛr]
empregada (f) de mesa	kelnerka (ż)	[kɛʎ'nɛrka]
barman (m)	barman (m)	['barman]

ementa (f)	menu (n)	['menu]
lista (f) de vinhos	karta (ż) win	['karta vin]
reservar uma mesa	zarezerwować stolik	[zarɛzɛrvɔvatʃ 'stɔlik]

prato (m)	danie (n)	['dane]
pedir (vt)	zamówić	[za'muvitʃ]
fazer o pedido	zamówić	[za'muvitʃ]

aperitivo (m)	aperitif (m)	[apɛri'tif]
entrada (f)	przystawka (ż)	[pʃis'tafka]
sobremesa (f)	deser (m)	['dɛsɛr]

conta (f)	rachunek (m)	[ra'hunɛk]
pagar a conta	zapłacić rachunek	[zap'watʃitʃ ra'hunɛk]
dar o troco	wydać resztę	['vidatʃ 'rɛʃtɛ̃]
gorjeta (f)	napiwek (m)	[na'pivɛk]

Família, parentes e amigos

51. Informação pessoal. Formulários

nome (m)	imię (n)	['imɛ̃]
apelido (m)	nazwisko (n)	[naz'viskɔ]
data (f) de nascimento	data (ż) urodzenia	['data urɔ'dzɛɲa]
local (m) de nascimento	miejsce (n) urodzenia	['mejstsɛ urɔ'dzɛɲa]

nacionalidade (f)	narodowość (ż)	[narɔ'dɔvɔɕtʃ]
lugar (m) de residência	miejsce (n) zamieszkania	['mejstsɛ zameʃ'kaɲa]
país (m)	kraj (m)	[kraj]
profissão (f)	zawód (m)	['zavut]

sexo (m)	płeć (ż)	['pwɛtʃ]
estatura (f)	wzrost (m)	[vzrɔst]
peso (m)	waga (ż)	['vaga]

52. Membros da família. Parentes

mãe (f)	matka (ż)	['matka]
pai (m)	ojciec (m)	['ɔjtʃets]
filho (m)	syn (m)	[sin]
filha (f)	córka (ż)	['tsurka]

filha (f) mais nova	młodsza córka (ż)	['mwɔtʃa 'tsurka]
filho (m) mais novo	młodszy syn (m)	['mwɔtʃi sin]
filha (f) mais velha	starsza córka (ż)	['starʃa 'tsurka]
filho (m) mais velho	starszy syn (m)	['starʃi sin]

irmão (m)	brat (m)	[brat]
irmã (f)	siostra (ż)	['ɕɔstra]

primo (m)	kuzyn (m)	['kuzin]
prima (f)	kuzynka (ż)	[ku'zinka]
mamã (f)	mama (ż)	['mama]
papá (m)	tata (m)	['tata]
pais (pl)	rodzice (l.mn.)	[rɔ'dʒitsɛ]
criança (f)	dziecko (n)	['dʒetskɔ]
crianças (f pl)	dzieci (l.mn.)	['dʒetʃi]

avó (f)	babcia (ż)	['babtʃa]
avô (m)	dziadek (m)	['dʒʲadɛk]
neto (m)	wnuk (m)	[vnuk]
neta (f)	wnuczka (ż)	['vnutʃka]
netos (pl)	wnuki (l.mn.)	['vnuki]
tio (m)	wujek (m)	['vuek]
tia (f)	ciocia (ż)	['tʃɔtʃa]

| sobrinho (m) | bratanek (m), siostrzeniec (m) | [bra'tanɛk], [sɜst'ʃɛnets] |
| sobrinha (f) | bratanica (ż), siostrzenica (ż) | [brata'nitsa], [sɜst'ʃɛnitsa] |

sogra (f)	teściowa (ż)	[tɛɕ'tʃova]
sogro (m)	teść (m)	[tɛɕtʃ]
genro (m)	zięć (m)	[ʒɛ̃tʃ]
madrasta (f)	macocha (ż)	[ma'tsɔha]
padrasto (m)	ojczym (m)	['ɔjtʃim]

criança (f) de colo	niemowlę (n)	[ne'mɔvlɛ̃]
bebé (m)	niemowlę (n)	[ne'mɔvlɛ̃]
menino (m)	maluch (m)	['malyh]

mulher (f)	żona (ż)	['ʒɔna]
marido (m)	mąż (m)	[mɔ̃ʃ]
esposo (m)	małżonek (m)	[maw'ʒɔnɛk]
esposa (f)	małżonka (ż)	[maw'ʒɔŋka]

casado	żonaty	[ʒɔ'nati]
casada	zamężna	[za'mɛnʒna]
solteiro	nieżonaty	[neʒɔ'nati]
solteirão (m)	kawaler (m)	[ka'valer]
divorciado	rozwiedziony	[rɔzve'dʒɜni]
viúva (f)	wdowa (ż)	['vdɔva]
viúvo (m)	wdowiec (m)	['vdɔvets]

parente (m)	krewny (m)	['krɛvni]
parente (m) próximo	bliski krewny (m)	['bliski 'krɛvni]
parente (m) distante	daleki krewny (m)	[da'leki 'krɛvni]
parentes (m pl)	rodzina (ż)	[rɔ'dʒina]

órfão (m), órfã (f)	sierota (ż)	[ɕe'rɔta]
tutor (m)	opiekun (m)	[ɔ'pekun]
adotar (um filho)	zaadoptować	[za:dɔp'tɔvatʃ]
adotar (uma filha)	zaadoptować	[za:dɔp'tɔvatʃ]

53. Amigos. Colegas de trabalho

amigo (m)	przyjaciel (m)	[pʃi'jatʃeʎ]
amiga (f)	przyjaciółka (ż)	[pʃija'tʃuwka]
amizade (f)	przyjaźń (ż)	['pʃijaźɲ]
ser amigos	przyjaźnić się	[pʃi'jaźnitʃ ɕɛ̃]

amigo (m)	kumpel (m)	['kumpɛʎ]
amiga (f)	kumpela (ż)	[kum'pɛʎa]
parceiro (m)	partner (m)	['partnɛr]

chefe (m)	szef (m)	[ʃɛf]
superior (m)	kierownik (m)	[ke'rɔvnik]
subordinado (m)	podwładny (m)	[pɔdv'wadni]
colega (m)	koleżanka (ż)	[kɔle'ʒaŋka]

| conhecido (m) | znajomy (m) | [znaʒmi] |
| companheiro (m) de viagem | towarzysz (m) podróży | [tɔ'vaʒiʃ pɔd'ruʒi] |

colega (m) de classe	kolega (m) z klasy	[kɔ'lega s 'kʎasi]
vizinho (m)	sąsiad (m)	['sɔ̃ɕat]
vizinha (f)	sąsiadka (ż)	[sɔ̃'ɕatka]
vizinhos (pl)	sąsiedzi (l.mn.)	[sɔ̃'ɕedʒi]

54. Homem. Mulher

mulher (f)	kobieta (ż)	[kɔ'beta]
rapariga (f)	dziewczyna (ż)	[dʒeft'ʃina]
noiva (f)	narzeczona (ż)	[naʒɛt'ʃona]
bonita	piękna	['peŋkna]
alta	wysoka	[vi'sɔka]
esbelta	zgrabna	['zgrabna]
de estatura média	niedużego wzrostu	[nedu'ʒɛgɔ 'vzrɔstu]
loura (f)	blondynka (ż)	[blɔn'diŋka]
morena (f)	brunetka (ż)	[bru'nɛtka]
de senhora	damski	['damski]
virgem (f)	dziewica (ż)	['dʒeviʦa]
grávida	ciężarna (ż)	[ʨɛ̃'ʒarna]
homem (m)	mężczyzna (m)	[mɛ̃ʃt'ʃizna]
louro (m)	blondyn (m)	['blɔndin]
moreno (m)	brunet (m)	['brunɛt]
alto	wysoki	[vi'sɔki]
de estatura média	niedużego wzrostu	[nedu'ʒɛgɔ 'vzrɔstu]
rude	grubiański	[gru'bʲaɲski]
atarracado	krępy	['krɛ̃pi]
robusto	mocny	['mɔʦni]
forte	silny	['ɕiʎni]
força (f)	siła (ż)	['ɕiwa]
gordo	tęgi	['tɛŋi]
moreno	śniady	['ɕɲadi]
esbelto	zgrabny	['zgrabni]
elegante	elegancki	[ɛle'ganʦki]

55. Idade

idade (f)	wiek (m)	[vek]
juventude (f)	wczesna młodość (ż)	['ftʃɛsna 'mwɔdɔɕtʃ]
jovem	młody	['mwɔdi]
mais novo	młodszy	['mwɔtʃi]
mais velho	starszy	['starʃi]
jovem (m)	młodzieniec (m)	[mwɔ'dʒeneʦ]
adolescente (m)	nastolatek (m)	[nastɔ'ʎatɛk]
rapaz (m)	chłopak (m)	['hwɔpak]

| velho (m) | staruszek (m) | [sta'ruʃɛk] |
| velhota (f) | staruszka (ż) | [sta'ruʃka] |

adulto	dorosły (m)	[dɔ'rɔswi]
de meia-idade	w średnim wieku	[f 'ɕrɛdnim 'veku]
idoso, de idade	w podeszłym wieku	[f pɔ'dɛʃwim 'veku]
velho	stary	['stari]

reforma (f)	emerytura (ż)	[ɛmɛri'tura]
reformar-se (vr)	przejść na emeryturę	['pʃɛjɕʨ na ɛmɛri'turɛ̃]
reformado (m)	emeryt (m)	[ɛ'mɛrit]

56. Crianças

criança (f)	dziecko (n)	['dʑetskɔ]
crianças (f pl)	dzieci (l.mn.)	['dʑetʃi]
gémeos (m pl)	bliźniaki (l.mn.)	[bliʑ'ɲaki]

berço (m)	kołyska (ż)	[kɔ'wiska]
guizo (m)	grzechotka (ż)	[gʒɛ'hɔtka]
fralda (f)	pieluszka (ż)	[pʲɛ'lyʃka]

chupeta (f)	smoczek (m)	['smɔʧɛk]
carrinho (m) de bebé	wózek (m)	['vuzɛk]
jardim (m) de infância	przedszkole (n)	[pʃɛʧ'kɔle]
babysitter (f)	opiekunka (ż) do dziecka	[ɔpe'kuŋka dɔ 'dʑetska]

infância (f)	dzieciństwo (n)	[dʑe'ʨinstfɔ]
boneca (f)	lalka (ż)	['ʎaʎka]
brinquedo (m)	zabawka (ż)	[za'bafka]
jogo (m) de armar	zestaw (m) konstruktor	['zɛstaf kɔnst'ruktɔr]

bem-educado	dobrze wychowany	['dɔbʒɛ vihɔ'vani]
mal-educado	źle wychowany	[ʑle vihɔ'vani]
mimado	rozpieszczony	[rɔspeʃt'ʃɔni]

ser travesso	psosić	['psɔʃiʧ]
travesso, traquinas	psotny	['psɔtni]
travessura (f)	psota (ż)	['psɔta]
criança (f) travessa	psotnik (m)	['psɔtnik]

| obediente | posłuszny | [pɔs'wuʃni] |
| desobediente | nieposłuszny | [nepɔs'wuʃni] |

dócil	rozumny	[rɔ'zumni]
inteligente	sprytny	['spritni]
menino (m) prodígio	cudowne dziecko (n)	[ʦu'dɔvnɛ 'dʑetskɔ]

57. Casais. Vida de família

| beijar (vt) | całować | [ʦa'wɔvaʧ] |
| beijar-se (vr) | całować się | [ʦa'wɔvaʧ ɕɛ̃] |

família (f)	rodzina (ż)	[rɔ'dʒina]
familiar	rodzinny	[rɔ'dʒiɲi]
casal (m)	para (ż)	['para]
matrimónio (m)	małżeństwo (n)	[maw'ʒɛɲstfɔ]
lar (m)	ognisko domowe (n)	[ɔg'niskɔ dɔ'mɔvɛ]
dinastia (f)	dynastia (ż)	[di'nastʲja]

| encontro (m) | randka (ż) | ['rantka] |
| beijo (m) | pocałunek (m) | [pɔtsa'wunɛk] |

amor (m)	miłość (ż)	['miwɔɕtʃ]
amar (vt)	kochać	['kɔhatʃ]
amado, querido	ukochany	[ukɔ'hani]

ternura (f)	czułość (ż)	['tʃuwɔɕtʃ]
terno, afetuoso	czuły	['tʃuwi]
fidelidade (f)	wierność (ż)	['vernɔɕtʃ]
fiel	wierny	['vjerni]
cuidado (m)	troska (ż)	['trɔska]
carinhoso	troskliwy	[trɔsk'livi]

recém-casados (m pl)	nowożeńcy (m, l.mn.)	[nɔvɔ'ʒɛɲtsi]
lua de mel (f)	miesiąc (m) miodowy	['mɛɕõts mɜ'dɔvi]
casar-se (com um homem)	wyjść za mąż	[vijɕtʃ 'za mõʃ]
casar-se (com uma mulher)	żenić się	['ʒɛɲitʃ ɕɛ̃]

boda (f)	wesele (n)	[vɛ'sɛle]
bodas (f pl) de ouro	złota rocznica (ż) ślubu	['zwɔtɛ rɔtʃ'nitsa 'slubu]
aniversário (m)	rocznica (ż)	[rɔtʃ'nitsa]
amante (f)	kochanka (ż)	[kɔ'haŋka]

adultério (m)	zdrada (ż)	['zdrada]
cometer adultério	zdradzić	['zdradʒitʃ]
ciumento	zazdrosny	[zazd'rɔsni]
ser ciumento	być zazdrosnym	[bitʃ zazd'rɔsnim]
divórcio (m)	rozwód (m)	['rɔzvud]
divorciar-se (vr)	rozwieść się	['rɔzvɛɕtʃ ɕɛ̃]

brigar (discutir)	kłócić się	['kwutʃitʃ ɕɛ̃]
fazer as pazes	godzić się	['gɔdʒitʃ ɕɛ̃]
juntos	razem	['razɛm]
sexo (m)	seks (m)	[sɛks]

felicidade (f)	szczęście (n)	['ʃtʃɛ̃ɕtʃe]
feliz	szczęśliwy	[ʃtʃɛ̃ɕ'livi]
infelicidade (f)	nieszczęście (n)	[neʃ'tʃɛ̃ɕtʃe]
infeliz	nieszczęśliwy	[neʃtʃɛ̃ɕ'livi]

Caráter. Sentimentos. Emoções

58. Sentimentos. Emoções

sentimento (m)	uczucie (m)	[utˈʃutʃe]
sentimentos (m pl)	uczucia (l.mn.)	[utˈʃutʲa]
fome (f)	głód (m)	[gwut]
ter fome	chcieć jeść	[htʃetʃ eɕtʃ]
sede (f)	pragnienie (n)	[prag'nene]
ter sede	chcieć pić	[htʃetʃ pitʃ]
sonolência (f)	senność (ż)	[ˈsɛɳɔɕtʃ]
estar sonolento	chcieć spać	[htʃetʃ spatʃ]
cansaço (m)	zmęczenie (n)	[zmɛ̃tˈʃɛne]
cansado	zmęczony	[zmɛ̃tˈʃɔnɨ]
ficar cansado	zmęczyć się	[ˈzmɛntʃitʃ ɕɛ̃]
humor (m)	nastrój (m)	[ˈnastruj]
tédio (m)	nuda (ż), znudzenie (n)	[ˈnuda], [znuˈdzɛnie]
aborrecer-se (vr)	nudzić się	[ˈnudzitʃ ɕɛ̃]
isolamento (m)	odosobnienie (n)	[ɔdɔsɔbˈnenie]
isolar-se	odseparować się	[ɔtsɛpaˈrɔvatʃ ɕɛ̃]
preocupar (vt)	niepokoić	[nepɔˈkɔitʃ]
preocupar-se (vr)	martwić się	[ˈmartfitʃ ɕɛ̃]
preocupação (f)	niepokój (m)	[neˈpɔkuj]
ansiedade (f)	trwoga (ż)	[ˈtrfɔga]
preocupado	zatroskany	[zatrɔsˈkanɨ]
estar nervoso	denerwować się	[dɛnɛrˈvɔvatʃ ɕɛ̃]
entrar em pânico	panikować	[paniˈkɔvatʃ]
esperança (f)	nadzieja (ż)	[naˈdʒeja]
esperar (vt)	mieć nadzieję	[metʃ naˈdʒeɛ̃]
certeza (f)	pewność (ż)	[ˈpɛvnɔɕtʃ]
certo	pewny	[ˈpɛvnɨ]
indecisão (f)	niepewność (ż)	[neˈpɛvnɔɕtʃ]
indeciso	niepewny	[neˈpɛvnɨ]
ébrio, bêbado	pijany	[piˈjanɨ]
sóbrio	trzeźwy	[ˈtʃɛzʲvɨ]
fraco	słaby	[ˈswabɨ]
feliz	szczęśliwy	[ʃtʃɛ̃ɕˈlivɨ]
assustar (vt)	przestraszyć	[pʃɛstˈraʃitʃ]
fúria (f)	wściekłość (ż)	[ˈfɕtʃekwɔɕtʃ]
ira, raiva (f)	furia (ż)	[ˈfurʲja]
depressão (f)	depresja (ż)	[dɛpˈrɛsʰja]
desconforto (m)	dyskomfort (m)	[disˈkɔmfɔrt]

conforto (m)	komfort (m)	['kɔmfɔrt]
arrepender-se (vr)	żałować	[ʒaˈwɔvatʃ]
arrependimento (m)	żal (m)	[ʒaʎ]
azar (m), má sorte (f)	pech (m)	[pɛh]
tristeza (f)	smutek (m), smętek (m)	['smutɛk], ['smɛ̃tɛk]

vergonha (f)	wstyd (m)	[fstit]
alegria (f)	uciecha (ż)	[uˈtʃeha]
entusiasmo (m)	entuzjazm (m)	[ɛnˈtuzʰjazm]
entusiasta (m)	entuzjasta (m)	[ɛntuzʰˈjasta]
mostrar entusiasmo	przejawić entuzjazm	[pʃɛˈjavitʃ ɛnˈtuzʰjazm]

59. Caráter. Personalidade

caráter (m)	charakter (m)	[haˈraktɛr]
falha (f) de caráter	wada (ż)	['vada]
mente (f)	umysł (m)	['umɨsw]
razão (f)	rozum (m)	['rɔzum]

consciência (f)	sumienie (n)	[suˈmene]
hábito (m)	nawyk (m)	['navik]
habilidade (f)	zdolność (ż)	[ˈzdoʎnɔstʃ]
saber (~ nadar, etc.)	umieć	['umetʃ]

paciente	cierpliwy	[tʃerpˈlivi]
impaciente	niecierpliwy	[netʃerpˈlivi]
curioso	ciekawy	[tʃeˈkavi]
curiosidade (f)	ciekawość (ż)	[tʃeˈkavɔstʃ]

modéstia (f)	skromność (ż)	['skrɔmnɔstʃ]
modesto	skromny	['skrɔmni]
imodesto	nieskromny	[neskˈrɔmni]

preguiça (f)	lenistwo (n)	[leˈnistvɔ]
preguiçoso	leniwy	[leˈnivi]
preguiçoso (m)	leń (m)	[leɲ]

astúcia (f)	przebiegłość (ż)	[pʃɛˈbegwɔstʃ]
astuto	przebiegły	[pʃɛˈbegwi]
desconfiança (f)	nieufność (ż)	[neˈufnɔstʃ]
desconfiado	nieufny	[neˈufni]

generosidade (f)	hojność (ż)	['hɔjnɔstʃ]
generoso	hojny	['hɔjni]
talentoso	utalentowany	[utalentɔˈvani]
talento (m)	talent (m)	['talent]

corajoso	śmiały	['ɕmʲawi]
coragem (f)	śmiałość (ż)	['ɕmʲawɔstʃ]
honesto	uczciwy	[utʃˈtʃivi]
honestidade (f)	uczciwość (ż)	[utʃˈtʃivɔstʃ]

prudente	ostrożny	[ɔstˈrɔʒni]
valente	odważny	[ɔdˈvaʒni]

| sério | poważny | [pɔ'vaʒni] |
| severo | surowy | [su'rɔvi] |

decidido	zdecydowany	[zdɛtsidɔ'vani]
indeciso	niezdecydowany	[nezdɛtsidɔ'vani]
tímido	nieśmiały	[nec'mʲawi]
timidez (f)	nieśmiałość (ż)	[nec'mʲawɔɕt͡ʃ]

confiança (f)	zaufanie (n)	[zau'fane]
confiar (vt)	wierzyć	['veʒit͡ʃ]
crédulo	ufny	['ufni]

sinceramente	szczerze	['ʃt͡ʃɛʒɛ]
sincero	szczery	['ʃt͡ʃɛri]
sinceridade (f)	szczerość (ż)	['ʃt͡ʃɛrɔɕt͡ʃ]
aberto	otwarty	[ɔt'farti]

calmo	spokojny	[spɔ'kɔjni]
franco	szczery	['ʃt͡ʃɛri]
ingénuo	naiwny	[na'ivni]
distraído	roztargniony	[rɔstarg'nɔni]
engraçado	zabawny	[za'bavni]

ganância (f)	chciwość (ż)	['ht͡ʃivɔɕt͡ʃ]
ganancioso	chciwy	['ht͡ʃivi]
avarento	skąpy	['skõpi]
mau	zły	[zwi]
teimoso	uparty	[u'parti]
desagradável	nieprzyjemny	[nepʃi'emni]

egoísta (m)	egoista (m)	[ɛgɔ'ista]
egoísta	egoistyczny	[ɛgɔis'tit͡ʃni]
cobarde (m)	tchórz (m)	[thuʃ]
cobarde	tchórzliwy	[thuʒ'livi]

60. O sono. Sonhos

dormir (vi)	spać	[spat͡ʃ]
sono (m)	sen (m)	[sɛn]
sonho (m)	sen (m)	[sɛn]
sonhar (vi)	śnić	[ɕnit͡ʃ]
sonolento	senny	['sɛni]

cama (f)	łóżko (n)	['wuʃkɔ]
colchão (m)	materac (m)	[ma'tɛrats]
cobertor (m)	kołdra (ż)	['kɔwdra]
almofada (f)	poduszka (ż)	[pɔ'duʃka]
lençol (m)	prześcieradło (n)	[pʃɛɕt͡ʃe'radwɔ]

insónia (f)	bezsenność (ż)	[bɛs'sɛnɔɕt͡ʃ]
insone	bezsenny	[bɛs'sɛni]
sonífero (m)	tabletka (ż) nasenna	[tab'lɛtka na'sɛna]
tomar um sonífero	zażyć środek nasenny	['zaʒit͡ʃ 'ɕrɔdɛk na'sɛni]
estar sonolento	chcieć spać	[ht͡ʃet͡ʃ spat͡ʃ]

bocejar (vi)	ziewać	['ʒevatʃ]
ir para a cama	iść spać	[iɕtʃ spatʃ]
fazer a cama	ścielić łóżko	['ɕtʃeliʨ 'wuʃkɔ]
adormecer (vi)	zasnąć	['zasnɔ̃tʃ]

pesadelo (m)	koszmar (m)	['kɔʃmar]
ronco (m)	chrapanie (n)	[hra'pane]
roncar (vi)	chrapać	['hrapatʃ]

despertador (m)	budzik (m)	['budʒik]
acordar, despertar (vt)	obudzić	[ɔ'budʒiʨ]
acordar (vi)	budzić się	['budʒiʨ ɕɛ̃]
levantar-se (vr)	wstawać	['fstavatʃ]
lavar-se (vr)	myć się	['mitʃ ɕɛ̃]

61. Humor. Riso. Alegria

humor (m)	humor (m)	['humɔr]
sentido (m) de humor	poczucie (n)	[pɔt'ʃutʃe]
divertir-se (vr)	bawić się	['baviʨ ɕɛ̃]
alegre	wesoły	[vɛ'sɔwi]
alegria (f)	wesołość (ż)	[ve'sɔwɔʃtʃ]

sorriso (m)	uśmiech (m)	['uɕmeh]
sorrir (vi)	uśmiechać się	[uɕ'mehatʃ ɕɛ̃]
começar a rir	zaśmiać się	['zaɕmʲatʃ ɕɛ̃]
rir (vi)	śmiać się	['ɕmʲatʃ ɕɛ̃]
riso (m)	śmiech (m)	[ɕmeh]

anedota (f)	anegdota (ż)	[anɛg'dɔta]
engraçado	śmieszny	['ɕmeʃni]
ridículo	zabawny	[za'bavni]

brincar, fazer piadas	żartować	[ʒar'tɔvatʃ]
piada (f)	żart (m)	[ʒart]
alegria (f)	radość (ż)	['radɔɕtʃ]
regozijar-se (vr)	cieszyć się	['tʃeʃitʃ ɕɛ̃]
alegre	radosny	[ra'dɔsni]

62. Discussão, conversação. Parte 1

| comunicação (f) | komunikacja (ż) | [kɔmuni'katsʲja] |
| comunicar-se (vr) | komunikować się | [kɔmuni'kɔvatʃ ɕɛ̃] |

conversa (f)	rozmowa (ż)	[rɔz'mɔva]
diálogo (m)	dialog (m)	['dʲjalɔg]
discussão (f)	dyskusja (ż)	[dis'kusʲja]
debate (m)	spór (m)	[spur]
debater (vt)	spierać się	['speratʃ ɕɛ̃]

| interlocutor (m) | rozmówca (m) | [rɔz'muftsa] |
| tema (m) | temat (m) | ['tɛmat] |

ponto (m) de vista	punkt (m) widzenia	[puŋkt vi'dzɛɲa]
opinião (f)	zdanie (n)	['zdane]
discurso (m)	przemówienie (n)	[pʃɛmu'vene]

discussão (f)	dyskusja (ż)	[dɨs'kusʰja]
discutir (vt)	omawiać	[ɔ'mavʲatʃ]
conversa (f)	rozmowa (ż)	[rɔz'mɔva]
conversar (vi)	rozmawiać	[rɔz'mavʲatʃ]
encontro (m)	spotkanie (n)	[spɔt'kane]
encontrar-se (vr)	spotkać się	['spɔtkatʃ ɕɛ̃]

provérbio (m)	przysłowie (n)	[pʃis'wɔve]
ditado (m)	powiedzenie (n)	[pɔvje'dzɛnie]
adivinha (f)	zagadka (ż)	[za'gatka]
dizer uma adivinha	zadawać zagadkę	[za'davatʃ za'gadkɛ̃]
senha (f)	hasło (n)	['haswɔ]
segredo (m)	sekret (m)	['sɛkrɛt]

juramento (m)	przysięga (ż)	[pʃi'ɕeŋa]
jurar (vi)	przysięgać	[pʃi'ɕeŋatʃ]
promessa (f)	obietnica (ż)	[ɔbetnitsa]
prometer (vt)	obiecać	[ɔ'betsatʃ]

conselho (m)	rada (ż)	['rada]
aconselhar (vt)	radzić	['radʑitʃ]
escutar (~ os conselhos)	słuchać	['swuhatʃ]

novidade, notícia (f)	nowina (ż)	[nɔ'vina]
sensação (f)	sensacja (ż)	[sɛn'satsʰja]
informação (f)	wiadomości (l.mn.)	[vʲadɔ'mɔctʃi]
conclusão (f)	wniosek (m)	['vnɜsɛk]
voz (f)	głos (m)	[gwɔs]
elogio (m)	komplement (m)	[kɔmp'lemɛnt]
amável	uprzejmy	[up'ʃɛjmi]

palavra (f)	słowo (n)	['swɔvɔ]
frase (f)	fraza (ż)	['fraza]
resposta (f)	odpowiedź (ż)	[ɔtpɔ'vetʃ]

verdade (f)	prawda (ż)	['pravda]
mentira (f)	kłamstwo (n)	['kwamstfɔ]

pensamento (m)	myśl (ż)	[miɕʎ]
ideia (f)	pomysł (m)	['pɔmisw]
fantasia (f)	fantazja (ż)	[fan'tazʲa]

63. Discussão, conversação. Parte 2

estimado	szanowny	[ʃa'nɔvni]
respeitar (vt)	szanować	[ʃa'nɔvatʃ]
respeito (m)	szacunek (m)	[ʃa'tsunɛk]
Estimado ..., Caro ...	Drogi ...	['drɔgi]
apresentar (vt)	poznać	['pɔznatʃ]
intenção (f)	zamiar (m)	['zamʲar]

61

tencionar (vt)	zamierzać	[za'meʒatʃ]
desejo (m)	życzenie (n)	[ʒit'ʃɛne]
desejar (ex. ~ boa sorte)	życzyć	['ʒitʃitʃ]
surpresa (f)	zdziwienie (n)	[zdʒi'vene]
surpreender (vt)	dziwić	['dʒivitʃ]
surpreender-se (vr)	dziwić się	['dʒivitʃ ɕɛ̃]
dar (vt)	dać	[datʃ]
pegar (tomar)	wziąć	[vʒɔ̃ⁱtʃ]
devolver (vt)	zwrócić	['zvrutʃitʃ]
retornar (vt)	zwrócić	['zvrutʃitʃ]
desculpar-se (vr)	przepraszać	[pʃɛp'raʃatʃ]
desculpa (f)	przeprosiny (l.mn.)	[pʃɛprɔ'ɕini]
perdoar (vt)	przebaczać	[pʃɛ'batʃatʃ]
falar (vi)	rozmawiać	[rɔz'mavʲatʃ]
escutar (vt)	słuchać	['swuhatʃ]
ouvir até o fim	wysłuchać	[vis'wuhatʃ]
compreender (vt)	zrozumieć	[zrɔ'zumetʃ]
mostrar (vt)	pokazać	[pɔ'kazatʃ]
olhar para ...	patrzeć	['patʃɛtʃ]
chamar (dizer em voz alta o nome)	zawołać	[za'vɔwatʃ]
perturbar (vt)	przeszkadzać	[pʃɛʃ'kadzatʃ]
entregar (~ em mãos)	wręczyć	['vrɛntʃitʃ]
pedido (m)	prośba (ż)	['prɔʒ'ba]
pedir (ex. ~ ajuda)	prosić	['prɔɕitʃ]
exigência (f)	żądanie (n)	[ʒɔ̃'dane]
exigir (vt)	żądać	['ʒɔ̃datʃ]
chamar nomes (vt)	przezywać	[pʃɛ'zivatʃ]
zombar (vt)	kpić	[kpitʃ]
zombaria (f)	kpina (ż)	['kpina]
alcunha (f)	przezwisko (n)	[pʃɛz'viskɔ]
insinuação (f)	aluzja (ż)	[a'lyzʰja]
insinuar (vt)	czynić aluzję	['tʃinitʃ a'lyzʰɛ̃]
subentender (vt)	mieć na myśli	[metʃ na 'miɕli]
descrição (f)	opis (m)	['ɔpis]
descrever (vt)	opisać	[ɔ'pisatʃ]
elogio (m)	pochwała (ż)	[pɔh'fawa]
elogiar (vt)	pochwalić	[pɔh'falitʃ]
desapontamento (m)	rozczarowanie (n)	[rɔstʃarɔ'vane]
desapontar (vt)	rozczarować	[rɔstʃa'rɔvatʃ]
desapontar-se (vr)	rozczarować się	[rɔstʃa'rɔvatʃ ɕɛ̃]
suposição (f)	założenie (n)	[zawɔ'ʒene]
supor (vt)	przypuszczać	[pʃi'puʃtʃatʃ]
advertência (f)	ostrzeżenie (n)	[ɔstʃɛ'ʒene]
advertir (vt)	ostrzec	['ɔstʃɛts]

64. Discussão, conversação. Parte 3

convencer (vt)	namówić	[na'muviʧ]
acalmar (vt)	uspokajać	[uspɔ'kajaʧ]
silêncio (o ~ é de ouro)	milczenie (n)	[miʎt'ʃɛne]
ficar em silêncio	milczeć	['miʎʧɛʧ]
sussurrar (vt)	szepnąć	['ʃɛpnɔ̃ʧ]
sussurro (m)	szept (m)	[ʃɛpt]
francamente	szczerze	['ʃʧɛʒɛ]
a meu ver ...	moim zdaniem	['mɔim 'zdanem]
detalhe (~ da história)	szczegół (m)	['ʃʧɛguw]
detalhado	szczegółowy	[ʃʧɛgu'wɔvi]
detalhadamente	szczegółowo	[ʃʧɛgu'wɔvɔ]
dica (f)	wskazówka (ż)	[fska'zɔfka]
dar uma dica	dać wskazówkę	[daʧ fska'zɔfkɛ̃]
olhar (m)	spojrzenie (n)	[spɔj'ʒɛne]
dar uma vista de olhos	spojrzeć	['spɔjʒɛʧ]
fixo (olhar ~)	nieruchomy	[neru'hɔmi]
piscar (vi)	mrugać	['mrugaʧ]
pestanejar (vt)	mrugnąć	['mrugnɔ̃ʧ]
acenar (com a cabeça)	przytaknąć	[pʃi'taknɔ̃ʧ]
suspiro (m)	westchnienie (n)	[vɛsth'nene]
suspirar (vi)	westchnąć	['vɛsthnɔ̃ʧ]
estremecer (vi)	wzdrygać się	['vzdrigaʧ ɕɛ̃]
gesto (m)	gest (m)	[gɛst]
tocar (com as mãos)	dotknąć	['dɔtknɔ̃ʧ]
agarrar (~ pelo braço)	chwytać	['hfitaʧ]
bater de leve	klepać	['klepaʧ]
Cuidado!	Uwaga!	[u'vaga]
A sério?	Czyżby?	['ʧiʒbi]
Tem certeza?	Jesteś pewien?	['estɛɕ 'pɛven]
Boa sorte!	Powodzenia!	[pɔvɔ'dzɛɲa]
Compreendi!	Jasne!	['jasnɛ]
Que pena!	Szkoda!	['ʃkɔda]

65. Acordo. Recusa

consentimento (~ mútuo)	zgoda (ż)	['zgɔda]
consentir (vi)	zgadzać się	['zgadzaʧ ɕɛ̃]
aprovação (f)	aprobata (ż)	[aprɔ'bata]
aprovar (vt)	zaaprobować	[za:prɔ'bɔvaʧ]
recusa (f)	odmowa (ż)	[ɔd'mɔva]
negar-se (vt)	odmawiać	[ɔd'mavʲaʧ]
Está ótimo!	Świetnie!	['ɕfetne]
Muito bem!	Dobrze!	['dɔbʒɛ]

Está bem! De acordo!	Dobra!	['dɔbra]
proibido	zakazany	[zaka'zani]
é proibido	nie wolno	[ne 'vɔʎnɔ]
é impossível	niemożliwe	[nemɔʒ'livɛ]
incorreto	błędny	['bwɛ̃dni]

rejeitar (~ um pedido)	odrzucić	[ɔ'dʒuʃiʧ]
apoiar (vt)	poprzeć	['pɔpʃɛʧ]
aceitar (desculpas, etc.)	przyjąć	['pʃiɔ̃ʧ]

confirmar (vt)	potwierdzić	[pɔt'ferdʒiʧ]
confirmação (f)	potwierdzenie (n)	[pɔtfer'dzɛne]
permissão (f)	pozwolenie (n)	[pɔzvɔ'lene]
permitir (vt)	zezwolić	[zɛz'vɔliʧ]
decisão (f)	decyzja (ż)	[dɛ'ʦiz^hja]
não dizer nada	nic nie mówić	[niʦ nɛ 'mɔviʧ]

condição (com uma ~)	warunek (m)	[va'runɛk]
pretexto (m)	wymówka (ż)	[vi'mufka]
elogio (m)	pochwała (ż)	[pɔh'fawa]
elogiar (vt)	chwalić	['hfaliʧ]

66. Sucesso. Boa sorte. Insucesso

êxito, sucesso (m)	sukces (m)	['sukʦɛs]
com êxito	z powodzeniem	[s pɔvɔ'dzɛnem]
bem sucedido	skuteczny	[sku'tɛʧni]

sorte (fortuna)	powodzenie (n)	[pɔvɔ'dzɛnie]
Boa sorte!	Powodzenia!	[pɔvɔ'dzɛɲa]
de sorte	szczęśliwy	[ʃʧɛ̃ɕ'livi]
sortudo, felizardo	fortunny	[fɔr'tuɲi]
fracasso (m)	porażka (ż)	[pɔ'raʃka]
pouca sorte (f)	niepowodzenie (n)	[nepɔvɔ'dzɛne]
azar (m), má sorte (f)	pech (m)	[pɛh]
mal sucedido	nieudany	[neu'dani]
catástrofe (f)	katastrofa (ż)	[katast'rɔfa]

orgulho (m)	duma (ż)	['duma]
orgulhoso	dumny	['dumni]
estar orgulhoso	być dumnym	[biʧ 'dumnim]
vencedor (m)	zwycięzca (m)	[zvi'ʧenʦsa]
vencer (vi)	zwyciężyć	[zvi'ʧenʒiʧ]
perder (vt)	przegrać	['pʃɛgraʧ]
tentativa (f)	próba (ż)	['pruba]
tentar (vt)	próbować	[pru'bɔvaʧ]
chance (m)	szansa (ż)	['ʃansa]

67. Conflitos. Emoções negativas

grito (m)	krzyk (m)	[kʃik]
gritar (vi)	krzyczeć	['kʃiʧɛʧ]

começar a gritar	krzyknąć	['kʃiknɔ̃tʃ]
discussão (f)	kłótnia (ż)	['kwutɲa]
discutir (vt)	kłócić się	['kwutʃitʃ ɕɛ̃]
escândalo (m)	głośna kłótnia (ż)	['gwɔʃna 'kwɔtɲa]
criar escândalo	kłócić się głośno	['kwɔtʃitʃ ɕɛ̃ 'gwɔʃnɔ]
conflito (m)	konflikt (m)	['kɔnflikt]
mal-entendido (m)	nieporozumienie (n)	[nepɔrɔzu'mene]

insulto (m)	zniewaga (ż)	[zni'evaga]
insultar (vt)	znieważać	[zne'vaʒatʃ]
insultado	obrażony	[ɔbra'ʒɔni]
ofensa (f)	obraza (ż)	[ɔb'raza]
ofender (vt)	obrazić	[ɔb'raʒitʃ]
ofender-se (vr)	obrazić się	[ɔb'raʒitʃ ɕɛ̃]

indignação (f)	oburzenie (n)	[ɔbu'ʒɛne]
indignar-se (vr)	oburzać się	[ɔ'buʒatʃ ɕɛ̃]
queixa (f)	skarga (ż)	['skarga]
queixar-se (vr)	skarżyć się	['skarʒitʃ ɕɛ̃]

desculpa (f)	przeprosiny (l.mn.)	[pʃɛprɔ'ɕini]
desculpar-se (vr)	przepraszać	[pʃɛp'raʃatʃ]
pedir perdão	przepraszać	[pʃɛp'raʃatʃ]

crítica (f)	krytyka (ż)	['kritika]
criticar (vt)	krytykować	[kriti'kɔvatʃ]
acusação (f)	oskarżenie (n)	[ɔskar'ʒɛne]
acusar (vt)	obwiniać	[ɔb'viɲatʃ]

vingança (f)	zemsta (ż)	['zɛmsta]
vingar (vt)	mścić się	[mɕtʃitʃ ɕɛ̃]
vingar-se (vr)	odpłacić	[ɔdp'watʃitʃ]

desprezo (m)	pogarda (ż)	[pɔ'garda]
desprezar (vt)	pogardzać	[pɔ'gardzatʃ]
ódio (m)	nienawiść (ż)	[ne'navitʃ]
odiar (vt)	nienawidzieć	[nena'vidʑetʃ]

nervoso	nerwowy	[nɛr'vɔvi]
estar nervoso	denerwować się	[dɛnɛr'vɔvatʃ ɕɛ̃]
zangado	zły	[zwi]
zangar (vt)	rozzłościć	[rɔzz'wɔɕtʃitʃ]

humilhação (f)	poniżenie (n)	[pɔni'ʒɛne]
humilhar (vt)	poniżać	[pɔ'niʒatʃ]
humilhar-se (vr)	poniżać się	[pɔ'niʒatʃ ɕɛ̃]

| choque (m) | szok (m) | [ʃɔk] |
| chocar (vt) | szokować | [ʃɔ'kɔvatʃ] |

| aborrecimento (m) | przykrość (ż) | ['pʃikrɔɕtʃ] |
| desagradável | nieprzyjemny | [nepʃi'emni] |

medo (m)	strach (m)	[strah]
terrível (tempestade, etc.)	okropny	[ɔk'rɔpni]
assustador (ex. história ~a)	straszny	['straʃni]

| horror (m) | przerażenie (n) | [pʃɛra'ʒɛne] |
| horrível (crime, etc.) | okropny | [ɔk'rɔpni] |

chorar (vi)	płakać	['pwakatʃ]
começar a chorar	zapłakać	[zap'wakatʃ]
lágrima (f)	łza (ż)	[wza]

falta (f)	wina (ż)	['vina]
culpa (f)	wina (ż)	['vina]
desonra (f)	hańba (ż)	['haɲba]
protesto (m)	protest (m)	['prɔtɛst]
stresse (m)	stres (m)	[strɛs]

perturbar (vt)	przeszkadzać	[pʃɛʃ'kadzatʃ]
zangar-se com ...	złościć się	['zwɔɕtʃitʃ ɕɛ̃]
zangado	zły	[zwi]
terminar (vt)	zakończyć	[za'kɔntʃitʃ]
praguejar	kłócić się	['kwutʃitʃ ɕɛ̃]

assustar-se	bać się	[batʃ ɕɛ̃]
golpear (vt)	uderzyć	[u'dɛʒitʃ]
brigar (na rua, etc.)	bić się	[bitʃ ɕɛ̃]

resolver (o conflito)	załatwić	[za'watvitʃ]
descontente	niezadowolony	[nezadɔvɔ'lɔni]
furioso	wściekły	['fɕtʃekwi]

| Não está bem! | Nie jest dobrze! | [ni esti 'dɔbʒɛ] |
| É mau! | To źle! | [tɔ zile] |

Medicina

68. Doenças

doença (f)	choroba (ż)	[hɔ'rɔba]
estar doente	chorować	[hɔ'rɔvatʃ]
saúde (f)	zdrowie (n)	['zdrɔvɛ]

nariz (m) a escorrer	katar (m)	['katar]
amigdalite (f)	angina (ż)	[aɲina]
constipação (f)	przeziębienie (n)	[pʃɛʒɛ̃'bɛnɛ]
constipar-se (vr)	przeziębić się	[pʃɛ'ʒembitʃ ɕɛ̃]

bronquite (f)	zapalenie (n) oskrzeli	[zapa'lɛnɛ ɔsk'ʃɛli]
pneumonia (f)	zapalenie (n) płuc	[zapa'lɛnɛ pwuts]
gripe (f)	grypa (ż)	['gripa]

míope	krótkowzroczny	[krutkɔvz'rɔtʃni]
presbita	dalekowzroczny	[dalɛkɔvz'rɔtʃni]
estrabismo (m)	zez (m)	[zɛs]
estrábico	zezowaty	[zɛzɔ'vati]
catarata (f)	katarakta (ż)	[kata'rakta]
glaucoma (m)	jaskra (ż)	['jaskra]

AVC (m), apoplexia (f)	wylew (m)	['vilɛf]
ataque (m) cardíaco	zawał (m)	['zavaw]
enfarte (m) do miocárdio	zawał (m) mięśnia sercowego	['zavaw 'mɛ̃ɕɲa sɛrtsɔ'vɛgɔ]
paralisia (f)	paraliż (m)	[pa'raliʃ]
paralisar (vt)	sparaliżować	[sparali'ʒɔvatʃ]

alergia (f)	alergia (ż)	[a'lergʰja]
asma (f)	astma (ż)	['astma]
diabetes (f)	cukrzyca (ż)	[tsuk'ʃitsa]

dor (f) de dentes	ból (m) zęba	[buʎ 'zɛ̃ba]
cárie (f)	próchnica (ż)	[pruh'nitsa]

diarreia (f)	rozwolnienie (n)	[rɔzvɔʎ'nenɛ]
prisão (f) de ventre	zaparcie (n)	[za'partʃɛ]
desarranjo (m) intestinal	rozstrój (m) żołądka	['rɔsstruj ʒɔ'wɔtka]
intoxicação (f) alimentar	zatrucie (n) pokarmowe	[zat'rutʃɛ pɔkar'mɔvɛ]
intoxicar-se	zatruć się	['zatrutʃ ɕɛ̃]
artrite (f)	artretyzm (m)	[art'rɛtizm]
raquitismo (m)	krzywica (ż)	[kʃi'vitsa]
reumatismo (m)	reumatyzm (m)	[rɛu'matizm]
arteriosclerose (f)	miażdżyca (ż)	[mʲaʒ'dʒitsa]
gastrite (f)	nieżyt (m) żołądka	['neʒit ʒɔ'wɔtka]
apendicite (f)	zapalenie (n) wyrostka robaczkowego	[zapa'lenɛ vi'rɔstka rɔbatʃkɔ'vɛgɔ]

úlcera (f)	wrzód (m)	[vʒut]
sarampo (m)	odra (ż)	['ɔdra]
rubéola (f)	różyczka (ż)	[ru'ʒiʧka]
iterícia (f)	żółtaczka (ż)	[ʒuw'taʧka]
hepatite (f)	zapalenie (n) wątroby	[zapa'lene võt'rɔbi]

esquizofrenia (f)	schizofrenia (ż)	[shizɔf'rɛnʰja]
raiva (f)	wścieklizna (ż)	[vɕʧek'lizna]
neurose (f)	nerwica (ż)	[nɛr'viʦa]
comoção (f) cerebral	wstrząs (m) mózgu	[fsʧõs 'muzgu]

cancro (m)	rak (m)	[rak]
esclerose (f)	stwardnienie (n)	[stvard'nenie]
esclerose (f) múltipla	stwardnienie (n) rozsiane	[stfard'nene rɔz'ɕanɛ]

alcoolismo (m)	alkoholizm (m)	[aʎkɔ'hɔlizm]
alcoólico (m)	alkoholik (m)	[aʎkɔ'hɔlik]
sífilis (f)	syfilis (m)	[si'filis]
SIDA (f)	AIDS (m)	[ɛjʦ]

tumor (m)	nowotwór (m)	[nɔ'vɔtfur]
maligno	złośliwa	[zwɔɕ'liva]
benigno	niezłośliwa	[nezwɔɕ'liva]

febre (f)	febra (ż)	['fɛbra]
malária (f)	malaria (ż)	[ma'ʎarʰja]
gangrena (f)	gangrena (ż)	[gaŋ'rɛna]
enjoo (m)	choroba (ż) morska	[hɔ'rɔba 'mɔrska]
epilepsia (f)	padaczka (ż)	[pa'daʧka]

epidemia (f)	epidemia (ż)	[ɛpi'dɛmʰja]
tifo (m)	tyfus (m)	['tifus]
tuberculose (f)	gruźlica (ż)	[gruʑ'liʦa]
cólera (f)	cholera (ż)	[hɔ'lera]
peste (f)	dżuma (ż)	['dʒuma]

69. Sintomas. Tratamentos. Parte 1

sintoma (m)	objaw (m)	['ɔbʰjaf]
temperatura (f)	temperatura (ż)	[tɛmpɛra'tura]
febre (f)	gorączka (ż)	[gɔ'rõʧka]
pulso (m)	puls (m)	[puʎs]

vertigem (f)	zawrót (m) głowy	['zavrut 'gwɔvi]
quente (testa, etc.)	gorący	[gɔ'rõʦi]
calafrio (m)	dreszcz (m)	['drɛʃʧ]
pálido	blady	['bʎadi]

tosse (f)	kaszel (m)	['kaʃɛʎ]
tossir (vi)	kaszleć	['kaʃleʧ]
espirrar (vi)	kichać	['kihaʧ]
desmaio (m)	omdlenie (n)	[ɔmd'lene]
desmaiar (vi)	zemdleć	['zɛmdleʧ]
nódoa (f) negra	siniak (m)	['ɕiɲak]

galo (m)	guz (m)	[gus]
magoar-se (vr)	uderzyć się	[u'dɛʒiʧ ɕɛ̃]
pisadura (f)	stłuczenie (n)	[stwut'ʃɛne]
aleijar-se (vr)	potłuc się	['pɔtwuts ɕɛ̃]

coxear (vi)	kuleć	['kuleʧ]
deslocação (f)	zwichnięcie (n)	[zvih'nɛ̃ʧe]
deslocar (vt)	zwichnąć	['zvihnɔ̃ʧ]
fratura (f)	złamanie (n)	[zwa'mane]
fraturar (vt)	otrzymać złamanie	[ɔt'ʃimaʧ zwa'mane]

corte (m)	skaleczenie (n)	[skalet'ʃɛne]
cortar-se (vr)	skaleczyć się	[ska'leʧiʧ ɕɛ̃]
hemorragia (f)	krwotok (m)	['krfɔtɔk]

| queimadura (f) | oparzenie (n) | [ɔpa'ʒɛne] |
| queimar-se (vr) | poparzyć się | [pɔ'paʒiʧ ɕɛ̃] |

picar (vt)	ukłuć	['ukwuʧ]
picar-se (vr)	ukłuć się	['ukwuʧ ɕɛ̃]
lesionar (vt)	uszkodzić	[uʃ'kɔʤiʧ]
lesão (m)	uszkodzenie (n)	[uʃkɔ'dzɛne]
ferida (f), ferimento (m)	rana (ż)	['rana]
trauma (m)	uraz (m)	['uras]

delirar (vi)	bredzić	['brɛʤiʧ]
gaguejar (vi)	jąkać się	[jɔ̃kaʧ ɕɛ̃]
insolação (f)	udar (m) słoneczny	['udar swɔ'nɛʧni]

70. Sintomas. Tratamentos. Parte 2

| dor (f) | ból (m) | [buʎ] |
| farpa (no dedo) | drzazga (ż) | ['ʤazga] |

suor (m)	pot (m)	[pɔt]
suar (vi)	pocić się	['pɔʧiʧ ɕɛ̃]
vómito (m)	wymiotowanie (n)	[vimɔtɔ'vane]
convulsões (f pl)	drgawki (l.mn.)	['drgavki]

grávida	ciężarna (ż)	[ʧɛ̃'ʒarna]
nascer (vi)	urodzić się	[u'rɔʤiʧ ɕɛ̃]
parto (m)	poród (m)	['pɔrut]
dar à luz	rodzić	['rɔʤiʧ]
aborto (m)	aborcja (ż)	[a'bɔrtsʰja]

respiração (f)	oddech (m)	['ɔddɛh]
inspiração (f)	wdech (m)	[vdɛh]
expiração (f)	wydech (m)	['vidɛh]
expirar (vi)	zrobić wydech	['zrɔbiʧ 'vidɛh]
inspirar (vi)	zrobić wdech	['zrɔbiʧ vdɛh]

inválido (m)	niepełnosprawny (m)	[nepɛwnɔsp'ravni]
aleijado (m)	kaleka (m, ż)	[ka'leka]
toxicodependente (m)	narkoman (m)	[nar'kɔman]

surdo	niesłyszący, głuchy	[neswi'ʃõtsi], ['gwuhi]
mudo	niemy	['nemi]
surdo-mudo	głuchoniemy	[gwuhɔ'nemi]

louco (adj.)	zwariowany	[zvarʰʒ'vani]
louco (m)	wariat (m)	['varʰjat]
louca (f)	wariatka (ż)	[varʰ'jatka]
ficar louco	stracić rozum	['stratʃitʃ rɔzum]

gene (m)	gen (m)	[gɛn]
imunidade (f)	odporność (ż)	[ɔt'pɔrnɔɕtʃ]
hereditário	dziedziczny	[dʒe'dʒitʃni]
congénito	wrodzony	[vrɔ'dzɔni]

vírus (m)	wirus (m)	['virus]
micróbio (m)	mikrob (m)	['mikrɔb]
bactéria (f)	bakteria (ż)	[bak'tɛrʰja]
infeção (f)	infekcja (ż)	[in'fɛktsʰja]

71. Sintomas. Tratamentos. Parte 3

| hospital (m) | szpital (m) | ['ʃpitaʎ] |
| paciente (m) | pacjent (m) | ['patsʰent] |

diagnóstico (m)	diagnoza (ż)	[dʰjag'nɔza]
cura (f)	leczenie (n)	[let'ʃɛne]
tratamento (m) médico	leczenie (n)	[let'ʃɛne]
curar-se (vr)	leczyć się	['letʃitʃ ɕɛ̃]
tratar (vt)	leczyć	['letʃitʃ]
cuidar (pessoa)	opiekować się	[ɔpe'kɔvatʃ ɕɛ̃]
cuidados (m pl)	opieka (ż)	[ɔ'peka]

operação (f)	operacja (ż)	[ɔpɛ'ratsʰja]
enfaixar (vt)	opatrzyć	[ɔ'patʃitʃ]
enfaixamento (m)	opatrunek (m)	[ɔpat'runɛk]

vacinação (f)	szczepionka (m)	[ʃtʃɛ'pɔŋka]
vacinar (vt)	szczepić	['ʃtʃɛpitʃ]
injeção (f)	zastrzyk (m)	['zastʃik]
dar uma injeção	robić zastrzyk	['rɔbitʃ 'zastʃik]

amputação (f)	amputacja (ż)	[ampu'tatsʰja]
amputar (vt)	amputować	[ampu'tɔvatʃ]
coma (f)	śpiączka (ż)	[ɕpɔ̃tʃka]
estar em coma	być w śpiączce	[bitʃ f ɕpɔ̃tʃtse]
reanimação (f)	reanimacja (ż)	[rɛani'matsʰja]

recuperar-se (vr)	wracać do zdrowia	['vratsatʃ dɔ 'zdrɔvʲa]
estado (~ de saúde)	stan (m)	[stan]
consciência (f)	przytomność (ż)	[pʃi'tɔmnɔɕtʃ]
memória (f)	pamięć (ż)	['pamɛ̃tʃ]

| tirar (vt) | usuwać | [u'suvatʃ] |
| chumbo (m), obturação (f) | plomba (ż) | ['plɔmba] |

chumbar, obturar (vt)	plombować	[plɜm'bovaʧ]
hipnose (f)	hipnoza (ż)	[hip'nɔza]
hipnotizar (vt)	hipnotyzować	[hipnɔti'zɔvaʧ]

72. Médicos

médico (m)	lekarz (m)	['lekaʃ]
enfermeira (f)	pielęgniarka (ż)	[pelɛ̃g'ɲarka]
médico (m) pessoal	lekarz (m) prywatny	[lekaʒ pri'vatni]
dentista (m)	dentysta (m)	[dɛn'tista]
oculista (m)	okulista (m)	[ɔku'lista]
terapeuta (m)	internista (m)	[intɛr'nista]
cirurgião (m)	chirurg (m)	['hirurk]
psiquiatra (m)	psychiatra (m)	[psihʰ'atra]
pediatra (m)	pediatra (m)	[pɛdʰ'atra]
psicólogo (m)	psycholog (m)	[psi'hɔlɜg]
ginecologista (m)	ginekolog (m)	[ginɛ'kɔlɜk]
cardiologista (m)	kardiolog (m)	[kardʰɜ'lɜk]

73. Medicina. Drogas. Acessórios

medicamento (m)	lekarstwo (n)	[le'karstfɔ]
remédio (m)	środek (m)	['ɕrɔdɛk]
receitar (vt)	zapisać	[za'pisaʧ]
receita (f)	recepta (ż)	[rɛ'ʦɛpta]
comprimido (m)	tabletka (ż)	[tab'letka]
pomada (f)	maść (ż)	[maɕʧ]
ampola (f)	ampułka (ż)	[am'puwka]
preparado (m)	mikstura (ż)	[miks'tura]
xarope (m)	syrop (m)	['sirɔp]
cápsula (f)	pigułka (ż)	[pi'guwka]
remédio (m) em pó	proszek (m)	['prɔʃɛk]
ligadura (f)	bandaż (m)	['bandaʃ]
algodão (m)	wata (ż)	['vata]
iodo (m)	jodyna (ż)	[ʒ'dina]
penso (m) rápido	plaster (m)	['pʎaster]
conta-gotas (m)	zakraplacz (m)	[zak'rapʎaʧ]
termómetro (m)	termometr (m)	[tɛr'mɔmɛtr]
seringa (f)	strzykawka (ż)	[sʧi'kafka]
cadeira (f) de rodas	wózek (m) inwalidzki	['vɔzɛk inva'lidzki]
muletas (f pl)	kule (l.mn.)	['kule]
analgésico (m)	środek (m) przeciwbólowy	['ɕrɔdɛk pʃɛʧifbɔ'lovi]
laxante (m)	środek (m) przeczyszczający	['ɕrɔdɛk pʃɛʧiʃʧaɔ̃tsi]
álcool (m) etílico	spirytus (m)	[spi'ritus]
ervas (f pl) medicinais	zioła (l.mn.) lecznicze	[ʒi'ɔla lɛʧ'niʧɛ]
de ervas (chá ~)	ziołowy	[ʒɔ'wovi]

71

74. Fumar. Produtos tabágicos

tabaco (m)	tytoń (m)	['titɔɲ]
cigarro (m)	papieros (m)	[pa'perɔs]
charuto (m)	cygaro (n)	[tsi'garɔ]
cachimbo (m)	fajka (ż)	['fajka]
maço (~ de cigarros)	paczka (ż)	['patʃka]
fósforos (m pl)	zapałki (l.mn.)	[za'pawki]
caixa (f) de fósforos	pudełko (n) zapałek	[pu'dɛwkɔ za'pawɛk]
isqueiro (m)	zapalniczka (ż)	[zapaʎ'nitʃka]
cinzeiro (m)	popielniczka (ż)	[pɔpeʎ'nitʃka]
cigarreira (f)	papierośnica (ż)	[paperɔɕ'nitsa]
boquilha (f)	ustnik (m)	['ustnik]
filtro (m)	filtr (m)	[fiʌtr]
fumar (vi, vt)	palić	['palitʃ]
acender um cigarro	zapalić	[za'palitʃ]
tabagismo (m)	palenie (n)	[pa'lene]
fumador (m)	palacz (m)	['paʌatʃ]
beata (f)	niedopałek (m)	[nedɔ'pawɛk]
fumo (m)	dym (m)	[dim]
cinza (f)	popiół (m)	['pɔpyw]

HABITAT HUMANO

Cidade

75. Cidade. Vida na cidade

cidade (f)	miasto (n)	['mʲastɔ]
capital (f)	stolica (ż)	[stɔ'liʦa]
aldeia (f)	wieś (ż)	[vjeɕ]

mapa (m) da cidade	plan (m) miasta	[pʎan 'mʲasta]
centro (m) da cidade	centrum (n) miasta	['ʦɛntrum 'mʲasta]
subúrbio (m)	dzielnica (ż) podmiejska	[ʤɛʎ'niʦa pɔd'mejska]
suburbano	podmiejski	[pɔd'mejski]

periferia (f)	peryferie (l.mn.)	[pɛri'fɛrʰe]
arredores (m pl)	okolice (l.mn.)	[ɔkɔ'liʦɛ]
quarteirão (m)	osiedle (n)	[ɔ'ɕedle]
quarteirão (m) residencial	osiedle (n) mieszkaniowe	[ɔ'ɕedle meʃka'nɔvɛ]

tráfego (m)	ruch (m) uliczny	[ruh u'liʧni]
semáforo (m)	światła (l.mn.)	['ɕfʲatwa]
transporte (m) público	komunikacja (ż) publiczna	[kɔmuni'kaʦʰja pub'liʧna]
cruzamento (m)	skrzyżowanie (n)	[skʃiʒɔ'vane]

passadeira (f)	przejście (n)	['pʃɛjɕʨe]
passagem (f) subterrânea	przejście (n) podziemne	['pʃɛjɕʨe pɔ'ʥemnɛ]
cruzar, atravessar (vt)	przechodzić	[pʃɛ'hɔʥiʧ]
peão (m)	pieszy (m)	['peʃi]
passeio (m)	chodnik (m)	['hɔdnik]

ponte (f)	most (m)	[mɔst]
margem (f) do rio	nadbrzeże (n)	[nadb'ʒɛʒɛ]
fonte (f)	fontanna (ż)	[fɔn'taŋa]

alameda (f)	aleja (ż)	[a'leja]
parque (m)	park (m)	[park]
bulevar (m)	bulwar (m)	['buʎvar]
praça (f)	plac (m)	[pʎaʦ]
avenida (f)	aleja (ż)	[a'leja]
rua (f)	ulica (ż)	[u'liʦa]
travessa (f)	zaułek (m)	[za'uwɛk]
beco (m) sem saída	ślepa uliczka (ż)	['ɕlepa u'liʧka]

casa (f)	dom (m)	[dɔm]
edifício, prédio (m)	budynek (m)	[bu'dinɛk]
arranha-céus (m)	wieżowiec (m)	[ve'ʒɔveʦ]
fachada (f)	fasada (ż)	[fa'sada]
telhado (m)	dach (m)	[dah]

janela (f)	okno (n)	['ɔknɔ]
arco (m)	łuk (m)	[wuk]
coluna (f)	kolumna (ż)	[kɔ'lymna]
esquina (f)	róg (m)	[ruk]

montra (f)	witryna (ż)	[vit'rina]
letreiro (m)	szyld (m)	[ʃiʌt]
cartaz (m)	afisz (m)	['afiʃ]
cartaz (m) publicitário	plakat (m) reklamowy	['pʌakat rɛkʌa'mɔvi]
painel (m) publicitário	billboard (m)	['biʌbɔrt]

lixo (m)	śmiecie (l.mn.)	['ɕmetʃe]
cesta (f) do lixo	kosz (m) na śmieci	[kɔʃ na 'ɕmetʃi]
jogar lixo na rua	śmiecić	['ɕmetʃitʃ]
aterro (m) sanitário	wysypisko (n) śmieci	[visipiskɔ 'ɕmetʃi]

cabine (f) telefónica	budka (ż) telefoniczna	['butka tɛlefɔ'nitʃna]
candeeiro (m) de rua	słup (m) oświetleniowy	[swup ɔɕvetle'nɜvi]
banco (m)	ławka (ż)	['wafka]

polícia (m)	policjant (m)	[pɔ'litsʰjant]
polícia (instituição)	policja (ż)	[pɔ'litsʰja]
mendigo (m)	żebrak (m)	['ʒɛbrak]
sem-abrigo (m)	bezdomny (m)	[bɛz'dɔmni]

76. Instituições urbanas

loja (f)	sklep (m)	[sklep]
farmácia (f)	apteka (ż)	[ap'tɛka]
ótica (f)	optyk (m)	['ɔptik]
centro (m) comercial	centrum (n) handlowe	['tsɛntrum hand'lɜvɛ]
supermercado (m)	supermarket (m)	[supɛr'markɛt]

padaria (f)	sklep (m) z pieczywem	[sklep s pet'ʃivɛm]
padeiro (m)	piekarz (m)	['pekaʃ]
pastelaria (f)	cukiernia (ż)	[tsu'kerɲa]
mercearia (f)	sklep (m) spożywczy	[sklep spɔ'ʒivtʃi]
talho (m)	sklep (m) mięsny	[sklep 'mensni]

| loja (f) de legumes | warzywniak (m) | [va'ʒivɲak] |
| mercado (m) | targ (m) | [tark] |

café (m)	kawiarnia (ż)	[ka'vʲarɲa]
restaurante (m)	restauracja (ż)	[rɛstau'ratsʰja]
bar (m), cervejaria (f)	piwiarnia (ż)	[pi'vʲarɲa]
pizzaria (f)	pizzeria (ż)	[pi'tserʰja]

salão (m) de cabeleireiro	salon (m) fryzjerski	['salɔn frizʰ'erski]
correios (m pl)	poczta (ż)	['pɔtʃta]
lavandaria (f)	pralnia (ż) chemiczna	['praʌɲa hɛ'mitɲna]
estúdio (m) fotográfico	zakład (m) fotograficzny	['zakwat fɔtɔgra'fitɲni]

| sapataria (f) | sklep (m) obuwniczy | [sklep ɔbuv'nitʃi] |
| livraria (f) | księgarnia (ż) | [kɕɛ̃'garɲa] |

loja (f) de artigos de desporto	sklep (m) sportowy	[sklep spor'tɔvi]
reparação (f) de roupa	reperacja (ż) odzieży	[rɛpɛ'raʦʰja ɔ'dʑeʑi]
aluguer (m) de roupa	wypożyczanie (n) strojów okazjonalnych	[vipɔʑi'ʧane strɔ'juv ɔkazʲɔ'naʎnih]
aluguer (m) de filmes	wypożyczalnia (ż) filmów	[vipɔʑit'ʃaʎɲa 'fiʎmuf]
circo (m)	cyrk (m)	[ʦirk]
jardim (m) zoológico	zoo (n)	['zɔ:]
cinema (m)	kino (n)	['kinɔ]
museu (m)	muzeum (n)	[mu'zɛum]
biblioteca (f)	biblioteka (ż)	[biblʲɔ'tɛka]
teatro (m)	teatr (m)	['tɛatr]
ópera (f)	opera (ż)	['ɔpɛra]
clube (m) noturno	klub nocny (m)	[klyp 'nɔʦni]
casino (m)	kasyno (n)	[ka'sinɔ]
mesquita (f)	meczet (m)	['mɛʧɛt]
sinagoga (f)	synagoga (ż)	[sina'gɔga]
catedral (f)	katedra (ż)	[ka'tɛdra]
templo (m)	świątynia (ż)	[ɕfɔ̃'tiɲa]
igreja (f)	kościół (m)	['kɔɕʧow]
instituto (m)	instytut (m)	[ins'titut]
universidade (f)	uniwersytet (m)	[uni'vɛrsitɛt]
escola (f)	szkoła (ż)	['ʃkɔwa]
prefeitura (f)	urząd (m) dzielnicowy	['uʒɔ̃d dʑeʎniʦɔvi]
câmara (f) municipal	urząd (m) miasta	['uʒɔ̃t 'mʲasta]
hotel (m)	hotel (m)	['hɔtɛʎ]
banco (m)	bank (m)	[baŋk]
embaixada (f)	ambasada (ż)	[amba'sada]
agência (f) de viagens	agencja (ż) turystyczna	[a'gɛnʦʰja turis'tiʧna]
agência (f) de informações	informacja (ż)	[infor'maʦʰja]
casa (f) de câmbio	kantor (m)	['kantɔr]
metro (m)	metro (n)	['mɛtrɔ]
hospital (m)	szpital (m)	['ʃpitaʎ]
posto (m) de gasolina	stacja (ż) benzynowa	['staʦʰja bɛnzi'nɔva]
parque (m) de estacionamento	parking (m)	['parkiŋk]

77. Transportes urbanos

autocarro (m)	autobus (m)	[au'tɔbus]
elétrico (m)	tramwaj (m)	['tramvaj]
troleicarro (m)	trolejbus (m)	[trɔ'lejbus]
itinerário (m)	trasa (ż)	['trasa]
número (m)	numer (m)	['numɛr]
ir de ... (carro, etc.)	jechać w ...	['ehaʧ v]
entrar (~ no autocarro)	wsiąść	[fɕɔ̃ɕʧ]
descer de ...	zsiąść z ...	[zɕɔ̃ɕʧ z]

paragem (f)	przystanek (m)	[pʃis'tanɛk]
próxima paragem (f)	następny przystanek (m)	[nas'tɛpni pʃis'tanɛk]
ponto (m) final	stacja (ż) końcowa	['statsʰja kɔɲ'tsova]
horário (m)	rozkład (m) jazdy	['rɔskwad 'jazdi]
esperar (vt)	czekać	['tʃɛkatʃ]

| bilhete (m) | bilet (m) | ['bilet] |
| custo (m) do bilhete | cena (ż) biletu | ['tsɛna bi'letu] |

bilheteiro (m)	kasjer (m), kasjerka (ż)	['kasʰer], [kasʰ'erka]
controlo (m) dos bilhetes	kontrola (ż) biletów	[kɔnt'rɔʎa bi'letɔf]
revisor (m)	kontroler (m) biletów	[kɔnt'rɔler bi'letɔf]

atrasar-se (vr)	spóźniać się	['spuʑʲnatʃ ɕɛ̃]
perder (o autocarro, etc.)	spóźnić się	['spuʑʲnitʃ ɕɛ̃]
estar com pressa	śpieszyć się	['ɕpeʃitʃ ɕɛ̃]

táxi (m)	taksówka (ż)	[tak'sufka]
taxista (m)	taksówkarz (m)	[tak'sufkaʃ]
de táxi (ir ~)	taksówką	[tak'sufkɔ̃]
praça (f) de táxis	postój (m) taksówek	['pɔstuj tak'suvɛk]
chamar um táxi	wezwać taksówkę	['vɛzvatʃ tak'sufkɛ̃]
apanhar um táxi	wziąć taksówkę	[vʑɔ̃ʲtʃ tak'sufkɛ̃]

tráfego (m)	ruch (m) uliczny	[ruh u'litʃni]
engarrafamento (m)	korek (m)	['kɔrɛk]
horas (f pl) de ponta	godziny (l.mn.) szczytu	[gɔ'dʑini 'ʃtʃitu]
estacionar (vi)	parkować	[par'kɔvatʃ]
estacionar (vt)	parkować	[par'kɔvatʃ]
parque (m) de estacionamento	parking (m)	['parkiŋk]

metro (m)	metro (n)	['mɛtrɔ]
estação (f)	stacja (ż)	['statsʰja]
ir de metro	jechać metrem	['ehatʃ 'mɛtrɛm]
comboio (m)	pociąg (m)	['pɔtʃɔ̃k]
estação (f)	dworzec (m)	['dvɔʒɛts]

78. Turismo

monumento (m)	pomnik (m)	['pɔmnik]
fortaleza (f)	twierdza (ż)	['tfierdza]
palácio (m)	pałac (m)	['pawats]
castelo (m)	zamek (m)	['zamɛk]
torre (f)	wieża (ż)	['veʒa]
mausoléu (m)	mauzoleum (n)	[mauzɔ'leum]

arquitetura (f)	architektura (ż)	[arhitɛk'tura]
medieval	średniowieczny	[ɕrɛdnɔ'vetʃni]
antigo	zabytkowy	[zabit'kɔvi]
nacional	narodowy	[narɔ'dɔvi]
conhecido	znany	['znani]

| turista (m) | turysta (m) | [tu'rista] |
| guia (pessoa) | przewodnik (m) | [pʃɛ'vɔdnik] |

excursão (f)	wycieczka (ż)	[viˈʧeʦka]
mostrar (vt)	pokazywać	[pɔkaˈzivaʧ]
contar (vt)	opowiadać	[ɔpɔˈvʲadaʧ]

encontrar (vt)	znaleźć	[ˈznaleʨ]
perder-se (vr)	zgubić się	[ˈzgubiʧ ɕɛ̃]
mapa (~ do metrô)	plan (m)	[pʎan]
mapa (~ da cidade)	plan (m)	[pʎan]

lembrança (f), presente (m)	pamiątka (ż)	[pamɔ̃tka]
loja (f) de presentes	sklep (m) z upominkami	[sklep s upɔmiˈŋkami]
fotografar (vt)	robić zdjęcia	[ˈrɔbiʧ ˈzdʰɛ̃ʧa]
fotografar-se	fotografować się	[fɔtɔgraˈfovaʧ ɕɛ̃]

79. Compras

comprar (vt)	kupować	[kuˈpɔvaʧ]
compra (f)	zakup (m)	[ˈzakup]
fazer compras	robić zakupy	[ˈrɔbiʧ zaˈkupi]
compras (f pl)	zakupy (l.mn.)	[zaˈkupi]

| estar aberta (loja, etc.) | być czynnym | [biʧ ˈʧinim] |
| estar fechada | być nieczynnym | [biʧ netˈʃinim] |

calçado (m)	obuwie (n)	[ɔˈbuve]
roupa (f)	odzież (ż)	[ˈɔʤeʃ]
cosméticos (m pl)	kosmetyki (l.mn.)	[kɔsˈmɛtiki]
alimentos (m pl)	artykuły (l.mn.) spożywcze	[artiˈkuwɨ spɔˈʒifʧɛ]
presente (m)	prezent (m)	[ˈprɛzɛnt]

| vendedor (m) | ekspedient (m) | [ɛksˈpɛdʰent] |
| vendedora (f) | ekspedientka (ż) | [ɛkspedʰˈentka] |

caixa (f)	kasa (ż)	[ˈkasa]
espelho (m)	lustro (n)	[ˈlystrɔ]
balcão (m)	lada (ż)	[ˈʎada]
cabine (f) de provas	przymierzalnia (ż)	[pʃimeˈʒaʎna]

provar (vt)	przymierzyć	[pʃiˈmeʒiʧ]
servir (vi)	pasować	[paˈsɔvaʧ]
gostar (apreciar)	podobać się	[pɔˈdɔbaʧ ɕɛ̃]

preço (m)	cena (ż)	[ˈʦɛna]
etiqueta (f) de preço	metka (ż)	[ˈmɛtka]
custar (vt)	kosztować	[kɔʃˈtɔvaʧ]
Quanto?	Ile kosztuje?	[ˈile kɔʃˈtue]
desconto (m)	zniżka (ż)	[ˈzniʃka]

não caro	niedrogi	[nedˈrɔgi]
barato	tani	[ˈtani]
caro	drogi	[ˈdrɔgi]
É caro	To dużo kosztuje	[tɔ ˈduʒɔ kɔʃˈtue]
aluguer (m)	wypożyczalnia (ż)	[vipɔʒitˈʃaʎna]
alugar (vestidos, etc.)	wypożyczyć	[vipɔˈʒiʧiʧ]

| crédito (m) | kredyt (m) | ['krɛdit] |
| a crédito | na kredyt | [na 'krɛdit] |

80. Dinheiro

dinheiro (m)	pieniądze (l.mn.)	[penɔ̃dzɛ]
câmbio (m)	wymiana (ż)	[vi'mʲana]
taxa (f) de câmbio	kurs (m)	[kurs]
Caixa Multibanco (m)	bankomat (m)	[ba'ŋkɔmat]
moeda (f)	moneta (ż)	[mɔ'nɛta]

| dólar (m) | dolar (m) | ['dɔʎar] |
| euro (m) | euro (m) | ['ɛurɔ] |

lira (f)	lir (m)	[lir]
marco (m)	marka (ż)	['marka]
franco (m)	frank (m)	[fraŋk]
libra (f) esterlina	funt szterling (m)	[funt 'ʃtɛrliŋk]
iene (m)	jen (m)	[en]

dívida (f)	dług (m)	[dwuk]
devedor (m)	dłużnik (m)	['dwuʒnik]
emprestar (vt)	pożyczyć	[pɔ'ʒitʃitʃ]
pedir emprestado	pożyczyć od …	[pɔ'ʒitʃitʃ ɔt]

banco (m)	bank (m)	[baŋk]
conta (f)	konto (n)	['kɔntɔ]
depositar na conta	wpłacić na konto	['vpwatʃitʃ na 'kɔntɔ]
levantar (vt)	podjąć z konta	['pɔdʰɔ̃tʃ s 'kɔnta]

cartão (m) de crédito	karta (ż) kredytowa	['karta krɛdi'tɔva]
dinheiro (m) vivo	gotówka (ż)	[gɔ'tufka]
cheque (m)	czek (m)	[tʃɛk]
passar um cheque	wystawić czek	[vis'tavitʃ tʃɛk]
livro (m) de cheques	książeczka (ż) czekowa	[kɕɔ̃'ʒɛtʃka tʃɛ'kɔva]

carteira (f)	portfel (m)	['pɔrtfɛʎ]
porta-moedas (m)	portmonetka (ż)	[pɔrtmɔ'nɛtka]
cofre (m)	sejf (m)	[sɛjf]

herdeiro (m)	spadkobierca (m)	[spatkɔ'bertsa]
herança (f)	spadek (m)	['spadɛk]
fortuna (riqueza)	majątek (m)	[maɔ̃tɛk]

arrendamento (m)	dzierżawa (ż)	[dʒer'ʒava]
renda (f) de casa	czynsz (m)	[tʃinʃ]
alugar (vt)	wynajmować	[vinaj'mɔvatʃ]

preço (m)	cena (ż)	['tsɛna]
custo (m)	wartość (ż)	['vartɔɕtʃ]
soma (f)	suma (ż)	['suma]

| gastar (vt) | wydawać | [vi'davatʃ] |
| gastos (m pl) | wydatki (l.mn.) | [vi'datki] |

economizar (vi)	oszczędzać	[ɔʃt'ʃɛndzatʃ]
económico	ekonomiczny	[ɛkɔnɔ'mitʃni]

pagar (vt)	płacić	['pwatʃitʃ]
pagamento (m)	opłata (ż)	[ɔp'wata]
troco (m)	reszta (ż)	['rɛʃta]

imposto (m)	podatek (m)	[pɔ'datɛk]
multa (f)	kara (ż)	['kara]
multar (vt)	karać grzywną	['karatʃ 'gʒivnɔ̃]

81. Correios. Serviço postal

correios (m pl)	poczta (ż)	['pɔtʃta]
correio (m)	poczta (ż)	['pɔtʃta]
carteiro (m)	listonosz (m)	[lis'tɔnɔʃ]
horário (m)	godziny (l.mn.) pracy	[gɔ'dʒinɨ 'pratsɨ]

carta (f)	list (m)	[list]
carta (f) registada	list (m) polecony	[list pɔle'tsɔni]
postal (m)	pocztówka (ż)	[pɔtʃ'tufka]
telegrama (m)	telegram (m)	[tɛ'legram]
encomenda (f) postal	paczka (ż)	['patʃka]
remessa (f) de dinheiro	przekaz (m) pieniężny	['pʃɛkas pe'nenʒni]

receber (vt)	odebrać	[ɔ'dɛbratʃ]
enviar (vt)	wysłać	['viswatʃ]
envio (m)	wysłanie (n)	[vis'wane]

endereço (m)	adres (m)	['adrɛs]
código (m) postal	kod (m) pocztowy	[kɔt pɔtʃ'tɔvi]
remetente (m)	nadawca (m)	[na'daftsa]
destinatário (m)	odbiorca (m)	[ɔd'bɔrtsa]

nome (m)	imię (n)	['imɛ̃]
apelido (m)	nazwisko (n)	[naz'viskɔ]

tarifa (f)	taryfa (ż)	[ta'rifa]
ordinário	zwykła	['zvɨkwa]
económico	oszczędna	[ɔʃt'ʃɛndna]

peso (m)	ciężar (m)	['tʃenʒar]
pesar (estabelecer o peso)	ważyć	['vaʒɨtʃ]
envelope (m)	koperta (ż)	[kɔ'pɛrta]
selo (m)	znaczek (m)	['znatʃɛk]
colar o selo	naklejać znaczek	[nak'lejatʃ 'znatʃɛk]

Moradia. Casa. Lar

82. Casa. Habitação

casa (f)	dom (m)	[dɔm]
em casa	w domu	[v 'dɔmu]
pátio (m)	podwórko (n)	[pɔd'vurkɔ]
cerca (f)	ogrodzenie (n)	[ɔgrɔ'dzɛne]
tijolo (m)	cegła (ż)	['ʦɛgwa]
de tijolos	z cegły	[s 'ʦegwi]
pedra (f)	kamień (m)	['kameɲ]
de pedra	kamienny	[ka'meɲi]
betão (m)	beton (m)	['bɛtɔn]
de betão	betonowy	[bɛtɔ'nɔvi]
novo	nowy	['nɔvi]
velho	stary	['stari]
decrépito	rozwalający się	[rɔzvala'jɔ̃ʦi ɕɛ̃]
moderno	nowoczesny	[nɔvɔ'tʃɛsni]
de muitos andares	wielopiętrowy	[velɜpɛ̃t'rɔvi]
alto	wysoki	[vi'sɔki]
andar (m)	piętro (n)	['pentrɔ]
de um andar	parterowy	[partɛ'rɔvi]
andar (m) de baixo	dolne piętro (n)	['dɔʎnɛ 'pentrɔ]
andar (m) de cima	górne piętro (n)	['gurnɛ 'pentrɔ]
telhado (m)	dach (m)	[dah]
chaminé (f)	komin (m)	['kɔmin]
telha (f)	dachówka (ż)	[da'hufka]
de telha	z dachówki	[z da'hufki]
sótão (m)	strych (m)	[strih]
janela (f)	okno (n)	['ɔknɔ]
vidro (m)	szkło (n)	[ʃkwɔ]
parapeito (m)	parapet (m)	[pa'rapɛt]
portadas (f pl)	okiennice (l.mn.)	[ɔke'ɲiʦe]
parede (f)	ściana (ż)	['ɕtʃana]
varanda (f)	balkon (m)	['baʎkɔn]
tubo (m) de queda	rynna (m)	['riɲa]
em cima	na górze	[na 'guʒɛ]
subir (~ as escadas)	wchodzić	['fhɔʣiʧ]
descer (vi)	schodzić	['shɔʣiʧ]
mudar-se (vr)	przeprowadzać się	[pʃɛprɔ'vadzaʧ ɕɛ̃]

83. Casa. Entrada. Elevador

entrada (f)	wejście (n)	['vɛjɕt͡ɕe]
escada (f)	schody (l.mn.)	['shɔdi]
degraus (m pl)	stopnie (l.mn.)	['stɔpne]
corrimão (m)	poręcz (ż)	['pɔrɛ̃t͡ʃ]
hall (m) de entrada	hol (m)	[hɔʎ]

caixa (f) de correio	skrzynka (ż) pocztowa	['skʃiŋka pɔt͡ʃ'tɔva]
caixote (m) do lixo	pojemnik (m) na śmieci	[pɔ'emnik na 'ɕmet͡ɕi]
conduta (f) do lixo	zsyp (m) na śmieci	[ssip na 'ɕmet͡ɕi]

elevador (m)	winda (ż)	['vinda]
elevador (m) de carga	winda (ż) towarowa	['vinda tɔva'rɔva]
cabine (f)	kabina (ż)	[ka'bina]
pegar o elevador	jechać windą	['ehat͡ɕ 'vindɔ̃]

apartamento (m)	mieszkanie (n)	[meʃ'kane]
moradores (m pl)	mieszkańcy (l.mn.)	[meʃ'kaɲt͡si]
vizinho (m)	sąsiad (m)	['sɔ̃ɕat]
vizinha (f)	sąsiadka (ż)	[sɔ̃'ɕatka]
vizinhos (pl)	sąsiedzi (l.mn.)	[sɔ̃'ɕedʑi]

84. Casa. Portas. Fechaduras

porta (f)	drzwi (ż)	[d͡ʒvi]
portão (m)	brama (ż)	['brama]
maçaneta (f)	klamka (ż)	['kʎamka]
destrancar (vt)	otworzyć	[ɔt'fɔʒit͡ɕ]
abrir (vt)	otwierać	[ɔt'ferat͡ɕ]
fechar (vt)	zamykać	[za'mikat͡ɕ]

chave (f)	klucz (m)	[klyt͡ʃ]
molho (m)	pęk (m)	[pɛ̃k]
ranger (vi)	skrzypieć	['skʃipet͡ɕ]
rangido (m)	skrzypnięcie (n)	[skʃip'nɛ̃t͡ɕe]
dobradiça (f)	zawias (m)	['zavʲas]
tapete (m) de entrada	wycieraczka (ż)	[vit͡ɕe'rat͡ʃka]

fechadura (f)	zamek (m)	['zamɛk]
buraco (m) da fechadura	dziurka (ż) od klucza	['d͡ʑyrka ɔt 'klyt͡ʃa]
ferrolho (m)	rygiel (m)	['rigeʎ]
fecho (ferrolho pequeno)	zasuwka (ż)	[za'sufka]
cadeado (m)	kłódka (ż)	['kwutka]

tocar (vt)	dzwonić	['d͡zvɔnit͡ɕ]
toque (m)	dzwonek (m)	['d͡zvɔnɛk]
campainha (f)	dzwonek (m)	['d͡zvɔnɛk]
botão (m)	guzik (m)	['guʒik]
batida (f)	pukanie (n)	[pu'kane]
bater (vi)	pukać	['pukat͡ɕ]
código (m)	szyfr (m)	[ʃifr]
fechadura (f) de código	zamek (m) szyfrowy	['zamɛk ʃif'rɔvi]

telefone (m) de porta	domofon (m)	[dɔ'mɔfɔn]
número (m)	numer (m)	['numɛr]
placa (f) de porta	tabliczka (ż)	[tab'litʃka]
vigia (f), olho (m) mágico	wizjer (m)	['vizʰer]

85. Casa de campo

| aldeia (f) | wieś (ż) | [veɕ] |
| horta (f) | ogród (m) | ['ɔgrut] |

cerca (f)	płot (m)	[pwɔt]
paliçada (f)	ogrodzenie (n)	[ɔgrɔ'dzɛne]
cancela (f) do jardim	furtka (ż)	['furtka]

celeiro (m)	spichlerz (m)	['spihleʃ]
adega (f)	piwnica (ż)	[piv'nitsa]
galpão, barracão (m)	szopa (ż)	['ʃɔpa]
poço (m)	studnia (ż)	['studɲa]

| fogão (m) | piec (ż) | [peʦ] |
| atiçar o fogo | palić w piecu | ['palitʃ f 'peʦu] |

| lenha (carvão ou ~) | drewno (n) | ['drɛvnɔ] |
| acha (lenha) | polano (n) | [pɔ'ʎanɔ] |

varanda (f)	weranda (ż)	[vɛ'randa]
alpendre (m)	taras (m)	['taras]
degraus (m pl) de entrada	ganek (m)	['ganɛk]
balouço (m)	huśtawka (ż)	[huɕ'tafka]

86. Castelo. Palácio

castelo (m)	zamek (m)	['zamɛk]
palácio (m)	pałac (m)	['pawaʦ]
fortaleza (f)	twierdza (ż)	['tferdza]

muralha (f)	mur (m)	[mur]
torre (f)	wieża (ż)	['veʒa]
calabouço (m)	główna wieża (ż)	['gwuvna 'veʒa]

grade (f) levadiça	brona (ż)	['brɔna]
passagem (f) subterrânea	tunel (m) podziemny	['tunɛʎ pɔ'dʒemnɛ]
fosso (m)	fosa (ż)	['fɔsa]

| corrente, cadeia (f) | łańcuch (m) | ['waɲʦuh] |
| seteira (f) | otwór (m) strzelniczy | ['ɔtfɔr stʃɛʎ'nitsi] |

| magnífico | wspaniały | [fspa'ɲawi] |
| majestoso | majestatyczny | [maesta'titʃni] |

| inexpugnável | nie do zdobycia | [ne dɔ zdɔbitʃa] |
| medieval | średniowieczny | [ɕrɛdnɔ'vetʃni] |

87. Apartamento

apartamento (m)	mieszkanie (n)	[meʃ'kane]
quarto (m)	pokój (m)	['pɔkuj]
quarto (m) de dormir	sypialnia (ż)	[si'pʲaʎɲa]
sala (f) de jantar	jadalnia (ż)	[ja'daʎɲa]
sala (f) de estar	salon (m)	['salɜn]
escritório (m)	gabinet (m)	[ga'binɛt]

antessala (f)	przedpokój (m)	[pʃɛt'pɔkuj]
quarto (m) de banho	łazienka (ż)	[wa'ʒeŋka]
toilette (lavabo)	toaleta (ż)	[tɔa'leta]

teto (m)	sufit (m)	['sufit]
chão, soalho (m)	podłoga (ż)	[pɔd'wɔga]
canto (m)	kąt (m)	[kɔ̃t]

88. Apartamento. Limpeza

arrumar, limpar (vt)	sprzątać	['spʃɔ̃tatʃ]
guardar (no armário, etc.)	wynosić	[vɨ'nɔʃitʃ]
pó (m)	kurz (m)	[kuʃ]
empoeirado	zakurzony	[zaku'ʒɔni]
limpar o pó	ścierać kurz	['ɕtʃeratʃ kuʃ]
aspirador (m)	odkurzacz (m)	[ɔt'kuʒatʃ]
aspirar (vt)	odkurzać	[ɔt'kuʒatʃ]

varrer (vt)	zamiatać	[za'mʲatatʃ]
sujeira (f)	śmiecie (l.mn.)	['ɕmetʃe]
arrumação (f), ordem (f)	porządek (m)	[pɔ'ʒɔ̃dɛk]
desordem (f)	nieporządek (m)	[nepɔ'ʒɔ̃dɛk]

esfregão (m)	szczotka (ż) podłogowa	['ʃtʃɔtka pɔdwɔ'gɔva]
pano (m), trapo (m)	ścierka (ż)	['ɕtʃerka]
vassoura (f)	miotła (ż)	['mɜtwa]
pá (f) de lixo	szufelka (ż)	[ʃu'fɛʎka]

89. Mobiliário. Interior

mobiliário (m)	meble (l.mn.)	['mɛble]
mesa (f)	stół (m)	[stɔw]
cadeira (f)	krzesło (n)	['kʃeswɔ]
cama (f)	łóżko (n)	['wuʃkɔ]
divã (m)	kanapa (ż)	[ka'napa]
cadeirão (m)	fotel (m)	['fɔtɛʎ]

estante (f)	biblioteczka (ż)	[bibʎjo'tɛtʃka]
prateleira (f)	półka (ż)	['puwka]

guarda-vestidos (m)	szafa (ż) ubraniowa	['ʃafa ubra'nɜva]
cabide (m) de parede	wieszak (m)	['veʃak]

cabide (m) de pé	wieszak (m)	['veʃak]
cómoda (f)	komoda (ż)	[kɔ'mɔda]
mesinha (f) de centro	stolik (m) kawowy	['stɔlik ka'vɔvi]

espelho (m)	lustro (n)	['lystrɔ]
tapete (m)	dywan (m)	['divan]
tapete (m) pequeno	dywanik (m)	[di'vanik]

lareira (f)	kominek (m)	[kɔ'minɛk]
vela (f)	świeca (ż)	['ɕfetsa]
castiçal (m)	świecznik (m)	['ɕfetʃnik]

cortinas (f pl)	zasłony (l.mn.)	[zas'wɔni]
papel (m) de parede	tapety (l.mn.)	[ta'pɛti]
estores (f pl)	żaluzje (l.mn.)	[ʒa'lyzʰe]

candeeiro (m) de mesa	lampka (ż) na stół	['ʎampka na stɔw]
candeeiro (m) de parede	lampka (ż)	['ʎampka]
candeeiro (m) de pé	lampa (ż) stojąca	['ʎampa stɔ̃ˈtsa]
lustre (m)	żyrandol (m)	[ʒi'randɔʎ]

pé (de mesa, etc.)	noga (ż)	['nɔga]
braço (m)	poręcz (ż)	['pɔrɛ̃tʃ]
costas (f pl)	oparcie (n)	[ɔ'partʃe]
gaveta (f)	szuflada (ż)	[ʃuf'ʎada]

90. Quarto de dormir

roupa (f) de cama	pościel (ż)	['pɔɕtʃeʎ]
almofada (f)	poduszka (ż)	[pɔ'duʃka]
fronha (f)	poszewka (ż)	[pɔ'ʃɛfka]
cobertor (m)	kołdra (ż)	['kɔwdra]
lençol (m)	prześcieradło (n)	[pʃɛɕtʃe'radwɔ]
colcha (f)	narzuta (ż)	[na'ʒuta]

91. Cozinha

cozinha (f)	kuchnia (ż)	['kuhɲa]
gás (m)	gaz (m)	[gas]
fogão (m) a gás	kuchenka (ż) gazowa	[ku'hɛŋka ga'zɔva]
fogão (m) elétrico	kuchenka (ż) elektryczna	[ku'hɛŋka ɛlekt'ritʃna]
forno (m)	piekarnik (m)	[pe'karnik]
forno (m) de micro-ondas	mikrofalówka (ż)	[mikrɔfa'lyfka]

frigorífico (m)	lodówka (ż)	[lɔ'dufka]
congelador (m)	zamrażarka (ż)	[zamra'ʒarka]
máquina (f) de lavar louça	zmywarka (ż) do naczyń	[zmi'varka dɔ 'natʃiɲ]

moedor (m) de carne	maszynka (ż) do mięsa	[ma'ʃiŋka dɔ 'mensa]
espremedor (m)	sokowirówka (ż)	[sɔkɔvi'rufka]
torradeira (f)	toster (m)	['tɔstɛr]
batedeira (f)	mikser (m)	['miksɛr]

máquina (f) de café	ekspres (m) do kawy	['ɛksprɛs dɔ 'kavi]
cafeteira (f)	dzbanek (m) do kawy	['dzbanɛk dɔ 'kavi]
moinho (m) de café	młynek (m) do kawy	['mwinɛk dɔ 'kavi]

chaleira (f)	czajnik (m)	['ʧajnik]
bule (m)	czajniczek (m)	[ʧaj'niʧɛk]
tampa (f)	pokrywka (ż)	[pɔk'rifka]
coador (m) de chá	sitko (n)	['ɕitkɔ]

colher (f)	łyżka (ż)	['wiʃka]
colher (f) de chá	łyżeczka (ż)	[wɨ'ʒɛʧka]
colher (f) de sopa	łyżka (ż) stołowa	['wiʃka stɔ'wɔva]
garfo (m)	widelec (m)	[vi'dɛlets]
faca (f)	nóż (m)	[nuʃ]

louça (f)	naczynia (l.mn.)	[nat'ʃɨɲa]
prato (m)	talerz (m)	['taleʃ]
pires (m)	spodek (m)	['spɔdɛk]

cálice (m)	kieliszek (m)	[ke'liʃɛk]
copo (m)	szklanka (ż)	['ʃkʎaŋka]
chávena (f)	filiżanka (ż)	[fili'ʒaŋka]

açucareiro (m)	cukiernica (ż)	[ʦuker'nitsa]
saleiro (m)	solniczka (ż)	[sɔʎ'niʧka]
pimenteiro (m)	pieprzniczka (ż)	[pepʃ'niʧka]
manteigueira (f)	maselniczka (ż)	[masɛʎ'niʧka]

panela, caçarola (f)	garnek (m)	['garnɛk]
frigideira (f)	patelnia (ż)	[pa'tɛʎɲa]
concha (f)	łyżka (ż) wazowa	['wiʃka va'zɔva]
passador (m)	durszlak (m)	['durʃʎak]
bandeja (f)	taca (ż)	['taʦa]

garrafa (f)	butelka (ż)	[bu'tɛʎka]
boião (m) de vidro	słoik (m)	['swɔik]
lata (f)	puszka (ż)	['puʃka]

abre-garrafas (m)	otwieracz (m) do butelek	[ɔt'feraʧ dɛ bu'tɛlek]
abre-latas (m)	otwieracz (m) do puszek	[ɔt'feraʧ dɛ 'puʃɛk]
saca-rolhas (m)	korkociąg (m)	[kɔr'kɔʧõk]
filtro (m)	filtr (m)	[fiʎtr]
filtrar (vt)	filtrować	[fiʎt'rɔvaʧ]

lixo (m)	odpadki (l.mn.)	[ɔt'patki]
balde (m) do lixo	kosz (m) na śmieci	[kɔʃ na 'ɕmeʧi]

92. Casa de banho

quarto (m) de banho	łazienka (ż)	[wa'ʒeŋka]
água (f)	woda (ż)	['vɔda]
torneira (f)	kran (m)	[kran]
água (f) quente	gorąca woda (ż)	[gɔ'rõtsa 'vɔda]
água (f) fria	zimna woda (ż)	['ʒimna 'vɔda]

| pasta (f) de dentes | pasta (ż) do zębów | ['pasta dɔ 'zɛ̃buf] |
| escovar os dentes | myć zęby | [mitʃ 'zɛ̃bi] |

barbear-se (vr)	golić się	['gɔlitʃ ɕɛ̃]
espuma (f) de barbear	pianka (ż) do golenia	['pʲaŋka dɔ gɔ'leɲa]
máquina (f) de barbear	maszynka (ż) do golenia	[ma'ʃiŋka dɔ gɔ'leɲa]

lavar (vt)	myć	[mitʃ]
lavar-se (vr)	myć się	['mitʃ ɕɛ̃]
duche (m)	prysznic (m)	['priʃnits]
tomar um duche	brać prysznic	[bratʃ 'priʃnits]

banheira (f)	wanna (ż)	['vaɲa]
sanita (f)	sedes (m)	['sɛdɛs]
lavatório (m)	zlew (m)	[zlef]

| sabonete (m) | mydło (n) | ['midwɔ] |
| saboneteira (f) | mydelniczka (ż) | [midɛʎ'nitʃka] |

esponja (f)	gąbka (ż)	['gɔ̃pka]
champô (m)	szampon (m)	['ʃampɔn]
toalha (f)	ręcznik (m)	['rɛntʃnik]
roupão (m) de banho	szlafrok (m)	['ʃʎafrɔk]

lavagem (f)	pranie (n)	['prane]
máquina (f) de lavar	pralka (ż)	['praʎka]
lavar a roupa	prać	[pratʃ]
detergente (m)	proszek (m) do prania	['prɔʃɛk dɔ 'praɲa]

93. Eletrodomésticos

televisor (m)	telewizor (m)	[tɛle'vizɔr]
gravador (m)	magnetofon (m)	[magnɛ'tɔfɔn]
videogravador (m)	magnetowid (m)	[magnɛ'tɔvid]
rádio (m)	odbiornik (m)	[ɔd'bɔrnik]
leitor (m)	odtwarzacz (m)	[ɔtt'vaʒatʃ]

projetor (m)	projektor (m) wideo	[prɔ'ektɔr vi'dɛɔ]
cinema (m) em casa	kino (n) domowe	['kinɔ dɔ'mɔvɛ]
leitor (m) de DVD	odtwarzacz DVD (m)	[ɔtt'vaʒatʃ di vi di]
amplificador (m)	wzmacniacz (m)	['vzmatsɲatʃ]
console (f) de jogos	konsola (ż) do gier	[kɔn'sɔʎa dɔ ger]

câmara (f) de vídeo	kamera (ż) wideo	[ka'mɛra vi'dɛɔ]
máquina (f) fotográfica	aparat (m) fotograficzny	[a'parat fɔtɔgra'fitʃni]
câmara (f) digital	aparat (m) cyfrowy	[a'parat tsif'rɔvi]

aspirador (m)	odkurzacz (m)	[ɔt'kuʒatʃ]
ferro (m) de engomar	żelazko (n)	[ʒɛ'ʎaskɔ]
tábua (f) de engomar	deska (ż) do prasowania	['dɛska dɔ prasɔ'vaɲa]

telefone (m)	telefon (m)	[tɛ'lefɔn]
telemóvel (m)	telefon (m) komórkowy	[tɛ'lefɔn kɔmur'kɔvi]
máquina (f) de escrever	maszyna (ż) do pisania	[ma'ʃina dɔ pi'saɲa]

máquina (f) de costura	maszyna (ż) do szycia	[ma'ʃina dɔ 'ʃiʧa]
microfone (m)	mikrofon (m)	[mik'rɔfɔn]
auscultadores (m pl)	słuchawki (l.mn.)	[swu'hafki]
controlo remoto (m)	pilot (m)	['pilɔt]

CD (m)	płyta CD (ż)	['pwita si'di]
cassete (f)	kaseta (ż)	[ka'sɛta]
disco (m) de vinil	płyta (ż)	['pwita]

94. Reparações. Renovação

renovação (f)	remont (m)	['rɛmɔnt]
renovar (vt), fazer obras	robić remont	['rɔbiʧ 'rɛmɔnt]
reparar (vt)	remontować	[rɛmɔn'tɔvaʧ]
consertar (vt)	doprowadzać do porządku	[dɔprɔ'vadzaʧ dɔ pɔ'ʒɔ̃tku]
refazer (vt)	przerabiać	[pʃɛ'rabʲaʧ]

tinta (f)	farba (ż)	['farba]
pintar (vt)	malować	[ma'lɜvaʧ]
pintor (m)	malarz (m)	['maʎaʃ]
pincel (m)	pędzel (m)	['pɛndzɛʎ]

cal (f)	wapno (n)	['vapnɔ]
caiar (vt)	bielić	['beliʧ]

papel (m) de parede	tapety (l.mn.)	[ta'pɛti]
colocar papel de parede	wytapetować	[vitapɛ'tɔvaʧ]
verniz (m)	lakier (m)	['ʎaker]
envernizar (vt)	lakierować	[ʎake'rɔvaʧ]

95. Canalizações

água (f)	woda (ż)	['vɔda]
água (f) quente	gorąca woda (ż)	[gɔ'rɔ̃tsa 'vɔda]
água (f) fria	zimna woda (ż)	['ʒimna 'vɔda]
torneira (f)	kran (m)	[kran]

gota (f)	kropla (ż)	['krɔpʎa]
gotejar (vi)	kapać	['kapaʧ]
vazar (vt)	cieknąć	['ʧeknɔ̃ʧ]
vazamento (m)	przeciek (m)	['pʃɛʧek]
poça (f)	kałuża (ż)	[ka'wuʒa]

tubo (m)	rura (ż)	['rura]
válvula (f)	zawór (m)	['zavur]
entupir-se (vr)	zapchać się	['zaphaʧ ɕɛ̃]

ferramentas (f pl)	narzędzia (l.mn.)	[na'ʒɛ̃dʑa]
chave (f) inglesa	klucz (m) nastawny	[klyʧ nas'tavnɨ]
desenroscar (vt)	odkręcić	[ɔtk'rɛ̃ʧiʧ]
enroscar (vt)	zakręcić	[zak'rɛ̃ʧiʧ]
desentupir (vt)	przeczyszczać	[pʃɛt'ʃɨʃʧaʧ]

canalizador (m)	hydraulik (m)	[hid'raulik]
cave (f)	piwnica (ż)	[piv'niţsa]
sistema (m) de esgotos	kanalizacja (ż)	[kanali'zaţsʰja]

96. Fogo. Deflagração

incêndio (m)	ogień (m)	['ɔgeɲ]
chama (f)	płomień (m)	['pwɔmeɲ]
faísca (f)	iskra (ż)	['iskra]
fumo (m)	dym (m)	[dim]
tocha (f)	pochodnia (ż)	[pɔ'hɔdɲa]
fogueira (f)	ognisko (n)	[ɔg'niskɔ]

gasolina (f)	benzyna (ż)	[bɛn'zina]
querosene (m)	nafta (ż)	['nafta]
inflamável	łatwopalny	[watfɔ'paʎni]
explosivo	wybuchowy	[vibu'hɔvi]
PROIBIDO FUMAR!	ZAKAZ PALENIA!	['zakas pa'leɲa]

segurança (f)	bezpieczeństwo (n)	[bɛspet'ʃɛɲstfɔ]
perigo (m)	niebezpieczeństwo (n)	[nebɛspet'ʃɛɲstfɔ]
perigoso	niebezpieczny	[nebɛs'petʃni]

incendiar-se (vr)	zapalić się	[za'palitʃ ɕɛ̃]
explosão (f)	wybuch (m)	['vibuh]
incendiar (vt)	podpalić	[pɔt'palitʃ]
incendiário (m)	podpalacza (m)	[pɔt'palatʃa]
incêndio (m) criminoso	podpalenie (n)	[pɔtpa'lene]

arder (vi)	płonąć	['pwɔ̃ɔɲtʃ]
queimar (vi)	palić się	['palitʃ ɕɛ̃]
queimar tudo (vi)	spłonąć	['spwɔ̃ɔɲtʃ]

bombeiro (m)	strażak (m)	['straʒak]
carro (m) de bombeiros	wóz (m) strażacki	[vus stra'ʒaţski]
corpo (m) de bombeiros	jednostka (ż) straży pożarnej	[ed'nɔstka 'straʒi pɔ'ʒarnɛj]
escada (f) extensível	drabina (ż) wozu strażackiego	[dra'bina 'vɔzu stra'ʒaţskegɔ]

mangueira (f)	wąż (m)	[võʃ]
extintor (m)	gaśnica (ż)	[gaɕ'niţsa]
capacete (m)	kask (m)	[kask]
sirene (f)	syrena (ż)	[si'rɛna]

gritar (vi)	krzyczeć	['kʃitʃɛtʃ]
chamar por socorro	wzywać pomocy	['vzivatʃ pɔ'mɔtsi]
salvador (m)	ratownik (m)	[ra'tɔvnik]
salvar, resgatar (vt)	ratować	[ra'tɔvatʃ]

chegar (vi)	przyjechać	[pʃi'ehatʃ]
apagar (vt)	gasić	['gaɕitʃ]
água (f)	woda (ż)	['vɔda]
areia (f)	piasek (m)	['pʲasɛk]

ruínas (f pl)	zgliszcza (l.mn.)	['zgliʃtʃa]
ruir (vi)	runąć	['runɔ̃tʃ]
desmoronar (vi)	zawalić się	[za'valitʃ ɕɛ̃]
desabar (vi)	runąć	['runɔ̃tʃ]

| fragmento (m) | odłamek (m) | [ɔd'wamɛk] |
| cinza (f) | popiół (m) | ['pɔpyw] |

| sufocar (vi) | udusić się | [u'duɕitʃ ɕɛ̃] |
| perecer (vi) | zginąć | ['zginɔ̃tʃ] |

ATIVIDADES HUMANAS

Emprego. Negócios. Parte 1

97. Banca

| banco (m) | bank (m) | [baŋk] |
| sucursal, balcão (f) | filia (ż) | ['fiʎja] |

| consultor (m) | konsultant (m) | [kɔn'suʎtant] |
| gerente (m) | kierownik (m) | [ke'rɔvnik] |

conta (f)	konto (n)	['kɔntɔ]
número (m) da conta	numer (m) konta	['numɛr 'kɔnta]
conta (f) corrente	rachunek (m) bieżący	[ra'hunɛk be'ʒɔ̃tsi]
conta (f) poupança	rachunek (m) oszczędnościowy	[ra'hunɛk ɔʃtʃɛ̃dnɔɕ'tʃɔvi]

abrir uma conta	założyć konto	[za'wɔʒitʃ 'kɔntɔ]
fechar uma conta	zamknąć konto	['zamknɔɲtʃ 'kɔ̃tɔ]
depositar na conta	wpłacić na konto	['vpwatʃitʃ na 'kɔntɔ]
levantar (vt)	podjąć z konta	['pɔdʰɔ̃tʃ s 'kɔnta]

depósito (m)	wkład (m)	[fkwat]
fazer um depósito	dokonać wpłaty	[dɔ'kɔnatʃ 'fpwati]
transferência (f) bancária	przelew (m)	['pʃɛlev]
transferir (vt)	dokonać przelewu	[dɔ'kɔnatʃ pʃɛ'levu]

| soma (f) | suma (ż) | ['suma] |
| Quanto? | Ile? | ['ile] |

| assinatura (f) | podpis (m) | ['pɔdpis] |
| assinar (vt) | podpisać | [pɔd'pisatʃ] |

cartão (m) de crédito	karta (ż) kredytowa	['karta krɛdi'tɔva]
código (m)	kod (m)	[kɔd]
número (m) do cartão de crédito	numer (m) karty kredytowej	['numɛr 'karti krɛdi'tɔvɛj]
Caixa Multibanco (m)	bankomat (m)	[ba'ŋkɔmat]

cheque (m)	czek (m)	[tʃɛk]
passar um cheque	wystawić czek	[vis'tavitʃ tʃɛk]
livro (m) de cheques	książeczka (ż) czekowa	[kɕɔ̃'ʒɛtʃka tʃɛ'kɔva]

empréstimo (m)	kredyt (m)	['krɛdit]
pedir um empréstimo	wystąpić o kredyt	[vis'tɔ̃pitʃ ɔ 'krɛdit]
obter um empréstimo	brać kredyt	[bratʃ 'krɛdit]
conceder um empréstimo	udzielać kredytu	[u'dʒeʎatʃ krɛ'ditu]
garantia (f)	gwarancja (ż)	[gva'rantsʰja]

98. Telefone. Conversação telefónica

telefone (m)	telefon (m)	[tɛ'lefɔn]
telemóvel (m)	telefon (m) komórkowy	[tɛ'lefɔn kɔmur'kɔvi]
secretária (f) electrónica	sekretarka (ż)	[sɛkrɛ'tarka]

fazer uma chamada	dzwonić	['dzvɔniʧ]
chamada (f)	telefon (m)	[tɛ'lefɔn]

marcar um número	wybrać numer	['vibraʧ 'numɛr]
Alô!	Halo!	['halɜ]
perguntar (vt)	zapytać	[za'pitaʧ]
responder (vt)	odpowiedzieć	[ɔtpɔ'vedʒeʧ]

ouvir (vt)	słyszeć	['swiʃɛʧ]
bem	dobrze	['dɔbʒɛ]
mal	źle	[ʑle]
ruído (m)	zakłócenia (l.mn.)	[zakwu'tsɛɲa]

auscultador (m)	słuchawka (ż)	[swu'hafka]
pegar o telefone	podnieść słuchawkę	['pɔdneɕʧ swu'hafkɛ̃]
desligar (vi)	odłożyć słuchawkę	[ɔd'wɔʒiʧ swu'hafkɛ̃]

ocupado	zajęty	[za'enti]
tocar (vi)	dzwonić	['dzvɔniʧ]
lista (f) telefónica	książka (ż) telefoniczna	[kɕɔ̃ʃka tɛlefɔ'niʧna]

local	miejscowy	[mejs'tsɔvi]
de longa distância	międzymiastowy	[mɛ̃dzimʲas'tɔvi]
internacional	międzynarodowy	[mɛ̃dzinarɔ'dɔvi]

99. Telefone móvel

telemóvel (m)	telefon (m) komórkowy	[tɛ'lefɔn kɔmur'kɔvi]
ecrã (m)	wyświetlacz (m)	[viɕ'fetʎaʧ]
botão (m)	klawisz (m)	['kʎaviʃ]
cartão SIM (m)	karta (ż) SIM	['karta sim]

bateria (f)	bateria (ż)	[ba'tɛrʲja]
descarregar-se	rozładować się	[rɔzwa'dɔvaʧ ɕɛ̃]
carregador (m)	ładowarka (ż)	[wadɔ'varka]

menu (m)	menu (n)	['menu]
definições (f pl)	ustawienia (l.mn.)	[usta'veɲa]
melodia (f)	melodia (ż)	[mɛ'lɔdʰja]
escolher (vt)	wybrać	['vibraʧ]

calculadora (f)	kalkulator (m)	[kaʎku'ʎatɔr]
correio (m) de voz	sekretarka (ż)	[sɛkrɛ'tarka]
despertador (m)	budzik (m)	['budʒik]
contatos (m pl)	kontakty (l.mn.)	[kɔn'takti]
mensagem (f) de texto	SMS (m)	[ɛs ɛm ɛs]
assinante (m)	abonent (m)	[a'bɔnɛnt]

100. Estacionário

caneta (f)	długopis (m)	[dwu'gɔpis]
caneta (f) tinteiro	pióro (n)	['pyrɔ]
lápis (m)	ołówek (m)	[ɔ'wuvɛk]
marcador (m)	marker (m)	['markɛr]
caneta (f) de feltro	flamaster (m)	[fʎa'mastɛr]
bloco (m) de notas	notes (m)	['nɔtɛs]
agenda (f)	kalendarz (m)	[ka'lendaʃ]
régua (f)	linijka (ż)	[li'nijka]
calculadora (f)	kalkulator (m)	[kaʎku'ʎatɔr]
borracha (f)	gumka (ż)	['gumka]
pionés (m)	pinezka (ż)	[pi'nɛska]
clipe (m)	spinacz (m)	['spinatʃ]
cola (f)	klej (m)	[klej]
agrafador (m)	zszywacz (m)	['sʃivatʃ]
furador (m)	dziurkacz (m)	['dʒyrkatʃ]
afia-lápis (m)	temperówka (ż)	[tɛmpɛ'rufka]

Emprego. Negócios. Parte 2

101. Media

jornal (m)	gazeta (ż)	[ga'zɛta]
revista (f)	czasopismo (n)	[tʃasɔ'pismɔ]
imprensa (f)	prasa (ż)	['prasa]
rádio (m)	radio (n)	['radʰɟ]
estação (f) de rádio	stacja (ż) radiowa	['statsʰja radʰɟva]
televisão (f)	telewizja (ż)	[tɛle'vizʰja]

apresentador (m)	prezenter (m)	[prɛ'zɛntɛr]
locutor (m)	spiker (m)	['spikɛr]
comentador (m)	komentator (m)	[kɔmɛn'tatɔr]

jornalista (m)	dziennikarz (m)	[dʒe'ŋikaʃ]
correspondente (m)	korespondent (m)	[kɔrɛs'pɔndɛnt]
repórter (m) fotográfico	fotoreporter (m)	[fotɔrɛ'pɔrtɛr]
repórter (m)	reporter (m)	[rɛ'pɔrtɛr]

redator (m)	redaktor (m)	[rɛ'daktɔr]
redator-chefe (m)	redaktor (m) naczelny	[rɛ'daktɔr nat'ʃɛʎni]

assinar a ...	zaprenumerować	[zaprɛnumɛ'rɔvatʃ]
assinatura (f)	prenumerata (ż)	[prɛnumɛ'rata]
assinante (m)	prenumerator (m)	[prɛnumɛ'ratɔr]
ler (vt)	czytać	['tʃitatʃ]
leitor (m)	czytelnik (m)	[tʃi'tɛʎnik]

tiragem (f)	nakład (m)	['nakwat]
mensal	comiesięczny	[tsɔme'çentʃni]
semanal	cotygodniowy	[tsɔtigɔd'nɟvi]
número (jornal, revista)	numer (m)	['numɛr]
recente	najnowszy	[naj'nɔfʃi]

manchete (f)	nagłówek (m)	[nag'wuvɛk]
pequeno artigo (m)	notatka (ż) prasowa	[nɔ'tatka pra'sɔva]
coluna (~ semanal)	rubryka (ż)	['rubrika]
artigo (m)	artykuł (m)	[ar'tikuw]
página (f)	strona (ż)	['strɔna]

reportagem (f)	reportaż (m)	[rɛ'pɔrtaʃ]
evento (m)	wydarzenie (n)	[vida'ʒɛne]
sensação (f)	sensacja (ż)	[sɛn'satsʰja]
escândalo (m)	skandal (m)	['skandaʎ]
escandaloso	skandaliczny	[skanda'litʃni]
grande	głośny	['gwɔçni]

programa (m) de TV	program (m) telewizyjny	['prɔgram tɛlevi'zijni]
entrevista (f)	wywiad (m)	['vivʲat]

| transmissão (f) em direto | bezpośrednia transmisja (ż) | [bɛspɔɕ'rɛdɲa trans'misʰja] |
| canal (m) | kanał (m) telewizyjny | ['kanaw tɛlevi'zijni] |

102. Agricultura

agricultura (f)	rolnictwo (n)	[rɔʎ'niʦtfɔ]
camponês (m)	rolnik (m)	['rɔʎnik]
camponesa (f)	rolniczka (ż)	[rɔʎ'niʧka]
agricultor (m)	farmer (m)	['farmɛr]

| trator (m) | traktor (m) | ['traktɔr] |
| ceifeira-debulhadora (f) | kombajn (m) | ['kɔmbajn] |

arado (m)	pług (m)	[pwuk]
arar (vt)	orać	['ɔraʧ]
campo (m) lavrado	rola (ż)	['rɔʎa]
rego (m)	bruzda (ż)	['bruzda]

semear (vt)	siać	[ɕaʧ]
semeadora (f)	siewnik (m)	['ɕevnik]
semeadura (f)	zasiew (m)	['zaɕef]

| gadanha (f) | kosa (ż) | ['kɔsa] |
| gadanhar (vt) | kosić | ['kɔɕiʧ] |

| pá (f) | łopata (ż) | [wɔ'pata] |
| cavar (vt) | kopać | ['kɔpaʧ] |

enxada (f)	motyka (ż)	[mɔ'tika]
carpir (vt)	plewić	['pleviʧ]
erva (f) daninha	chwast (m)	[hfast]

regador (m)	konewka (ż)	[kɔ'nɛfka]
regar (vt)	podlewać	[pɔd'levaʧ]
rega (f)	podlewanie (n)	[pɔdle'vane]

| forquilha (f) | widły (l.mn.) | ['vidwi] |
| ancinho (m) | grabie (l.mn.) | ['grabe] |

fertilizante (m)	nawóz (m)	['navus]
fertilizar (vt)	nawozić	[na'vɔʒiʧ]
estrume (m)	obornik (m)	[ɔ'bɔrnik]

campo (m)	pole (n)	['pɔle]
prado (m)	łąka (ż)	['wɔ̃ka]
horta (f)	ogród (m)	['ɔgrut]
pomar (m)	sad (m)	[sat]

pastar (vt)	paść	[paɕʧ]
pastor (m)	pastuch (m)	['pastuh]
pastagem (f)	pastwisko (n)	[past'fiskɔ]

| pecuária (f) | hodowla (ż) zwierząt | [hɔ'dɔvʎa 'zveʒɔ̃t] |
| criação (f) de ovelhas | hodowla (ż) owiec | [hɔ'dɔvʎa 'ɔveʦ] |

plantação (f)	plantacja (ż)	[pʎan'tatsʰja]
canteiro (m)	grządka (ż)	['gʒɔ̃tka]
invernadouro (m)	inspekt (m)	['inspɛkt]

| seca (f) | susza (ż) | ['suʃa] |
| seco (verão ~) | suchy | ['suhɨ] |

| cereais (m pl) | rośliny (l.mn.) zbożowe | [rɔɕ'linɨ zbɔ'ʒɔvɛ] |
| colher (vt) | zbierać plony | ['zberatʃ 'plɔnɨ] |

moleiro (m)	młynarz (m)	['mwɨnaʃ]
moinho (m)	młyn (m)	[mwɨn]
moer (vt)	mleć zboże	[mletʃ 'zbɔʒɛ]
farinha (f)	mąka (ż)	['mɔ̃ka]
palha (f)	słoma (ż)	['swɔma]

103. Construção. Processo de construção

canteiro (m) de obras	budowa (ż)	[bu'dɔva]
construir (vt)	budować	[bu'dɔvatʃ]
construtor (m)	budowniczy (m)	[budɔv'nitʃi]

projeto (m)	projekt (m)	['prɔekt]
arquiteto (m)	architekt (m)	[ar'hitɛkt]
operário (m)	robotnik (m)	[rɔ'bɔtnik]

fundação (f)	fundament (m)	[fun'damɛnt]
telhado (m)	dach (m)	[dah]
estaca (f)	pal (m)	[paʎ]
parede (f)	ściana (ż)	['ɕtʃana]

| varões (m pl) para betão | zbrojenie (n) | [zbrɔ'ene] |
| andaime (m) | rusztowanie (n) | [ruʃtɔ'vane] |

betão (m)	beton (m)	['bɛtɔn]
granito (m)	granit (m)	['granit]
pedra (f)	kamień (m)	['kameɲ]
tijolo (m)	cegła (ż)	['tsɛgwa]

areia (f)	piasek (m)	['pʲasɛk]
cimento (m)	cement (m)	['tsɛmɛnt]
emboço (m)	tynk (m)	[tiŋk]
emboçar (vt)	tynkować	[ti'ŋkɔvatʃ]

tinta (f)	farba (ż)	['farba]
pintar (vt)	malować	[ma'lɔvatʃ]
barril (m)	beczka (ż)	['bɛtʃka]

grua (f), guindaste (m)	dźwig (m)	[dʒʲvik]
erguer (vt)	podnosić	[pɔd'nɔɕitʃ]
baixar (vt)	opuszczać	[ɔ'puʃtʃatʃ]

| buldózer (m) | spychacz (m) | ['spɨhatʃ] |
| escavadora (f) | koparka (ż) | [kɔ'parka] |

caçamba (f)	**łyżka** (ż)	['wiʃka]
escavar (vt)	**kopać**	['kɔpatʃ]
capacete (m) de proteção	**kask** (m)	[kask]

Profissões e ocupações

104. Procura de emprego. Demissão

trabalho (m)	praca (ż)	['pratsa]
equipa (f)	etat (m)	['ɛtat]
carreira (f)	kariera (ż)	[karʲ'era]
perspetivas (f pl)	perspektywa (ż)	[pɛrspɛk'tiva]
mestria (f)	profesjonalizm (m)	[prɔfɛsʰɔ'nalizm]
seleção (f)	wybór (m)	['vibur]
agência (f) de emprego	agencja (ż) rekrutacyjna	[a'gɛntsʰja rɛkruta'tsijna]
CV, currículo (m)	CV (n), życiorys (m)	[tsɛ 'fau], [ʒi'tʃɔris]
entrevista (f) de emprego	rozmowa (ż) kwalifikacyjna	[rɔz'mɔva kfalifika'tsijna]
vaga (f)	wakat (m)	['vakat]
salário (m)	pensja (ż)	['pɛnsʰja]
salário (m) fixo	stałe wynagrodzenie (n)	['stawɛ vinagrɔ'dzɛne]
pagamento (m)	opłata (ż)	[ɔp'wata]
posto (m)	stanowisko (n)	[stanɔ'viskɔ]
dever (do empregado)	obowiązek (m)	[ɔbɔvɔ̃zɛk]
gama (f) de deveres	zakres (m) obowiazkow	['zakrɛs ɔbɔ'vʲazkɔf]
ocupado	zajęty	[za'enti]
despedir, demitir (vt)	zwolnić	['zvɔʎnitʃ]
demissão (f)	zwolnienie (n)	[zvɔʎ'nene]
desemprego (m)	bezrobocie (n)	[bɛzrɔ'bɔtʃe]
desempregado (m)	bezrobotny (m)	[bɛzrɔ'bɔtni]
reforma (f)	emerytura (ż)	[ɛmɛri'tura]
reformar-se	przejść na emeryturę	['pʃɛjɕtʃ na ɛmɛri'turɛ̃]

105. Gente de negócios

diretor (m)	dyrektor (m)	[di'rɛktɔr]
gerente (m)	kierownik (m)	[ke'rɔvnik]
patrão, chefe (m)	szef (m)	[ʃɛf]
superior (m)	kierownik (m)	[ke'rɔvnik]
superiores (m pl)	kierownictwo (n)	[kerɔv'nitstfɔ]
presidente (m)	prezes (m)	['prɛzɛs]
presidente (m) de direção	przewodniczący (m)	[pʃɛvɔdnit'ʃɔ̃tɕi]
substituto (m)	zastępca (m)	[zas'tɛptsa]
assistente (m)	pomocnik (m)	[pɔ'mɔtsnik]
secretário (m)	sekretarka (ż)	[sɛkrɛ'tarka]

secretário (m) pessoal	sekretarz (m) osobisty	[sɛk'rɛtaʃ ɔsɔ'bisti]
homem (m) de negócios	biznesmen (m)	['biznɛsmɛn]
empresário (m)	przedsiębiorca (m)	[pʃɛdɕɛ̃'bɜrtsa]
fundador (m)	założyciel (m)	[zawɔ'ʒitʃeʎ]
fundar (vt)	założyć	[za'wɔʒitʃ]

fundador, sócio (m)	wspólnik (m)	['fspɔʎnik]
parceiro, sócio (m)	partner (m)	['partnɛr]
acionista (m)	akcjonariusz (m)	[aktsʰɜ'narʰjuʃ]

milionário (m)	milioner (m)	[mi'ʎjɔnɛr]
bilionário (m)	miliarder (m)	[mi'ʎjardɛr]
proprietário (m)	właściciel (m)	[vwaɕ'tʃitʃeʎ]
proprietário (m) de terras	właściciel (m) ziemski	[vwaɕ'tʃitʃeʎ 'ʒemski]

cliente (m)	klient (m)	['klient]
cliente (m) habitual	stały klient (m)	['stawɨ 'klient]
comprador (m)	kupujący (m)	[kupuɔ̃tsi]
visitante (m)	zwiedzający (m)	[zvedzaɔ̃tsi]

profissional (m)	profesjonalista (m)	[prɔfɛsʰɜna'lista]
perito (m)	ekspert (m)	['ɛkspɛrt]
especialista (m)	specjalista (m)	[spɛtsʰja'lista]

banqueiro (m)	bankier (m)	['baŋker]
corretor (m)	broker (m)	['brɔkɛr]

caixa (m, f)	kasjer (m), kasjerka (ż)	['kasʰer], [kasʰ'erka]
contabilista (m)	księgowy (m)	[kɕɛ̃'gɔvi]
guarda (m)	ochroniarz (m)	[ɔh'rɔɲaʃ]

investidor (m)	inwestor (m)	[in'vɛstɔr]
devedor (m)	dłużnik (m)	['dwuʒnik]
credor (m)	kredytodawca (m)	[krɛditɔ'daftsa]
mutuário (m)	pożyczkobiorca (m)	[pɔʒitʃkɔ'bɜrtsa]

importador (m)	importer (m)	[im'pɔrtɛr]
exportador (m)	eksporter (m)	[ɛks'pɔrtɛr]

produtor (m)	producent (m)	[prɔ'dutsɛnt]
distribuidor (m)	dystrybutor (m)	[distri'butɔr]
intermediário (m)	pośrednik (m)	[pɔɕ'rɛdnik]

consultor (m)	konsultant (m)	[kɔn'suʎtant]
representante (m)	przedstawiciel (m)	[pʃɛtsta'vitʃeʎ]
agente (m)	agent (m)	['agɛnt]
agente (m) de seguros	agent (m) ubezpieczeniowy	['agent ubɛspetʃɛ'nɜvi]

106. Profissões de serviços

cozinheiro (m)	kucharz (m)	['kuhaʃ]
cozinheiro chefe (m)	szef (m) kuchni	[ʃef 'kuhni]
padeiro (m)	piekarz (m)	['pekaʃ]
barman (m)	barman (m)	['barman]

| empregado (m) de mesa | kelner (m) | ['kɛʎnɛr] |
| empregada (f) de mesa | kelnerka (ż) | [kɛʎ'nɛrka] |

advogado (m)	adwokat (m)	[ad'vɔkat]
jurista (m)	prawnik (m)	['pravnik]
notário (m)	notariusz (m)	[nɔ'tarʰjuʃ]

eletricista (m)	elektryk (m)	[ɛ'lektrik]
canalizador (m)	hydraulik (m)	[hid'raulik]
carpinteiro (m)	cieśla (m)	['tɕeɕʎa]

massagista (m)	masażysta (m)	[masa'ʒista]
massagista (f)	masażystka (ż)	[masa'ʒistka]
médico (m)	lekarz (m)	['lekaʃ]

taxista (m)	taksówkarz (m)	[tak'sufkaʃ]
condutor (automobilista)	kierowca (m)	[ke'rɔftsa]
entregador (m)	kurier (m)	['kurʰer]

camareira (f)	pokojówka (ż)	[pɔkɔ'jufka]
guarda (m)	ochroniarz (m)	[ɔh'rɔɲaʃ]
hospedeira (f) de bordo	stewardessa (ż)	[stʰjuar'dɛsa]

professor (m)	nauczyciel (m)	[naut'ʃitʃeʎ]
bibliotecário (m)	bibliotekarz (m)	[bibʎɔ'tɛkaʃ]
tradutor (m)	tłumacz (m)	['twumatʃ]
intérprete (m)	tłumacz (m)	['twumatʃ]
guia (pessoa)	przewodnik (m)	[pʃɛ'vɔdnik]

cabeleireiro (m)	fryzjer (m)	['frizʰer]
carteiro (m)	listonosz (m)	[lis'tɔnɔʃ]
vendedor (m)	sprzedawca (m)	[spʃɛ'daftsa]

jardineiro (m)	ogrodnik (m)	[ɔg'rɔdnik]
criado (m)	służący (m)	[swu'ʒɔ̃tɕi]
criada (f)	służąca (ż)	[swu'ʒɔ̃tsa]
empregada (f) de limpeza	sprzątaczka (ż)	[spʃɔ̃'tatʃka]

107. Profissões militares e postos

soldado (m) raso	szeregowy (m)	[ʃɛrɛ'gɔvi]
sargento (m)	sierżant (m)	['ɕerʒant]
tenente (m)	podporucznik (m)	[pɔtpɔ'rutʃnik]
capitão (m)	kapitan (m)	[ka'pitan]

major (m)	major (m)	['majɔr]
coronel (m)	pułkownik (m)	[puw'kɔvnik]
general (m)	generał (m)	[gɛ'nɛraw]
marechal (m)	marszałek (m)	[mar'ʃawɛk]
almirante (m)	admirał (m)	[ad'miraw]

militar (m)	wojskowy (m)	[vɔjs'kɔvi]
soldado (m)	żołnierz (m)	['ʒɔwneʃ]
oficial (m)	oficer (m)	[ɔ'fitsɛr]

comandante (m)	dowódca (m)	[dɔ'vuttsa]
guarda (m) fronteiriço	pogranicznik (m)	[pɔgra'nitʃnik]
operador (m) de rádio	radiooperator (m)	[radʰɔːpɛ'ratɔr]
explorador (m)	zwiadowca (m)	[zvʲa'dɔftsa]
sapador (m)	saper (m)	['sapɛr]
atirador (m)	strzelec (m)	['stʃɛlets]
navegador (m)	nawigator (m)	[navi'gatɔr]

108. Oficiais. Padres

rei (m)	król (m)	[kruʎ]
rainha (f)	królowa (ż)	[kru'lɔva]
príncipe (m)	książę (m)	[kɕɔ̃ʑɛ̃]
princesa (f)	księżniczka (ż)	[kɕɛ̃ʑ'nitʃka]
czar (m)	car (m)	[tsar]
czarina (f)	caryca (ż)	[tsa'ritsa]
presidente (m)	prezydent (m)	[prɛ'zidɛnt]
ministro (m)	minister (m)	[mi'nistɛr]
primeiro-ministro (m)	premier (m)	['prɛmʰer]
senador (m)	senator (m)	[sɛ'natɔr]
diplomata (m)	dyplomata (m)	[dɨplɔ'mata]
cônsul (m)	konsul (m)	['kɔnsuʎ]
embaixador (m)	ambasador (m)	[amba'sadɔr]
conselheiro (m)	doradca (m)	[dɔ'rattsa]
funcionário (m)	pracownik (m)	[pra'tsɔvnik]
prefeito (m)	burmistrz (m) dzielnicy	['burmistʃ dʒeʎ'nitsi]
Presidente (m) da Câmara	mer (m)	[mɛr]
juiz (m)	sędzia (m)	['sɛ̃dʑʲa]
procurador (m)	prokurator (m)	[prɔku'ratɔr]
missionário (m)	misjonarz (m)	[misʰɔnaʃ]
monge (m)	zakonnik (m)	[za'kɔɲik]
abade (m)	opat (m)	['ɔpat]
rabino (m)	rabin (m)	['rabin]
vizir (m)	wezyr (m)	['vɛzir]
xá (m)	szach (m)	[ʃah]
xeque (m)	szejk (m)	[ʃɛjk]

109. Profissões agrícolas

apicultor (m)	pszczelarz (m)	['pʃtʃɛʎaʃ]
pastor (m)	pastuch (m)	['pastuh]
agrónomo (m)	agronom (m)	[ag'rɔnɔm]
criador (m) de gado	hodowca (m) zwierząt	[hɔ'dɔfsa 'zveʒɔ̃t]
veterinário (m)	weterynarz (m)	[vɛtɛ'rinaʃ]

agricultor (m)	farmer (m)	['farmɛr]
vinicultor (m)	winiarz (m)	['viɲaʃ]
zoólogo (m)	zoolog (m)	[zɔ'ɔlɜk]
cowboy (m)	kowboj (m)	['kɔvbɔj]

110. Profissões artísticas

ator (m)	aktor (m)	['aktɔr]
atriz (f)	aktorka (ż)	[ak'tɔrka]

cantor (m)	śpiewak (m)	['ɕpevak]
cantora (f)	śpiewaczka (ż)	[ɕpe'vatʃka]

bailarino (m)	tancerz (m)	['tanʦɛʃ]
bailarina (f)	tancerka (ż)	[tan'ʦɛrka]

artista (m)	artysta (m)	[ar'tista]
artista (f)	artystka (ż)	[ar'tistka]

músico (m)	muzyk (m)	['muzik]
pianista (m)	pianista (m)	[pʰja'nista]
guitarrista (m)	gitarzysta (m)	[gita'ʒista]

maestro (m)	dyrygent (m)	[di'rigɛnt]
compositor (m)	kompozytor (m)	[kɔmpɔ'zitɔr]
empresário (m)	impresario (m)	[imprɛ'sarʰɔ]

realizador (m)	reżyser (m)	[rɛ'ʒisɛr]
produtor (m)	producent (m)	[prɔ'duʦɛnt]
argumentista (m)	scenarzysta (m)	[sʦɛna'ʒista]
crítico (m)	krytyk (m)	['kritik]

escritor (m)	pisarz (m)	['pisaʃ]
poeta (m)	poeta (m)	[pɔ'ɛta]
escultor (m)	rzeźbiarz (m)	['ʒɛʑˈbˈaʃ]
pintor (m)	malarz (m)	['maʎaʃ]

malabarista (m)	żongler (m)	['ʒɔŋler]
palhaço (m)	klown (m)	['kʎaun]
acrobata (m)	akrobata (m)	[akrɔ'bata]
mágico (m)	sztukmistrz (m)	['ʃtukmistʃ]

111. Várias profissões

médico (m)	lekarz (m)	['lekaʃ]
enfermeira (f)	pielęgniarka (ż)	[pelɛ̃g'ɲarka]
psiquiatra (m)	psychiatra (m)	[psihʰ'atra]
estomatologista (m)	dentysta (m)	[dɛn'tista]
cirurgião (m)	chirurg (m)	['hirurk]

astronauta (m)	astronauta (m)	[astrɔ'nauta]
astrónomo (m)	astronom (m)	[ast'rɔnɔm]

motorista (m)	kierowca (m)	[ke'rɔftsa]
maquinista (m)	maszynista (m)	[maʃi'nista]
mecânico (m)	mechanik (m)	[mɛ'hanik]

mineiro (m)	górnik (m)	['gurnik]
operário (m)	robotnik (m)	[rɔ'bɔtnik]
serralheiro (m)	ślusarz (m)	['ɕlysaʃ]
marceneiro (m)	stolarz (m)	['stɔʎaʃ]
torneiro (m)	tokarz (m)	['tɔkaʃ]
construtor (m)	budowniczy (m)	[budɔv'nitʃɨ]
soldador (m)	spawacz (m)	['spavatʃ]

professor (m) catedrático	profesor (m)	[prɔ'fɛsɔr]
arquiteto (m)	architekt (m)	[ar'hitɛkt]
historiador (m)	historyk (m)	[his'tɔrik]
cientista (m)	naukowiec (m)	[nau'kɔvets]
físico (m)	fizyk (m)	['fizik]
químico (m)	chemik (m)	['hɛmik]

arqueólogo (m)	archeolog (m)	[arhɛ'ɔlɔk]
geólogo (m)	geolog (m)	[gɛ'ɔlɔk]
pesquisador (cientista)	badacz (m)	['badatʃ]

babysitter (f)	opiekunka (ż) do dziecka	[ɔpe'kuŋka dɔ 'dʒetska]
professor (m)	pedagog (m)	[pɛ'dagɔk]

redator (m)	redaktor (m)	[rɛ'daktɔr]
redator-chefe (m)	redaktor (m) naczelny	[rɛ'daktɔr nat'ʃɛʎni]
correspondente (m)	korespondent (m)	[kɔrɛs'pɔndɛnt]
datilógrafa (f)	maszynistka (ż)	[maʃi'nistka]

designer (m)	projektant (m)	[prɔ'ektant]
especialista (m) em informática	komputerowiec (m)	[kɔmputɛ'rɔvets]
programador (m)	programista (m)	[prɔgra'mista]
engenheiro (m)	inżynier (m)	[in'ʒiner]

marujo (m)	marynarz (m)	[ma'rinaʃ]
marinheiro (m)	marynarz (m)	[ma'rinaʃ]
salvador (m)	ratownik (m)	[ra'tɔvnik]

bombeiro (m)	strażak (m)	['straʒak]
polícia (m)	policjant (m)	[pɔ'litsʰjant]
guarda-noturno (m)	stróż (m)	[struʃ]
detetive (m)	detektyw (m)	[dɛ'tɛktiv]

funcionário (m) da alfândega	celnik (m)	['tsɛʎnik]
guarda-costas (m)	ochroniarz (m)	[ɔh'rɔɲaʃ]
guarda (m) prisional	nadzorca (m)	[na'dzɔrtsa]
inspetor (m)	inspektor (m)	[ins'pɛktɔr]

desportista (m)	sportowiec (m)	[spɔr'tɔvets]
treinador (m)	trener (m)	['trɛnɛr]
talhante (m)	rzeźnik (m)	['ʒɛʑnik]
sapateiro (m)	szewc (m)	[ʃɛfts]
comerciante (m)	handlowiec (m)	[hand'lɔvets]

carregador (m)	ładowacz (m)	[wa'dɔvatʃ]
estilista (m)	projektant (m) mody	[prɔ'ektant 'mɔdi]
modelo (f)	modelka (ż)	[mɔ'dɛʎka]

112. Ocupações. Estatuto social

| aluno, escolar (m) | uczeń (m) | ['utʃɛɲ] |
| estudante (~ universitária) | student (m) | ['studɛnt] |

filósofo (m)	filozof (m)	[fi'lɜzɔf]
economista (m)	ekonomista (m)	[ɛkɔnɔ'mista]
inventor (m)	wynalazca (m)	[vina'ʎastsa]

desempregado (m)	bezrobotny (m)	[bɛzrɔ'bɔtni]
reformado (m)	emeryt (m)	[ɛ'mɛrit]
espião (m)	szpieg (m)	[ʃpek]

preso (m)	więzień (m)	['veɲʒɛ̃]
grevista (m)	strajkujący (m)	[strajkuɔ̃tsi]
burocrata (m)	biurokrata (m)	[byrɔk'rata]
viajante (m)	podróżnik (m)	[pɔd'ruʒnik]

| homossexual (m) | homoseksualista (m) | [hɔmɔsɛksua'lista] |
| hacker (m) | haker (m) | ['hakɛr] |

bandido (m)	bandyta (m)	[ban'dita]
assassino (m) a soldo	płatny zabójca (m)	['pwatni za'bɔjtsa]
toxicodependente (m)	narkoman (m)	[nar'kɔman]
traficante (m)	handlarz (m) narkotyków	['handʎaʒ narkɔ'tikuf]
prostituta (f)	prostytutka (ż)	[prɔsti'tutka]
chulo (m)	sutener (m)	[su'tɛnɛr]

bruxo (m)	czarodziej (m)	[tʃa'rɔdʒej]
bruxa (f)	czarodziejka (ż)	[tʃarɔ'dʒejka]
pirata (m)	pirat (m)	['pirat]
escravo (m)	niewolnik (m)	[ne'vɔʎnik]
samurai (m)	samuraj (m)	[sa'muraj]
selvagem (m)	dzikus (m)	['dʒikus]

Desportos

113. Tipos de desportos. Desportistas

desportista (m)	sportowiec (m)	[spɔr'tɔvɛʦ]
tipo (m) de desporto	rodzaj (m) sportu	['rɔʥaj 'spɔrtu]
basquetebol (m)	koszykówka (ż)	[kɔʃi'kufka]
jogador (m) de basquetebol	koszykarz (m)	[kɔ'ʃikaʃ]
beisebol (m)	baseball (m)	['bɛjzbɔʎ]
jogador (m) de beisebol	bejsbolista (m)	[bɛjzbɔ'lista]
futebol (m)	piłka (ż) nożna	['piwka 'nɔʒna]
futebolista (m)	piłkarz (m)	['piwkaʃ]
guarda-redes (m)	bramkarz (m)	['bramkaʃ]
hóquei (m)	hokej (m)	['hɔkɛj]
jogador (m) de hóquei	hokeista (m)	[hɔkɛ'ista]
voleibol (m)	siatkówka (ż)	[ɕat'kufka]
jogador (m) de voleibol	siatkarz (m)	['ɕatkaʃ]
boxe (m)	boks (m)	[bɔks]
boxeador, pugilista (m)	bokser (m)	['bɔksɛr]
luta (f)	zapasy (l.mn.)	[za'pasi]
lutador (m)	zapaśnik (m)	[za'paɕnik]
karaté (m)	karate (n)	[ka'ratɛ]
karateca (m)	karateka (m)	[kara'tɛka]
judo (m)	judo (n)	['ʤudɔ]
judoca (m)	judoka (m)	[ʤu'dɔka]
ténis (m)	tenis (m)	['tɛnis]
tenista (m)	tenisista (m)	[tɛni'ɕista]
natação (f)	pływanie (n)	[pwi'vane]
nadador (m)	pływak (m)	['pwivak]
esgrima (f)	szermierka (ż)	[ʃɛr'merka]
esgrimista (m)	szermierz (m)	['ʃɛrmeʃ]
xadrez (m)	szachy (l.mn.)	['ʃahi]
xadrezista (m)	szachista (m)	[ʃa'hista]
alpinismo (m)	alpinizm (m)	[aʎpi'nism]
alpinista (m)	alpinista (m)	[aʎpi'nista]
corrida (f)	bieganie (m)	['begane]

corredor (m)	biegacz (m)	['begatʃ]
atletismo (m)	lekkoatletyka (ż)	[lekkɔat'letika]
atleta (m)	lekkoatleta (m)	[lekkɔat'leta]

| hipismo (m) | jeździectwo (n) | [ezʲ'dʒetsstfɔ] |
| cavaleiro (m) | jeździec (m) | ['eʒdʒets] |

patinagem (f) artística	łyżwiarstwo (n) figurowe	[wiʒ'vʲarstfɔ figu'rɔvɛ]
patinador (m)	łyżwiarz (m) figurowy	['wiʒvʲaʃ figu'rɔvi]
patinadora (f)	łyżwiarka (ż) figurowa	[wiʒ'vʲarka figu'rɔva]

halterofilismo (m)	podnoszenie (n) ciężarów	[pɔdnɔ'ʃɛne tʃɛ̃'ʒaruv]
corrida (f) de carros	wyścigi (l.mn.) samochodowe	[viɕ'tʃigi samɔhɔ'dɔvɛ]
piloto (m)	kierowca (m) wyścigowy	[ke'rɔftsa viɕtʃi'gɔvi]

| ciclismo (m) | kolarstwo (n) | [kɔ'ʎarstfɔ] |
| ciclista (m) | kolarz (m) | ['kɔʎaʃ] |

salto (m) em comprimento	skoki (l.mn.) w dal	['skɔki v daʎ]
salto (m) à vara	skoki (l.mn.) o tyczce	['skɔki ɔ 'titʃtsɛ]
atleta (m) de saltos	skoczek (m)	['skɔtʃɛk]

114. Tipos de desportos. Diversos

futebol (m) americano	futbol (m) amerykański	['futbɔʎ amɛri'kaɲski]
badminton (m)	badminton (m)	[bad'mintɔn]
biatlo (m)	biathlon (m)	['bʰatlɔn]
bilhar (m)	bilard (m)	['biʎart]

bobsled (m)	bobsleje (l.mn.)	[bɔps'lɛe]
musculação (f)	kulturystyka (ż)	[kuʎtu'ristika]
polo (m) aquático	piłka (ż) wodna	['piwka 'vɔdna]
andebol (m)	piłka (ż) ręczna	['piwka 'rɛntʃna]
golfe (m)	golf (m)	[gɔʎf]

remo (m)	wioślarstwo (n)	[vɕɔ'ʎarstfɔ]
mergulho (m)	nurkowanie (n)	[nurkɔ'vane]
corrida (f) de esqui	biegi (l.mn.) narciarskie	['begi nar'tʃarske]
ténis (m) de mesa	tenis (m) stołowy	['tɛnis stɔ'wɔvi]

vela (f)	żeglarstwo (n)	[ʒɛg'ʎarstfɔ]
rali (m)	rajd (m)	[rajt]
râguebi (m)	rugby (n)	['ragbi]
snowboard (m)	snowboard (m)	['snɔubɔrd]
tiro (m) com arco	łucznictwo (n)	[wutʃ'nitstfɔ]

115. Ginásio

barra (f)	sztanga (ż)	['ʃtaŋa]
halteres (m pl)	hantle (l.mn.)	['hantle]
aparelho (m) de musculaçao	trenażer (m)	[trɛ'naʒɛr]
bicicleta (f) ergométrica	trenażer (m) rowerowy	[trɛ'naʒɛr rɔve'rɔvi]

passadeira (f) de corrida	bieżnia (ż)	['beʒɲa]
barra (f) fixa	drążek (m)	['drɔ̃ʒɛk]
barras (f) paralelas	poręcze (l.mn.)	[pɔ'rɛntʃɛ]
cavalo (m)	koń (m) gimnastyczny	[kɔɲ gimnas'titʃni]
tapete (m) de ginástica	mata (ż)	['mata]

| aeróbica (f) | aerobik (m) | [aɛ'rɔbik] |
| ioga (f) | joga (ż) | ['jɔga] |

116. Desportos. Diversos

Jogos (m pl) Olímpicos	Igrzyska (l.mn.) Olimpijskie	[ig'ʒiska ɔlim'pijske]
vencedor (m)	zwycięzca (m)	[zvi'tʃensʦa]
vencer (vi)	zwyciężać	[zvi'tʃenʒatʃ]
vencer, ganhar (vi)	wygrać	['vigratʃ]

| líder (m) | lider (m) | ['lidɛr] |
| liderar (vt) | prowadzić | [prɔ'vadʑitʃ] |

primeiro lugar (m)	pierwsze miejsce (n)	['perfʃɛ 'mejsʦɛ]
segundo lugar (m)	drugie miejsce (n)	['druge 'mejsʦɛ]
terceiro lugar (m)	trzecie miejsce (n)	['tʃɛtʃe 'mejsʦɛ]

medalha (f)	medal (m)	['mɛdaʎ]
troféu (m)	trofeum (m)	[trɔ'fɛum]
taça (f)	puchar (m)	['puhar]
prémio (m)	nagroda (ż)	[nag'rɔda]
prémio (m) principal	główna nagroda (ż)	['gwuvna nag'rɔda]

| recorde (m) | rekord (m) | ['rɛkɔrt] |
| estabelecer um recorde | ustanawiać rekord | [usta'navʲatʃ 'rɛkɔrt] |

| final (m) | finał (m) | ['finaw] |
| final | finałowy | [fina'wɔvi] |

| campeão (m) | mistrz (m) | ['mistʃ] |
| campeonato (m) | mistrzostwa (l.mn.) | [mist'ʃɔstva] |

estádio (m)	stadion (m)	['stadʰɔn]
bancadas (f pl)	trybuna (ż)	[tri'buna]
fã, adepto (m)	kibic (m)	['kibiʦ]
adversário (m)	przeciwnik (m)	[pʃɛ'tʃivnik]

| partida (f) | start (m) | [start] |
| chegada, meta (f) | meta (ż) | ['mɛta] |

| derrota (f) | przegrana (ż) | [pʃɛg'rana] |
| perder (vt) | przegrać | ['pʃɛgratʃ] |

árbitro (m)	sędzia (m)	['sɛ̃dʑa]
júri (m)	jury (n)	[ʒi'ri]
resultado (m)	wynik (m)	['vinik]
empate (m)	remis (m)	['rɛmis]
empatar (vi)	zremisować	[zrɛmi'sɔvatʃ]

| ponto (m) | punkt (m) | [puŋkt] |
| resultado (m) final | wynik (m) | ['vinik] |

intervalo (m)	przerwa (ż)	['pʃɛrva]
doping (m)	doping (m)	['dɔpiŋk]
penalizar (vt)	karać	['karatʃ]
desqualificar (vt)	dyskwalifikować	[diskfalifi'kɔvatʃ]

aparelho (m)	przyrząd (m)	['pʃiʒɔ̃t]
dardo (m)	oszczep (m)	['ɔʃtʃɛp]
peso (m)	kula (ż)	['kuʎa]
bola (f)	kula (ż)	['kuʎa]

alvo, objetivo (m)	cel (m)	[ʦɛʎ]
alvo (~ de papel)	tarcza (ż)	['tartʃa]
atirar, disparar (vi)	strzelać	['stʃɛʎatʃ]
preciso (tiro ~)	dokładny	[dɔk'wadni]

treinador (m)	trener (m)	['trɛnɛr]
treinar (vt)	trenować	[trɛ'nɔvatʃ]
treinar-se (vr)	ćwiczyć	['tʃfitʃitʃ]
treino (m)	trening (m)	['trɛniŋk]

ginásio (m)	sala (ż) gimnastyczna	['saʎa gimnas'titʃna]
exercício (m)	ćwiczenie (n)	[tʃfit'ʃɛne]
aquecimento (m)	rozgrzewka (ż)	[rɔzg'ʒɛfka]

Educação

117. Escola

escola (f)	szkoła (ż)	['ʃkɔwa]
diretor (m) de escola	dyrektor (m) szkoły	[di'rɛktɔr 'ʃkɔwi]
aluno (m)	uczeń (m)	['utʃɛɲ]
aluna (f)	uczennica (ż)	[utʃɛ'ɲitsa]
escolar (m)	uczeń (m)	['utʃɛɲ]
escolar (f)	uczennica (ż)	[utʃɛ'ɲitsa]
ensinar (vt)	uczyć	['utʃitʃ]
aprender (vt)	uczyć się	['utʃitʃ ɕɛ̃]
aprender de cor	uczyć się na pamięć	['utʃitʃ ɕɛ̃ na 'pamɛ̃tʃ]
estudar (vi)	uczyć się	['utʃitʃ ɕɛ̃]
andar na escola	uczyć się	['utʃitʃ ɕɛ̃]
ir à escola	iść do szkoły	[iɕtʃ dɔ 'ʃkɔwi]
alfabeto (m)	alfabet (m)	[aʎ'fabɛt]
disciplina (f)	przedmiot (m)	['pʃɛdmɔt]
sala (f) de aula	klasa (ż)	['kʎasa]
lição (f)	lekcja (ż)	['lektsʰja]
recreio (m)	przerwa (ż)	['pʃɛrva]
toque (m)	dzwonek (m)	['dzvɔnɛk]
carteira (f)	ławka (ż)	['wafka]
quadro (m) negro	tablica (ż)	[tab'litsa]
nota (f)	ocena (ż)	[ɔ'tsɛna]
boa nota (f)	dobra ocena (ż)	['dɔbra ɔ'tsɛna]
nota (f) baixa	zła ocena (ż)	[zwa ɔ'tsɛna]
dar uma nota	wystawiać oceny	[vis'tavʲatʃ ɔ'tsɛni]
erro (m)	błąd (m)	[bwɔ̃t]
fazer erros	robić błędy	['rɔbitʃ 'bwɛndi]
corrigir (vt)	poprawiać	[pɔp'ravʲatʃ]
cábula (f)	ściągawka (ż)	[ɕtʃɔ̃'gafka]
dever (m) de casa	praca (ż) domowa	['pratsa dɔ'mɔva]
exercício (m)	ćwiczenie (n)	[tʃfit'ʃɛne]
estar presente	być obecnym	[bitʃ ɔ'bɛtsnim]
estar ausente	być nieobecnym	[bitʃ nɛɔ'bɛtsnim]
punir (vt)	karać	['karatʃ]
punição (f)	kara (ż)	['kara]
comportamento (m)	zachowanie (ż)	[zahɔ'vane]

boletim (m) escolar	dziennik (m) szkolny	['dʒɛŋik 'ʃkɔʎni]
lápis (m)	ołówek (m)	[ɔ'wuvɛk]
borracha (f)	gumka (ż)	['gumka]
giz (m)	kreda (ż)	['krɛda]
estojo (m)	piórnik (m)	['pyrnik]

pasta (f) escolar	teczka (ż)	['tɛtʃka]
caneta (f)	długopis (m)	[dwu'gɔpis]
caderno (m)	zeszyt (m)	['zɛʃit]
manual (m) escolar	podręcznik (m)	[pɔd'rɛntʃnik]
compasso (m)	cyrkiel (m)	['tsirkeʎ]

| traçar (vt) | szkicować | [ʃki'tsɔvatʃ] |
| desenho (m) técnico | rysunek (m) techniczny | [ri'sunɛk tɛh'nitʃnɛ] |

poesia (f)	wiersz (m)	[verʃ]
de cor	na pamięć	[na 'pamɛ̃tʃ]
aprender de cor	uczyć się na pamięć	['utʃitʃ ɕɛ na 'pamɛ̃tʃ]

| férias (f pl) | ferie (l.mn.) | ['ferʰe] |
| estar de férias | być na feriach | [bitʃ na 'fɛrʰjah] |

teste (m)	sprawdzian (m)	['spravdʒian]
composição, redação (f)	wypracowanie (n)	[vipratsɔ'vane]
ditado (m)	dyktando (n)	[dik'tandɔ]

exame (m)	egzamin (m)	[ɛg'zamin]
fazer exame	zdawać egzaminy	['zdavatʃ ɛgza'mini]
experiência (~ química)	eksperyment (m)	[ɛkspɛ'rimɛnt]

118. Colégio. Universidade

academia (f)	akademia (ż)	[aka'dɛmʰja]
universidade (f)	uniwersytet (m)	[uni'vɛrsitɛt]
faculdade (f)	wydział (m)	['vidʒiaw]

estudante (m)	student (m)	['studɛnt]
estudante (f)	studentka (ż)	[stu'dɛntka]
professor (m)	wykładowca (m)	[vikwa'dɔftsa]

| sala (f) de palestras | sala (ż) | ['saʎa] |
| graduado (m) | absolwent (m) | [ab'sɔʎvɛnt] |

| diploma (m) | dyplom (ż) | ['diplɔm] |
| tese (f) | rozprawa (ż) | [rɔsp'rava] |

| estudo (obra) | studium (n) | ['studʰjum] |
| laboratório (m) | laboratorium (n) | [ʎabɔra'tɔrʰjum] |

| palestra (f) | wykład (m) | ['vikwat] |
| colega (m) de curso | kolega (m) z roku | [kɔ'lega z 'rɔku] |

| bolsa (f) de estudos | stypendium (n) | [sti'pɛndʰjum] |
| grau (m) académico | stopień (m) naukowy | ['stɔpeɲ nau'kɔvi] |

119. Ciências. Disciplinas

matemática (f)	matematyka (ż)	[matɛ'matika]
álgebra (f)	algebra (ż)	[aʎ'gɛbra]
geometria (f)	geometria (ż)	[gɛɔ'mɛtrʰja]
astronomia (f)	astronomia (ż)	[astrɔ'nɔmʰja]
biologia (f)	biologia (ż)	[bʰɔ'lɔgʰja]
geografia (f)	geografia (ż)	[gɛɔg'rafʰja]
geologia (f)	geologia (ż)	[gɛɔ'lɔgʰja]
história (f)	historia (ż)	[his'tɔrʰja]
medicina (f)	medycyna (ż)	[mɛdi'tsina]
pedagogia (f)	pedagogika (ż)	[pɛda'gɔgika]
direito (m)	prawo (n)	['pravɔ]
física (f)	fizyka (ż)	['fizika]
química (f)	chemia (ż)	['hɛmʰja]
filosofia (f)	filozofia (ż)	[filɔ'zɔfʰja]
psicologia (f)	psychologia (ż)	[psihɔ'lɔgʰja]

120. Sistema de escrita. Ortografia

gramática (f)	gramatyka (ż)	[gra'matika]
vocabulário (m)	słownictwo (n)	[swɔv'nitstfɔ]
fonética (f)	fonetyka (ż)	[fɔ'nɛtika]
substantivo (m)	rzeczownik (m)	[ʒɛt'ʃɔvnik]
adjetivo (m)	przymiotnik (m)	[pʃi'mɔtnik]
verbo (m)	czasownik (m)	[tʃa'sɔvnik]
advérbio (m)	przysłówek (m)	[pʃis'wuvɛk]
pronome (m)	zaimek (m)	[za'imɛk]
interjeição (f)	wykrzyknik (m)	[vik'ʃiknik]
preposição (f)	przyimek (m)	[pʃi'imɛk]
raiz (f) da palavra	rdzeń (m) słowa	[rdzɛɲ 'swɔva]
terminação (f)	końcówka (ż)	[kɔɲ'tsufka]
prefixo (m)	prefiks (m)	['prɛfiks]
sílaba (f)	sylaba (ż)	[si'ʎaba]
sufixo (m)	sufiks (m)	['sufiks]
acento (m)	akcent (m)	['aktsɛnt]
apóstrofo (m)	apostrof (m)	[a'pɔstrɔf]
ponto (m)	kropka (ż)	['krɔpka]
vírgula (f)	przecinek (m)	[pʃɛ'tʃinɛk]
ponto e vírgula (m)	średnik (m)	['ɕrɛdnik]
dois pontos (m pl)	dwukropek (m)	[dvuk'rɔpɛk]
reticências (f pl)	wielokropek (m)	[velɔk'rɔpɛk]
ponto (m) de interrogação	znak (m) zapytania	[znak zapi'taɲa]
ponto (m) de exclamação	wykrzyknik (m)	[vik'ʃiknik]

aspas (f pl)	cudzysłów (m)	[ʦuˈʣiswuf]
entre aspas	w cudzysłowie	[f ʦuʣisˈwɔve]
parênteses (m pl)	nawias (m)	[ˈnavʲas]
entre parênteses	w nawiasie	[v naˈvʲaɕe]

hífen (m)	łącznik (m)	[ˈwɔʧnik]
travessão (m)	myślnik (m)	[ˈmiɕʌnik]
espaço (m)	odstęp (m)	[ˈɔʦtɛ̃p]

| letra (f) | litera (ż) | [liˈtɛra] |
| letra (f) maiúscula | wielka litera (ż) | [ˈveʌka liˈtɛra] |

| vogal (f) | samogłoska (ż) | [samɔgˈwɔska] |
| consoante (f) | spółgłoska (ż) | [spuwgˈwɔska] |

frase (f)	zdanie (n)	[ˈzdane]
sujeito (m)	podmiot (m)	[ˈpɔdmɔt]
predicado (m)	orzeczenie (n)	[ɔʒɛtˈʃɛne]

linha (f)	linijka (n)	[liˈnijka]
em uma nova linha	od nowej linii	[ɔd ˈnɔvɛj ˈliniː]
parágrafo (m)	akapit (m)	[aˈkapit]

palavra (f)	słowo (n)	[ˈswɔvɔ]
grupo (m) de palavras	połączenie (n) wyrazowe	[pɔwɔ̃tˈʃɛne viraˈzɔvɛ]
expressão (f)	wyrażenie (n)	[viraˈʒɛne]
sinónimo (m)	synonim (m)	[sɨˈnɔnim]
antónimo (m)	antonim (m)	[anˈtɔnim]

regra (f)	reguła (ż)	[rɛˈguwa]
exceção (f)	wyjątek (m)	[viɔ̃tɛk]
correto	poprawny	[pɔpˈravnɨ]

conjugação (f)	koniugacja (ż)	[kɔnʰjuˈgaʦʰja]
declinação (f)	deklinacja (ż)	[dɛkliˈnaʦʰja]
caso (m)	przypadek (m)	[pʃɨˈpadɛk]
pergunta (f)	pytanie (n)	[pɨˈtane]
sublinhar (vt)	podkreślić	[pɔtkˈrɛɕliʧ]
linha (f) pontilhada	linia (ż) przerywana	[ˈliɲja pʃɛrɨˈvana]

121. Línguas estrangeiras

língua (f)	język (m)	[ˈenzik]
língua (f) estrangeira	obcy język (m)	[ˈɔbʦɨ ˈenzik]
estudar (vt)	studiować	[studʰɔvaʧ]
aprender (vt)	uczyć się	[ˈuʧiʧ ɕɛ̃]

ler (vt)	czytać	[ˈʧitaʧ]
falar (vi)	mówić	[ˈmuviʧ]
compreender (vt)	rozumieć	[rɔˈzumeʧ]
escrever (vt)	pisać	[ˈpisaʧ]

| rapidamente | szybko | [ˈʃipkɔ] |
| devagar | wolno | [ˈvɔʌnɔ] |

111

fluentemente	swobodnie	[sfɔ'bɔdne]
regras (f pl)	reguły (l.mn.)	[rɛ'guwi]
gramática (f)	gramatyka (ż)	[gra'matika]
vocabulário (m)	słownictwo (n)	[swɔv'nitstfɔ]
fonética (f)	fonetyka (ż)	[fɔ'nɛtika]

manual (m) escolar	podręcznik (m)	[pɔd'rɛntʃnik]
dicionário (m)	słownik (m)	['swɔvnik]
manual (m) de autoaprendizagem	samouczek (m)	[samɔ'utʃɛk]
guia (m) de conversação	rozmówki (l.mn.)	[rɔz'mufki]

cassete (f)	kaseta (ż)	[ka'sɛta]
vídeo cassete (m)	kaseta (ż) wideo	[ka'sɛta vi'dɛɔ]
CD (m)	płyta CD (ż)	['pwita si'di]
DVD (m)	płyta DVD (ż)	['pwita divi'di]

alfabeto (m)	alfabet (m)	[aʎ'fabɛt]
soletrar (vt)	przeliterować	[pʃɛlite'rɔvatʃ]
pronúncia (f)	wymowa (ż)	[vi'mɔva]

sotaque (m)	akcent (m)	['aktsɛnt]
com sotaque	z akcentem	[z ak'tsɛntɛm]
sem sotaque	bez akcentu	[bɛz ak'tsɛntu]

palavra (f)	wyraz (m), słowo (n)	['viras], ['svɔvɔ]
sentido (m)	znaczenie (n)	[zna'tʃɛnie]

cursos (m pl)	kurs (m)	[kurs]
inscrever-se (vr)	zapisać się	[za'pisatʃ ɕɛ̃]
professor (m)	wykładowca (m)	[vikwa'dɔftsa]

tradução (processo)	tłumaczenie (n)	[twumat'ʃɛne]
tradução (texto)	przekład (m)	['pʃɛkwat]
tradutor (m)	tłumacz (m)	['twumatʃ]
intérprete (m)	tłumacz (m)	['twumatʃ]

poliglota (m)	poliglota (m)	[pɔlig'lɔta]
memória (f)	pamięć (ż)	['pamɛ̃tʃ]

122. Personagens de contos de fadas

Pai (m) Natal	Święty Mikołaj (m)	['ɕfenti mi'kɔwaj]
sereia (f)	rusałka (ż)	[ru'sawka]

mago (m)	czarodziej (m)	[tʃa'rɔdʒej]
fada (f)	czarodziejka (ż)	[tʃarɔ'dʒejka]
mágico	czarodziejski	[tʃarɔ'dʒejski]
varinha (f) mágica	różdżka (ż) czarodziejska	['ruʃtʃka tʃarɔ'dʒejska]

conto (m) de fadas	bajka (ż)	['bajka]
milagre (m)	cud (m)	[tsut]
anão (m)	krasnoludek (m)	[krasnɔ'lydɛk]
transformar-se em ...	zamienić się	[za'menitʃ ɕɛ̃]

fantasma (m)	duch (m)	[duh]
espetro (m)	zjawa (ż)	['zʰjava]
monstro (m)	potwór (m)	['pɔtfur]
dragão (m)	smok (m)	[smɔk]
gigante (m)	wielkolud (m)	[veʎ'kɔlyt]

123. Signos do Zodíaco

Carneiro	Baran (m)	['baran]
Touro	Byk (m)	[bɨk]
Gémeos	Bliźnięta (l.mn.)	[bliʑ'nenta]
Caranguejo	Rak (m)	[rak]
Leão	Lew (m)	[lef]
Virgem (f)	Panna (ż)	['paɲa]

Balança	Waga (ż)	['vaga]
Escorpião	Skorpion (m)	['skɔrpʰɔn]
Sagitário	Strzelec (m)	['stʃɛleʦ]
Capricórnio	Koziorożec (m)	[kɔʒɔ'rɔʒɛʦ]
Aquário	Wodnik (m)	['vɔdnik]
Peixes	Ryby (l.mn.)	['rɨbɨ]

caráter (m)	charakter (m)	[ha'raktɛr]
traços (m pl) do caráter	cechy (l.mn.) charakteru	['ʦɛhɨ harak'tɛru]
comportamento (m)	zachowanie (n)	[zahɔ'vane]
predizer (vt)	wróżyć	['vruʒiʧ]
adivinha (f)	wróżka (ż)	['vruʃka]
horóscopo (m)	horoskop (m)	[hɔ'rɔskɔp]

113

Artes

124. Teatro

teatro (m)	teatr (m)	['tɛatr]
ópera (f)	opera (ż)	['ɔpɛra]
opereta (f)	operetka (ż)	[ɔpɛ'rɛtka]
balé (m)	balet (m)	['balet]
cartaz (m)	afisz (m)	['afiʃ]
companhia (f) teatral	zespół (m)	['zɛspuw]
turné (digressão)	tournée (n)	[tur'nɛ]
estar em turné	być na tournée	[bitʃ na tur'nɛ]
ensaiar (vt)	robić próbę	['robitʃ 'prubɛ̃]
ensaio (m)	próba (ż)	['pruba]
repertório (m)	repertuar (m)	[rɛ'pɛrtuar]
apresentação (f)	przedstawienie (n)	[pʃɛtsta'vene]
espetáculo (m)	spektakl (m)	['spɛktakʎ]
peça (f)	sztuka (ż)	['ʃtuka]
bilhete (m)	bilet (m)	['bilet]
bilheteira (f)	kasa (ż) biletowa	['kasa bile'tɔva]
hall (m)	hol (m)	[hɔʎ]
guarda-roupa (m)	szatnia (ż)	['ʃatɲa]
senha (f) numerada	numerek (m)	[nu'mɛrɛk]
binóculo (m)	lornetka (ż)	[lɜr'nɛtka]
lanterninha (m)	kontroler (m)	[kɔnt'rɔler]
plateia (f)	parter (m)	['partɛr]
balcão (m)	balkon (m)	['baʎkɔn]
primeiro balcão (m)	pierwszy balkon (m)	['perfʃi 'baʎkɔn]
camarote (m)	loża (ż)	['lɜʒa]
fila (f)	rząd (m)	[ʒɔ̃t]
assento (m)	miejsce (n)	['mejstsɛ]
público (m)	publiczność (ż)	[pub'litʃnɔɕtʃ]
espetador (m)	widz (m)	[vidz]
aplaudir (vt)	klaskać	['klaskatʃ]
aplausos (m pl)	oklaski (l.mn.)	[ɔk'ʎaski]
ovação (f)	owacje (l.mn.)	[ɔ'vatsʰe]
palco (m)	scena (ż)	['stsɛna]
pano (m) de boca	kurtyna (ż)	[kur'tina]
cenário (m)	dekoracje (l.mn.)	[dɛkɔ'ratsʰe]
bastidores (m pl)	kulisy (l.mn.)	[ku'lisi]
cena (f)	scena (ż)	['stsɛna]
ato (m)	akt (m)	[akt]
entreato (m)	przerwa (ż)	['pʃɛrva]

125. Cinema

ator (m)	aktor (m)	['aktɔr]
atriz (f)	aktorka (ż)	[ak'tɔrka]
cinema (m)	kino (n)	['kinɔ]
filme (m)	kino (n), film (m)	['kinɔ], [fiʌm]
episódio (m)	odcinek (m)	[ɔ'tʃinɛk]
filme (m) policial	film (m) kryminalny	[fiʌm krimi'naʌni]
filme (m) de ação	film (m) akcji	[fiʌm 'akts^hi]
filme (m) de aventuras	film (m) przygodowy	[fiʌm pʃigɔ'dɔvi]
filme (m) de ficção científica	film (m) science-fiction	[fiʌm sajns fikʃn]
filme (m) de terror	horror (m)	['hɔrɔr]
comédia (f)	komedia (ż) filmowa	[kɔ'mɛd^hja fiʌ'mɔva]
melodrama (m)	melodramat (m)	[mɛlɜd'ramat]
drama (m)	dramat (m)	['dramat]
filme (m) ficcional	film (m) fabularny	[fiʌm fabu'ʌarni]
documentário (m)	film (m) dokumentalny	[fiʌm dɔkumɛn'taʌni]
desenho (m) animado	film (m) animowany	[fiʌm animɔ'vani]
cinema (m) mudo	nieme kino (n)	['nemɛ 'kinɔ]
papel (m)	rola (ż)	['rɔʌa]
papel (m) principal	główna rola (ż)	['gwuvna 'rɔʌa]
representar (vt)	grać	[gratʃ]
estrela (f) de cinema	gwiazda (ż) filmowa	['gvʲazda fiʌ'mɔva]
conhecido	sławny	['swavni]
famoso	znany	['znani]
popular	popularny	[pɔpu'ʌarni]
argumento (m)	scenariusz (m)	[stsɛ'nar^hjuʃ]
argumentista (m)	scenarzysta (m)	[stsɛna'ʒista]
realizador (m)	reżyser (m)	[rɛ'ʒisɛr]
produtor (m)	producent (m)	[prɔ'dutsɛnt]
assistente (m)	asystent (m)	[a'sistɛnt]
diretor (m) de fotografia	operator (m)	[ɔpɛ'ratɔr]
duplo (m)	kaskader (m)	[kas'kadɛr]
filmar (vt)	kręcić film	['krɛ̃tʃitʃ fiʌm]
audição (f)	próby (l.mn.)	['prubi]
filmagem (f)	zdjęcia (l.mn.)	['zd^hɛtʃʲa]
equipe (f) de filmagem	ekipa (ż) filmowa	[ɛ'kipa fiʌ'mɔva]
set (m) de filmagem	plan (m) filmowy	[pʌan fiʌ'mɔvi]
câmara (f)	kamera (ż) filmowa	[ka'mɛra fiʌ'mɔva]
cinema (m)	kino (n)	['kinɔ]
ecrã (m), tela (f)	ekran (m)	['ɛkran]
exibir um filme	wyświetlać film	[viɕ'fetʌatʃ fiʌm]
pista (f) sonora	ścieżka (ż) dźwiękowa	['ɕtʃeʃka dʒʲvɛ̃'kɔva]
efeitos (m pl) especiais	efekty (l.mn.) specjalne	[ɛ'fɛkti spɛts^hjaʌnɛ]
legendas (f pl)	napisy (l.mn.)	[na'pisi]

| crédito (m) | czołówka (ż) | [ʧɔ'wufka] |
| tradução (f) | tłumaczenie (n) | [twumat'ʃɛne] |

126. Pintura

arte (f)	sztuka (ż)	['ʃtuka]
belas-artes (f pl)	sztuki (l.mn.) piękne	['ʃtuki 'peŋknɛ]
galeria (f) de arte	galeria (ż)	[galerʰja]
exposição (f) de arte	wystawa (ż) sztuki	[vis'tava 'ʃtuki]

pintura (f)	malarstwo (n)	[ma'ʎarstfɔ]
arte (f) gráfica	grafika (ż)	['grafika]
arte (f) abstrata	abstrakcjonizm (m)	[abstrakʦʰɜnizm]
impressionismo (m)	impresjonizm (m)	[imprɛsʰɜnizm]

pintura (f), quadro (m)	obraz (m)	['ɔbras]
desenho (m)	rysunek (m)	[ri'sunɛk]
cartaz, póster (m)	plakat (m)	['pʎakat]

ilustração (f)	ilustracja (ż)	[ilyst'raʦʰja]
miniatura (f)	miniatura (ż)	[miɲja'tura]
cópia (f)	kopia (ż)	['kɔpʰja]
reprodução (f)	reprodukcja (ż)	[rɛprɔ'dukʦʰja]

mosaico (m)	mozaika (ż)	[mɔ'zaika]
vitral (m)	witraż (m)	['vitraʃ]
fresco (m)	fresk (m)	[frɛsk]
gravura (f)	sztych (m)	[ʃtih]

busto (m)	popiersie (n)	[pɔ'perɕe]
escultura (f)	rzeźba (ż)	['ʒɛzʲba]
estátua (f)	posąg (m)	['pɔsɔ̃k]
gesso (m)	gips (m)	[gips]
em gesso	gipsowy	[gip'sɔvi]

retrato (m)	portret (m)	['pɔrtrɛt]
autorretrato (m)	autoportret (m)	[autɔ'pɔrtrɛt]
paisagem (f)	pejzaż (m)	['pɛjzaʃ]
natureza (f) morta	martwa natura (ż)	['martfa na'tura]
caricatura (f)	karykatura (ż)	[karika'tura]

tinta (f)	farba (ż)	['farba]
aguarela (f)	akwarela (ż)	[akfa'rɛʎa]
óleo (m)	farba (ż) olejna	['farba ɔlejna]
lápis (m)	ołówek (m)	[ɔ'wuvɛk]
tinta da China (f)	tusz (m)	[tuʃ]
carvão (m)	węgiel (m)	['vɛŋeʎ]

| desenhar (vt) | rysować | [ri'sɔvaʧ] |
| pintar (vt) | malować | [ma'lɔvaʧ] |

posar (vi)	pozować	[pɔ'zɔvaʧ]
modelo (m)	model (m)	['mɔdeʎ]
modelo (f)	modelka (ż)	[mɔ'dɛʎka]

pintor (m)	malarz (m)	['maʎaʃ]
obra (f)	dzieło (n)	['dʒewɔ]
obra-prima (f)	arcydzieło (n)	[artsi'dʒewɔ]
estúdio (m)	pracownia (ż)	[pra'tsɔvɲa]

tela (f)	płótno (n)	['pwutnɔ]
cavalete (m)	sztalugi (l.mn.)	[ʃta'lygi]
paleta (f)	paleta (ż)	[pa'leta]

moldura (f)	rama (ż)	['rama]
restauração (f)	restauracja (ż)	[rɛstau'ratsʰja]
restaurar (vt)	restaurować	[rɛstau'rɔvatʃ]

127. Literatura & Poesia

literatura (f)	literatura (ż)	[litɛra'tura]
autor (m)	autor (m)	['autɔr]
pseudónimo (m)	pseudonim (m)	[psɛu'dɔnim]

livro (m)	książka (ż)	[kɕɔ̃ʃka]
volume (m)	tom (m)	[tɔm]
índice (m)	spis (m) treści	[spis 'trɛɕtʃi]
página (f)	strona (ż)	['strɔna]
protagonista (m)	główny bohater (m)	['gwuvnɨ bɔ'hatɛr]
autógrafo (m)	autograf (m)	[au'tɔgraf]

conto (m)	opowiadanie (n)	[ɔpɔvʲa'dane]
novela (f)	opowieść (ż)	[ɔ'pɔvɛɕtʃ]
romance (m)	powieść (ż)	['pɔvɛɕtʃ]
obra (f)	wypracowanie (n)	[vipratsɔ'vane]
fábula (m)	baśń (ż)	[baɕɲ]
romance (m) policial	kryminał (m)	[kri'minaw]

poesia (obra)	wiersz (m)	[verʃ]
poesia (arte)	poezja (ż)	[pɔ'ɛzʰja]
poema (m)	poemat (m)	[pɔ'ɛmat]
poeta (m)	poeta (m)	[pɔ'ɛta]

ficção (f)	beletrystyka (ż)	[bɛlet'ristika]
ficção (f) científica	fantastyka (ż) naukowa	[fan'tastika nau'kɔva]
aventuras (f pl)	przygody (l.mn.)	[pʃi'gɔdɨ]
literatura (f) didática	podręczniki (l.mn.)	[pɔdrɛ̃tʃ'niki]
literatura (f) infantil	literatura (ż) dla dzieci	[litɛra'tura dʎa 'dʒetʃi]

128. Circo

circo (m)	cyrk (m)	[tsirk]
circo (m) ambulante	cyrk (m) wędrowny	[tsirk vɛ̃d'rɔvnɨ]
programa (m)	program (m)	['prɔgram]
apresentação (f)	przedstawienie (n)	[pʃɛtsta'vene]
número (m)	numer (m)	['numɛr]
arena (f)	arena (ż)	[a'rɛna]

| pantomima (f) | pantomima (ż) | [pantɔ'mima] |
| palhaço (m) | klown (m) | ['kʎaun] |

acrobata (m)	akrobata (m)	[akrɔ'bata]
acrobacia (f)	akrobatyka (ż)	[akrɔ'batika]
ginasta (m)	gimnastyk (m)	[gim'nastik]
ginástica (f)	gimnastyka (ż)	[gim'nastika]
salto (m) mortal	salto (n)	['saʎtɔ]

homem forte (m)	atleta (m)	[at'leta]
domador (m)	poskramiacz (m)	[pɔsk'ramʲatʃ]
cavaleiro (m) equilibrista	jeździec (m)	['eʒdʑeʦ]
assistente (m)	asystent (m)	[a'sistɛnt]

truque (m)	trik (m)	[trik]
truque (m) de mágica	sztuczka (ż)	['ʃtutʃka]
mágico (m)	sztukmistrz (m)	['ʃtukmistʃ]

malabarista (m)	żongler (m)	['ʒɔŋler]
fazer malabarismos	żonglować	[ʒɔŋ'lɜvatʃ]
domador (m)	treser (m)	['trɛsɛr]
adestramento (m)	tresura (ż)	[trɛ'sura]
adestrar (vt)	tresować	[trɛ'sɔvatʃ]

129. Música. Música popular

música (f)	muzyka (ż)	['muzɨka]
músico (m)	muzyk (m)	['muzɨk]
instrumento (m) musical	instrument (m) muzyczny	[inst'rumɛnt mu'zɨtʃnɨ]
tocar ...	grać na ...	[gratʃ na]

guitarra (f)	gitara (ż)	[gi'tara]
violino (m)	skrzypce (l.mn.)	['skʃiptsɛ]
violoncelo (m)	wiolonczela (ż)	[vʰɔlɜnt'ʃɛʎa]
contrabaixo (m)	kontrabas (m)	[kɔnt'rabas]
harpa (f)	harfa (ż)	['harfa]

piano (m)	pianino (n)	[pʰja'ninɔ]
piano (m) de cauda	fortepian (m)	[fɔr'tɛpʰjan]
órgão (m)	organy (l.mn.)	[ɔr'ganɨ]

instrumentos (m pl) de sopro	instrumenty (l.mn.) dęte	[instru'mɛntɨ 'dɛntɛ]
oboé (m)	obój (m)	['ɔbuj]
saxofone (m)	saksofon (m)	[sak'sɔfɔn]
clarinete (m)	klarnet (m)	['kʎarnɛt]
flauta (f)	flet (m)	[flɛt]
trompete (m)	trąba (ż), trąbka (ż)	['trɔ̃ba], ['trɔ̃bka]

| acordeão (m) | akordeon (m) | [akɔr'dɛɔn] |
| tambor (m) | bęben (m) | ['bɛmbɛn] |

duo, dueto (m)	duet (m)	['duɛt]
trio (m)	trio (ż)	['triɔ]
quarteto (m)	kwartet (m)	['kfartɛt]

| coro (m) | chór (m) | [hur] |
| orquestra (f) | orkiestra (ż) | [ɔr'kestra] |

música (f) pop	muzyka (ż) pop	['muzika pɔp]
música (f) rock	muzyka (ż) rockowa	['muzika rɔ'kova]
grupo (m) de rock	zespół (m) rockowy	['zɛspuw rɔ'kɔvi]
jazz (m)	jazz (m)	[dʒɛs]

| ídolo (m) | idol (m) | ['idɔʎ] |
| fã, admirador (m) | wielbiciel (m) | [veʎ'bitʃeʎ] |

concerto (m)	koncert (m)	['kɔntsɛrt]
sinfonia (f)	symfonia (ż)	[sim'fɔnja]
composição (f)	utwór (m)	['utfur]
compor (vt)	skomponować	[skɔmpɔ'nɔvatʃ]

canto (m)	śpiew (m)	[ɕpev]
canção (f)	piosenka (ż)	[pɜ'sɛŋka]
melodia (f)	melodia (ż)	[mɛ'lɜdʰja]
ritmo (m)	rytm (m)	[ritm]
blues (m)	blues (m)	[blys]

notas (f pl)	nuty (l.mn.)	['nuti]
batuta (f)	batuta (ż)	[ba'tuta]
arco (m)	smyczek (m)	['smitʃɛk]
corda (f)	struna (ż)	['struna]
estojo (m)	futerał (m)	[fu'tɛraw]

Descanso. Entretenimento. Viagens

130. Viagens

turismo (m)	turystyka (ż)	[tu'ristika]
turista (m)	turysta (m)	[tu'rista]
viagem (f)	podróż (ż)	['pɔdruʃ]
aventura (f)	przygoda (ż)	[pʃi'gɔda]
viagem (f)	podróż (ż)	['pɔdruʃ]
férias (f pl)	urlop (m)	['urlɔp]
estar de férias	być na urlopie	[bitʃ na ur'lɔpe]
descanso (m)	wypoczynek (m)	[vipɔt'ʃinɛk]
comboio (m)	pociąg (m)	['pɔtʃɔ̃k]
de comboio (chegar ~)	pociągiem	[pɔtʃɔ̃gem]
avião (m)	samolot (m)	[sa'mɔlɔt]
de avião	samolotem	[samɔ'lɔtɛm]
de carro	samochodem	[samɔ'hɔdɛm]
de navio	statkiem	['statkem]
bagagem (f)	bagaż (m)	['bagaʃ]
mala (f)	walizka (ż)	[va'liska]
carrinho (m)	wózek (m) bagażowy	['vuzɛk baga'ʒɔvi]
passaporte (m)	paszport (m)	['paʃpɔrt]
visto (m)	wiza (ż)	['viza]
bilhete (m)	bilet (m)	['bilet]
bilhete (m) de avião	bilet (m) lotniczy	['bilet lɔt'nitʃi]
guia (m) de viagem	przewodnik (m)	[pʃɛ'vɔdnik]
mapa (m)	mapa (ż)	['mapa]
local (m), area (f)	miejscowość (ż)	[mejs'tsɔvɔtʃ]
lugar, sítio (m)	miejsce (n)	['mejstsɛ]
exotismo (m)	egzotyka (ż)	[ɛg'zɔtika]
exótico	egzotyczny	[ɛgzɔ'titʃni]
surpreendente	zadziwiający	[zadʒivjaɔ̃tsi]
grupo (m)	grupa (ż)	['grupa]
excursão (f)	wycieczka (ż)	[vi'tʃetʃka]
guia (m)	przewodnik (ż)	[pʃɛ'vɔdnik]

131. Hotel

hotel (m)	hotel (m)	['hɔtɛʎ]
motel (m)	motel (m)	['mɔtɛʎ]
três estrelas	trzy gwiazdki	[tʃi 'gvʲaztki]

| cinco estrelas | pięć gwiazdek | [pɛ̃ʧ 'gvʲazdɛk] |
| ficar (~ num hotel) | zatrzymać się | [zat'ʃimatʃ ɕɛ̃] |

quarto (m)	pokój (m)	['pɔkuj]
quarto (m) individual	pokój (m) jednoosobowy	['pɔkuj ednɔːsɔ'bɔvi]
quarto (m) duplo	pokój (m) dwuosobowy	['pɔkuj dvuɔsɔ'bɔvi]
reservar um quarto	rezerwować pokój	[rɛzɛr'vɔvaʧ 'pɔkuj]

| meia pensão (f) | wyżywienie (n) Half Board | [viʒi'vene haf bɔrd] |
| pensão (f) completa | pełne (n) wyżywienie | ['pɛwnɛ viʒivi'ene] |

com banheira	z łazienką	[z wa'ʒenkɔ̃]
com duche	z prysznicem	[z priʃ'nitsɛm]
televisão (m) satélite	telewizja (ż) satelitarna	[tɛle'vizʰja satɛli'tarna]
ar (m) condicionado	klimatyzator (m)	[klimati'zatɔr]
toalha (f)	ręcznik (m)	['rɛnʧnik]
chave (f)	klucz (m)	[kluʧ]

administrador (m)	administrator (m)	[administ'ratɔr]
camareira (f)	pokojówka (ż)	[pɔkɔ'jufka]
bagageiro (m)	tragarz (m)	['tragaʃ]
porteiro (m)	odźwierny (m)	[ɔd'vjerni]

restaurante (m)	restauracja (ż)	[rɛstau'ratsʰja]
bar (m)	bar (m)	[bar]
pequeno-almoço (m)	śniadanie (n)	[ɕɲa'dane]
jantar (m)	kolacja (ż)	[kɔ'ʎatsʰja]
buffet (m)	szwedzki stół (m)	['ʃfɛtski stuw]

elevador (m)	winda (ż)	['vinda]
NÃO PERTURBE	NIE PRZESZKADZAĆ	[ne pʃɛʃ'kadzaʧ]
PROIBIDO FUMAR!	ZAKAZ PALENIA!	['zakas pa'leɲa]

132. Livros. Leitura

livro (m)	książka (ż)	[kɕɔ̃ʃka]
autor (m)	autor (m)	['autɔr]
escritor (m)	pisarz (m)	['pisaʃ]
escrever (vt)	napisać	[na'pisaʧ]

leitor (m)	czytelnik (m)	[ʧi'tɛʎnik]
ler (vt)	czytać	['ʧitaʧ]
leitura (f)	lektura (ż)	[lek'tura]

| para si | po cichu | [pɔ 'ʧihu] |
| em voz alta | na głos | ['na gwɔs] |

publicar (vt)	wydawać	[vi'davaʧ]
publicação (f)	wydanie (n)	[vi'dane]
editor (m)	wydawca (m)	[vi'daftsa]
editora (f)	wydawnictwo (n)	[vidav'nitstfɔ]

| sair (vi) | ukazać się | [u'kazaʧ ɕɛ̃] |
| lançamento (m) | publikacja (ż) | [publi'katsija] |

tiragem (f)	nakład (m)	['nakwat]
livraria (f)	księgarnia (ż)	[kɕɛ̃'garɲa]
biblioteca (f)	biblioteka (ż)	[biblɜ'tɛka]
novela (f)	opowieść (ż)	[ɔ'pɔvɛɕʧ]
conto (m)	opowiadanie (n)	[ɔpɔvʲa'dane]
romance (m)	powieść (ż)	['pɔvɛɕʧ]
romance (m) policial	kryminał (m)	[kri'minaw]
memórias (f pl)	wspomnienia (l.mn.)	[fspɔm'neɲa]
lenda (f)	legenda (ż)	[le'gɛnda]
mito (m)	mit (m)	[mit]
poesia (f)	wiersze (l.mn.)	['verʃɛ]
autobiografia (f)	autobiografia (ż)	[autobʰɔg'rafʰja]
obras (f pl) escolhidas	wybrane prace (l.mn.)	[vib'ranɛ 'praʦɛ]
ficção (f) científica	fantastyka (ż)	[fan'tastika]
título (m)	tytuł (m)	['tituw]
introdução (f)	wstęp (m)	[fstɛ̃p]
folha (f) de rosto	strona (ż) tytułowa	['strɔna titu'wɔva]
capítulo (m)	rozdział (m)	['rɔzdʑʲaw]
excerto (m)	fragment (m)	['fragmɛnt]
episódio (m)	epizod (m)	[ɛ'pizɔt]
tema (m)	wątek (m)	['võtɛk]
conteúdo (m)	spis (m) treści	[spis 'trɛɕʧi]
índice (m)	spis (m) treści	[spis 'trɛɕʧi]
protagonista (m)	główny bohater (m)	['gwuvni bɔ'hatɛr]
tomo, volume (m)	tom (m)	[tɔm]
capa (f)	okładka (ż)	[ɔk'watka]
encadernação (f)	oprawa (ż)	[ɔp'rava]
marcador (m) de livro	zakładka (ż)	[zak'watka]
página (f)	strona (ż)	['strɔna]
folhear (vt)	kartkować	[kart'kɔvaʧ]
margem (f)	margines (m)	[mar'ginɛs]
anotação (f)	notatki (l.mn.)	[nɔ'tatki]
nota (f) de rodapé	przypis (m)	['pʃipis]
texto (m)	tekst (m)	[tɛkst]
fonte (f)	czcionka (ż)	['ʧʧɔŋka]
gralha (f)	literówka (ż)	[litɛ'rufka]
tradução (f)	przekład (m)	['pʃɛkwat]
traduzir (vt)	tłumaczyć	[twu'maʧiʧ]
original (m)	oryginał (m)	[ɔri'ginaw]
famoso	znany	['znani]
desconhecido	nieznany	[nez'nani]
interessante	ciekawy	[ʨe'kavi]
best-seller (m)	bestseller (m)	[bɛs'ʦɛler]
dicionário (m)	słownik (m)	['swɔvnik]
manual (m) escolar	podręcznik (m)	[pɔd'rɛnʧnik]
enciclopédia (f)	encyklopedia (ż)	[ɛnʦiklɜ'pɛdʰja]

133. Caça. Pesca

caça (f)	polowanie (n)	[pɔlɜ'vane]
caçar (vi)	polować	[pɔ'lɜvatʃ]
caçador (m)	myśliwy (m)	[miɕ'livi]

atirar (vi)	strzelać	['stʃɛʎatʃ]
caçadeira (f)	strzelba (ż)	['stʃɛʎba]
cartucho (m)	nabój (m)	['nabuj]
chumbo (m) de caça	śrut (m)	[ɕryt]
armadilha (f)	potrzask (m)	['pɔtʃask]
armadilha (com corda)	sidła (l.mn.)	['ɕidwa]
pôr a armadilha	zastawiać sidła	[zas'tavjatʃ 'ɕidwa]

caçador (m) furtivo	kłusownik (m)	[kwu'sɔvnik]
caça (f)	zwierzyna łowna (ż)	[zve'ʒina 'wovna]
cão (m) de caça	pies (m) myśliwski	[pes miɕ'lifski]
safári (m)	safari (n)	[sa'fari]
animal (m) empalhado	wypchane zwierzę (n)	[vip'hanɛ 'zveʒɛ̃]

pescador (m)	rybak (m)	['ribak]
pesca (f)	wędkowanie (n)	[vɛ̃tkɔ'vane]
pescar (vt)	wędkować	[vɛ̃t'kovatʃ]

cana (f) de pesca	wędka (ż)	['vɛntka]
linha (f) de pesca	żyłka (ż)	['ʒiwka]
anzol (m)	haczyk (m)	['hatʃik]
boia (f)	spławik (m)	['spwavik]
isca (f)	przynęta (ż)	[pʃi'nɛnta]

lançar a linha	zarzucić wędkę	[za'ʒutʃitʃ 'vɛtkɛ̃]
morder (vt)	brać	[bratʃ]
pesca (f)	połów (m)	['pɔwuf]
buraco (m) no gelo	przerębel (m)	[pʃɛ'rɛ̃bɛʎ]

rede (f)	sieć (ż)	[ɕetʃ]
barco (m)	łódź (ż)	[wutʃ]
pescar com rede	łowić siecią	['wovitʃ 'ɕetʃɔ̃]
lançar a rede	zarzucać sieć	[za'ʒuʦatʃ ɕetʃ]
puxar a rede	wyciągać sieć	[vitʃɔ̃gatʃ ɕetʃ]

baleeiro (m)	wielorybnik (m)	[velɜ'ribnik]
baleeira (f)	statek (m) wielorybniczy	['statɛk velɜrib'nitʃi]
arpão (m)	harpun (m)	['harpun]

134. Jogos. Bilhar

bilhar (m)	bilard (m)	['biʎart]
sala (f) de bilhar	sala (ż) bilardowa	['saʎa biʎar'dɔva]
bola (f) de bilhar	bila (ż)	['biʎa]
embolsar uma bola	wbić bilę	[vbitʃ 'bilɛ̃]
taco (m)	kij (m)	[kij]
caçapa (f)	łuza (ż)	['wuza]

135. Jogos. Jogar cartas

ouros (m pl)	karo (n)	['karɔ]
espadas (f pl)	pik (m)	[pik]
copas (f pl)	kier (m)	[ker]
paus (m pl)	trefl (m)	['trɛfʎ]
ás (m)	as (m)	[as]
rei (m)	król (m)	[kruʎ]
dama (f)	dama (ż)	['dama]
valete (m)	walet (m)	['valɛt]
carta (f) de jogar	karta (ż)	['karta]
cartas (f pl)	karty (l.mn.)	['karti]
trunfo (m)	atut (m)	['atut]
baralho (m)	talia (ż)	['taʎja]
dar, distribuir (vt)	rozdawać karty	[rɔz'davatʃ 'karti]
embaralhar (vt)	tasować	[ta'sɔvatʃ]
vez, jogada (f)	ruch (m)	[ruh]
batoteiro (m)	szuler (m)	['ʃuler]

136. Descanso. Jogos. Diversos

passear (vi)	spacerować	[spatsɛ'rɔvatʃ]
passeio (m)	spacer (m)	['spatsɛr]
viagem (f) de carro	przejażdżka (ż)	[pʃɛ'jaʃtʃka]
aventura (f)	przygoda (ż)	[pʃi'gɔda]
piquenique (m)	piknik (m)	['piknik]
jogo (m)	gra (ż)	[gra]
jogador (m)	gracz (m)	[gratʃ]
partida (f)	partia (ż)	['partʰja]
colecionador (m)	kolekcjoner (m)	[kɔlektsʰ'ɜnɛr]
colecionar (vt)	kolekcjonować	[kɔlektsʰɜ'nɔvatʃ]
coleção (f)	kolekcja (ż)	[kɔ'lektsʰja]
palavras (f pl) cruzadas	krzyżówka (ż)	[kʃi'ʒufka]
hipódromo (m)	hipodrom (m)	[hi'pɔdrɔm]
discoteca (f)	dyskoteka (ż)	[diskɔ'tɛka]
sauna (f)	sauna (ż)	['sauna]
lotaria (f)	loteria (ż)	[lɔ'tɛrʰja]
campismo (m)	wyprawa (ż)	[vip'rava]
acampamento (m)	obóz (m)	['ɔbus]
tenda (f)	namiot (m)	['namɜt]
bússola (f)	kompas (m)	['kɔmpas]
campista (m)	turysta (m)	[tu'rista]
ver (vt), assistir à ...	oglądać	[ɔglõdatʃ]
telespectador (m)	telewidz (m)	[tɛ'levitts]
programa (m) de TV	program (m) telewizyjny	['prɔgram tɛlevi'zijni]

137. Fotografia

máquina (f) fotográfica	aparat (m) fotograficzny	[a'parat fɔtɔgra'fitʃni]
foto, fotografia (f)	fotografia (ż)	[fɔtɔg'rafʲja]
fotógrafo (m)	fotograf (m)	[fɔ'tɔgraf]
estúdio (m) fotográfico	studio (n) fotograficzne	['studʰɔ fɔtɔgra'fitʃnɛ]
álbum (m) de fotografias	album (m) fotograficzny	['aʎbum fɔtɔgra'fitʃni]
objetiva (f)	obiektyw (m)	[ɔbʰ'ektif]
teleobjetiva (f)	teleobiektyw (m)	[tɛleɔbʰ'ektif]
filtro (m)	filtr (m)	[fiʎtr]
lente (f)	soczewka (ż)	[sɔt'ʃɛfka]
ótica (f)	optyka (ż)	['ɔptika]
abertura (f)	przysłona (ż)	[pʃis'wɔna]
exposição (f)	czas (m) naświetlania	[tʃas naɕfet'ʎaɲa]
visor (m)	celownik (m)	[tsɛ'lɔvnik]
câmara (f) digital	aparat (m) cyfrowy	[a'parat tsif'rɔvi]
tripé (m)	statyw (m)	['statif]
flash (m)	flesz (m)	[fleʃ]
fotografar (vt)	fotografować	[fɔtɔgra'fɔvatʃ]
tirar fotos	robić zdjęcia	['rɔbitʃ 'zdʰɛ̃tʃa]
fotografar-se	fotografować się	[fɔtɔgra'fɔvatʃ ɕɛ̃]
foco (m)	ostrość (ż)	['ɔstrɔɕtʃ]
focar (vt)	ustawiać ostrość	[us'tavʲatʃ 'ɔstrɔɕtʃ]
nítido	wyraźny	[vi'raʑni]
nitidez (f)	ostrość (ż)	['ɔstrɔɕtʃ]
contraste (m)	kontrast (m)	['kɔntrast]
contrastante	kontrastowy	[kɔntras'tɔvi]
retrato (m)	zdjęcie (n)	['zdʰɛ̃tʃe]
negativo (m)	negatyw (m)	[nɛ'gatif]
filme (m)	film (m)	[fiʎm]
fotograma (m)	kadr (m)	[kadr]
imprimir (vt)	robić odbitki	['rɔbitʃ ɔd'bitki]

138. Praia. Natação

praia (f)	plaża (ż)	['pʎaʒa]
areia (f)	piasek (m)	['pʲasɛk]
deserto	pustynny	[pus'tiɲi]
bronzeado (m)	opalenizna (ż)	[ɔpale'nizna]
bronzear-se (vr)	opalać się	[ɔ'paʎatʃ ɕɛ̃]
bronzeado	opalony	[ɔpa'lɔni]
protetor (m) solar	krem (m) do opalania	[krɛm dɔ ɔpa'ʎaɲa]
biquíni (m)	bikini (n)	[bi'kini]
fato (m) de banho	kostium (m) kąpielowy	['kɔstʰjum kɔ̃pelɔvi]

125

calção (m) de banho	kąpielówki (l.mn.)	[kɔ̃pe'lyfki]
piscina (f)	basen (m)	['basɛn]
nadar (vi)	pływać	['pwivatʃ]
duche (m)	prysznic (m)	['priʃnits]
mudar de roupa	przebierać się	[pʃɛ'beratʃ ɕɛ̃]
toalha (f)	ręcznik (m)	['rɛntʃnik]

| barco (m) | łódź (ż) | [wutʃ] |
| lancha (f) | motorówka (ż) | [mɔtɔ'rufka] |

esqui (m) aquático	narty (l.mn.) wodne	['narti 'vɔdnɛ]
barco (m) de pedais	rower (m) wodny	['rɔvɛr 'vɔdni]
surf (m)	surfing (m)	['sɛrfiŋk]
surfista (m)	surfer (m)	['surfɛr]

equipamento (m) de mergulho	akwalung (m)	[ak'faʎaŋk]
barbatanas (f pl)	płetwy (l.mn.)	['pwɛtfi]
máscara (f)	maska (ż)	['maska]
mergulhador (m)	nurek (m)	['nurɛk]
mergulhar (vi)	nurkować	[nur'kɔvatʃ]
debaixo d'água	pod wodą	[pɔd 'vɔdɔ̃]

guarda-sol (m)	parasol (m)	[pa'rasɔʎ]
espreguiçadeira (f)	leżak (m)	['leʒak]
óculos (m pl) de sol	okulary (l.mn.)	[ɔku'ʎari]
colchão (m) de ar	materac (m) dmuchany	[ma'tɛrats dmu'hani]

| brincar (vi) | grać | [gratʃ] |
| ir nadar | kąpać się | ['kɔ̃patʃ ɕɛ̃] |

bola (f) de praia	piłka (ż) plażowa	['piwka pʎa'ʒɔva]
encher (vt)	nadmuchiwać	[nadmu'hivatʃ]
inflável, de ar	nadmuchiwany	[nadmuhi'vani]

onda (f)	fala (ż)	['faʎa]
boia (f)	boja (ż)	['bɔja]
afogar-se (pessoa)	tonąć	['tɔ̃ɔ̃tʃ]

salvar (vt)	ratować	[ra'tɔvatʃ]
colete (m) salva-vidas	kamizelka (ż) ratunkowa	[kami'zɛʎka ratu'ŋkɔva]
observar (vt)	obserwować	[ɔbsɛr'vɔvatʃ]
nadador-salvador (m)	ratownik (m)	[ra'tɔvnik]

EQUIPAMENTO TÉCNICO. TRANSPORTES

Equipamento técnico. Transportes

139. Computador

computador (m)	komputer (m)	[kɔm'putɛr]
portátil (m)	laptop (m)	['ʎaptɔp]
ligar (vt)	włączyć	['vwɔ̃tʃitʃ]
desligar (vt)	wyłączyć	[vi'wɔ̃tʃitʃ]
teclado (m)	klawiatura (ż)	[kʎavʰja'tura]
tecla (f)	klawisz (m)	['kʎaviʃ]
rato (m)	myszka (ż)	['miʃka]
tapete (m) de rato	podkładka (ż) pod myszkę	[pɔtk'watka pɔd 'miʃkɛ]
botão (m)	przycisk (m)	['pʃitʃisk]
cursor (m)	kursor (m)	['kursɔr]
monitor (m)	monitor (m)	[mɔ'nitɔr]
ecrã (m)	ekran (m)	['ɛkran]
disco (m) rígido	dysk (m) twardy	[disk 'tfardi]
capacidade (f) do disco rígido	pojemność (ż) dysku twardego	[pɔ'emnɔɕtʃ 'disku tfar'dɛgɔ]
memória (f)	pamięć (ż)	['pamɛ̃tʃ]
memória RAM (f)	pamięć (ż) operacyjna	['pamɛ̃tʃ ɔpɛra'tsijna]
ficheiro (m)	plik (m)	[plik]
pasta (f)	folder (m)	['fɔʎdɛr]
abrir (vt)	otworzyć	[ɔt'fɔʒitʃ]
fechar (vt)	zamknąć	['zamknɔ̃tʃ]
guardar (vt)	zapisać	[za'pisatʃ]
apagar, eliminar (vt)	usunąć	[u'sunɔ̃tʃ]
copiar (vt)	skopiować	[skɔ'pʲovatʃ]
ordenar (vt)	segregować	[sɛgrɛ'gɔvatʃ]
copiar (vt)	przepisać	[pʃɛ'pisatʃ]
programa (m)	program (m)	['prɔgram]
software (m)	oprogramowanie (n)	[ɔprɔgramɔ'vane]
programador (m)	programista (m)	[prɔgra'mista]
programar (vt)	zaprogramować	[zaprɔgra'mɔvatʃ]
hacker (m)	haker (m)	['hakɛr]
senha (f)	hasło (n)	['haswɔ]
vírus (m)	wirus (m)	['virus]
detetar (vt)	wykryć	['vikritʃ]

127

| byte (m) | bajt (m) | [bajt] |
| megabyte (m) | megabajt (m) | [mɛga'bajt] |

| dados (m pl) | dane (l.mn.) | ['danɛ] |
| base (f) de dados | baza (ż) danych | ['baza 'danih] |

cabo (m)	kabel (m)	['kabɛʎ]
desconectar (vt)	odłączyć	[ɔd'wɔ̃tʃitʃ]
conetar (vt)	podłączyć	[pɔd'wɔ̃tʃitʃ]

140. Internet. E-mail

internet (f)	Internet (m)	[in'tɛrnɛt]
browser (m)	przeglądarka (ż)	[pʃɛglɔ̃'darka]
motor (m) de busca	wyszukiwarka (ż)	[viʃuki'varka]
provedor (m)	dostawca (m) internetu	[dɔs'taftsa intɛr'nɛtu]

webmaster (m)	webmaster (m)	[vɛb'mastɛr]
website, sítio web (m)	witryna (ż) internetowa	[vit'rina intɛrnɛ'tɔva]
página (f) web	strona (ż) internetowa	['strɔna intɛrnɛ'tɔva]

| endereço (m) | adres (m) | ['adrɛs] |
| livro (m) de endereços | książka (ż) adresowa | [kɕɔ̃ʃka adrɛ'sɔva] |

| caixa (f) de correio | skrzynka (ż) pocztowa | ['skʃiŋka pɔtʃ'tɔva] |
| correio (m) | poczta (ż) | ['pɔtʃta] |

mensagem (f)	wiadomość (ż)	[vʲa'dɔmɔɕtʃ]
remetente (m)	nadawca (m)	[na'daftsa]
enviar (vt)	wysłać	['viswatʃ]
envio (m)	wysłanie (n)	[vis'wane]

| destinatário (m) | odbiorca (m) | [ɔd'bɔrtsa] |
| receber (vt) | dostać | ['dɔstatʃ] |

| correspondência (f) | korespondencja (ż) | [kɔrɛspɔn'dɛntsʰja] |
| corresponder-se (vr) | korespondować | [kɔrɛspɔn'dɔvatʃ] |

ficheiro (m)	plik (m)	[plik]
fazer download, baixar	ściągnąć	[ɕtʃɔ̃gnɔntʃ]
criar (vt)	utworzyć	[ut'fɔʒitʃ]
apagar, eliminar (vt)	usunąć	[u'sunɔ̃tʃ]
eliminado	usunięty	[usu'nenti]

conexão (f)	połączenie (n)	[pɔwɔ̃t'ʃene]
velocidade (f)	szybkość (ż)	['ʃipkɔɕtʃ]
modem (m)	modem (m)	['mɔdɛm]
acesso (m)	dostęp (m)	['dɔstɛ̃p]
porta (f)	port (m)	[pɔrt]

conexão (f)	połączenie (n)	[pɔwɔ̃t'ʃene]
conetar (vi)	podłączyć się	[pɔd'wɔ̃tʃitʃ ɕɛ̃]
escolher (vt)	wybrać	['vibratʃ]
buscar (vt)	szukać	['ʃukatʃ]

Transportes

141. Avião

avião (m)	samolot (m)	[sa'mɔlɜt]
bilhete (m) de avião	bilet (m) lotniczy	['bilet lɜt'nitʃi]
companhia (f) aérea	linie (l.mn.) lotnicze	['liɲje lɜt'nitʃɛ]
aeroporto (m)	port (m) lotniczy	[pɔrt lɜt'nitʃi]
supersónico	ponaddźwiękowy	[pɔnaddʑ'vɛ̃'kɔvi]

comandante (m) do avião	kapitan (m) statku	[ka'pitan 'statku]
tripulação (f)	załoga (ż)	[za'wɔga]
piloto (m)	pilot (m)	['pilɜt]
hospedeira (f) de bordo	stewardessa (ż)	[stʰjuar'dɛsa]
copiloto (m)	nawigator (m)	[navi'gatɔr]

asas (f pl)	skrzydła (l.mn.)	['skʃidwa]
cauda (f)	ogon (m)	['ɔgɔn]
cabine (f) de pilotagem	kabina (ż)	[ka'bina]
motor (m)	silnik (m)	['ɕiʎnik]
trem (m) de aterragem	podwozie (n)	[pɔd'vɔʒe]
turbina (f)	turbina (ż)	[tur'bina]

hélice (f)	śmigło (n)	['ɕmigwɔ]
caixa-preta (f)	czarna skrzynka (ż)	['tʃarna 'skʃiŋka]
coluna (f) de controlo	wolant (m)	['vɔʎant]
combustível (m)	paliwo (n)	[pa'livɔ]

instruções (f pl) de segurança	instrukcja (ż)	[inst'ruktsʰja]
máscara (f) de oxigénio	maska (ż) tlenowa	['maska tle'nɔva]
uniforme (m)	uniform (m)	[u'nifɔrm]

colete (m) salva-vidas	kamizelka (ż) ratunkowa	[kami'zɛʎka ratu'ŋkɔva]
paraquedas (m)	spadochron (m)	[spa'dɔhrɔn]

descolagem (f)	start (m)	[start]
descolar (vi)	startować	[star'tɔvatʃ]
pista (f) de descolagem	pas (m) startowy	[pas star'tɔvi]

visibilidade (f)	widoczność (ż)	[vi'dɔtʃnɔɕtʃ]
voo (m)	lot (m)	['lɜt]

altura (f)	wysokość (ż)	[vi'sɔkɔɕtʃ]
poço (m) de ar	dziura (ż) powietrzna	['dʒyra pɔ'vetʃna]

assento (m)	miejsce (n)	['mejstsɛ]
auscultadores (m pl)	słuchawki (l.mn.)	[swu'hafki]
mesa (f) rebatível	stolik (m) rozkładany	['stɔlik rɔskwa'dani]
vigia (f)	iluminator (m)	[ilymi'natɔr]
passagem (f)	przejście (n)	['pʃɛjɕtʃe]

142. Comboio

comboio (m)	pociąg (m)	['pɔtɕɔ̃k]
comboio (m) suburbano	pociąg (m) podmiejski	['pɔtɕɔ̃k pɔd'mejski]
comboio (m) rápido	pociąg (m) pośpieszny	['pɔtɕɔ̃k pɔɕ'peʃni]
locomotiva (f) diesel	lokomotywa (ż)	[lɔkɔmɔ'tiva]
locomotiva (f) a vapor	parowóz (m)	[pa'rɔvus]
carruagem (f)	wagon (m)	['vagɔn]
carruagem restaurante (f)	wagon (m) restauracyjny	['vagɔn rɛstaura'tsijni]
carris (m pl)	szyny (l.mn.)	['ʃini]
caminho de ferro (m)	kolej (ż)	['kɔlej]
travessa (f)	podkład (m)	['pɔtkwat]
plataforma (f)	peron (m)	['pɛrɔn]
linha (f)	tor (m)	[tɔr]
semáforo (m)	semafor (m)	[sɛ'mafɔr]
estação (f)	stacja (ż)	['statsʰja]
maquinista (m)	maszynista (m)	[maʃi'nista]
bagageiro (m)	tragarz (m)	['tragaʃ]
hospedeiro, -a (da carruagem)	konduktor (m)	[kɔn'duktɔr]
passageiro (m)	pasażer (m)	[pa'saʒɛr]
revisor (m)	kontroler (m)	[kɔnt'rɔler]
corredor (m)	korytarz (m)	[kɔ'ritaʃ]
freio (m) de emergência	hamulec (m) bezpieczeństwa	[ha'mulets bɛzpet'ʃɛɲstfa]
compartimento (m)	przedział (m)	['pʃɛdʑaw]
cama (f)	łóżko (n)	['wuʃkɔ]
cama (f) de cima	łóżko (n) górne	['wuʃkɔ 'gurnɛ]
cama (f) de baixo	łóżko (n) dolne	['wuʃkɔ 'dɔʎnɛ]
roupa (f) de cama	pościel (ż)	['pɔɕtɕeʎ]
bilhete (m)	bilet (m)	['bilet]
horário (m)	rozkład (m) jazdy	['rɔskwad 'jazdi]
painel (m) de informação	tablica (ż) informacyjna	[tab'litsa informa'tsijna]
partir (vt)	odjeżdżać	[ɔdʰ'eʒdʑatʃ]
partida (f)	odjazd (m)	['ɔdʰjast]
chegar (vi)	wjeżdżać	['vʰeʒdʑatʃ]
chegada (f)	przybycie (n)	[pʃi'bitʃe]
chegar de comboio	przyjechać pociągiem	[pʃi'ehatʃ pɔtɕɔ̃gem]
apanhar o comboio	wsiąść do pociągu	[fɕɔ̃ɕtɕ dɔ pɔtɕɔ̃gu]
sair do comboio	wysiąść z pociągu	['viɕɔ̃ɕtɕ s pɔtɕɔ̃gu]
acidente (m) ferroviário	katastrofa (ż)	[katast'rɔfa]
locomotiva (f) a vapor	parowóz (m)	[pa'rɔvus]
fogueiro (m)	palacz (m)	['paʎatʃ]
fornalha (f)	palenisko (n)	[pale'niskɔ]
carvão (m)	węgiel (m)	['vɛŋeʎ]

143. Barco

navio (m)	statek (m)	['statɛk]
embarcação (f)	okręt (m)	['ɔkrɛ̃t]
vapor (m)	parowiec (m)	[pa'rɔvets]
navio (m)	motorowiec (m)	[mɔtɔ'rɔvets]
transatlântico (m)	liniowiec (m)	[li'ɲjɔvets]
cruzador (m)	krążownik (m)	[krɔ̃'ʒɔvnik]
iate (m)	jacht (m)	[jaht]
rebocador (m)	holownik (m)	[hɔ'lɜvnik]
barcaça (f)	barka (ż)	['barka]
ferry (m)	prom (m)	[prɔm]
veleiro (m)	żaglowiec (m)	[ʒag'lɜvets]
bergantim (m)	brygantyna (ż)	[brigan'tina]
quebra-gelo (m)	lodołamacz (m)	[lɜdɔ'wamatʃ]
submarino (m)	łódź (ż) podwodna	[wutʃ pɔd'vɔdna]
bote, barco (m)	łódź (ż)	[wutʃ]
bote, dingue (m)	szalupa (ż)	[ʃa'lypa]
bote (m) salva-vidas	szalupa (ż)	[ʃa'lypa]
lancha (f)	motorówka (ż)	[mɔtɔ'rufka]
capitão (m)	kapitan (m)	[ka'pitan]
marinheiro (m)	marynarz (m)	[ma'rinaʃ]
marujo (m)	marynarz (m)	[ma'rinaʃ]
tripulação (f)	załoga (ż)	[za'wɔga]
contramestre (m)	bosman (m)	['bɔsman]
grumete (m)	chłopiec (m) okrętowy	['hwɔpets ɔkrɛ̃'tɔvi]
cozinheiro (m) de bordo	kucharz (m) okrętowy	['kuhaʃ ɔkrɛ̃'tɔvi]
médico (m) de bordo	lekarz (m) okrętowy	['lekaʃ ɔkrɛ̃'tɔvi]
convés (m)	pokład (m)	['pɔkwat]
mastro (m)	maszt (m)	[maʃt]
vela (f)	żagiel (m)	['ʒageʎ]
porão (m)	ładownia (ż)	[wa'dɔvɲa]
proa (f)	dziób (m)	[dʒyp]
popa (f)	rufa (ż)	['rufa]
remo (m)	wiosło (n)	['vɜswɔ]
hélice (f)	śruba (ż) napędowa	['ɕruba napɛ̃'dɔva]
camarote (m)	kajuta (ż)	[ka'juta]
sala (f) dos oficiais	mesa (ż)	['mɛsa]
sala (f) das máquinas	maszynownia (ż)	[maʃi'nɔvɲa]
ponte (m) de comando	mostek (m) kapitański	['mɔstɛk kapi'taɲski]
sala (f) de comunicações	radiokabina (ż)	[radʰɔka'bina]
onda (f) de rádio	fala (ż)	['faʎa]
diário (m) de bordo	dziennik (m) pokładowy	['dʒeɲik pɔkwa'dɔvi]
luneta (f)	luneta (ż)	[ly'nɛta]
sino (m)	dzwon (m)	[dzvɔn]

bandeira (f)	bandera (ż)	[ban'dɛra]
cabo (m)	lina (ż)	['lina]
nó (m)	węzeł (m)	['vɛnzɛw]

corrimão (m)	poręcz (ż)	['pɔrɛ̃tʃ]
prancha (f) de embarque	trap (m)	[trap]

âncora (f)	kotwica (ż)	[kɔt'fitsa]
recolher a âncora	podnieść kotwicę	['pɔdnɛɕtʃ kɔt'fitsɛ̃]
lançar a âncora	zarzucić kotwicę	[za'ʒutʃitʃ kɔt'fitsɛ̃]
amarra (f)	łańcuch (m) kotwicy	['waɲtsuh kɔt'fitsi]

porto (m)	port (m)	[pɔrt]
cais, amarradouro (m)	nabrzeże (n)	[nab'ʒɛʒɛ]
atracar (vi)	cumować	[tsu'mɔvatʃ]
desatracar (vi)	odbijać	[ɔd'bijatʃ]

viagem (f)	podróż (ż)	['pɔdruʃ]
cruzeiro (m)	podróż (ż) morska	['pɔdruʃ 'mɔrska]
rumo (m), rota (f)	kurs (m)	[kurs]
itinerário (m)	trasa (ż)	['trasa]

canal (m) navegável	tor (m) wodny	[tɔr 'vɔdni]
banco (m) de areia	mielizna (ż)	[me'lizna]
encalhar (vt)	osiąść na mieliźnie	['ɔɕɔ̃ɕtʃ na me'liźne]

tempestade (f)	sztorm (m)	[ʃtɔrm]
sinal (m)	sygnał (m)	['signaw]
afundar-se (vr)	tonąć	['tɔ̃nɔ̃tʃ]
SOS	SOS	[ɛs ɔ ɛs]
boia (f) salva-vidas	koło (n) ratunkowe	['kɔwɔ ratu'ŋkɔvɛ]

144. Aeroporto

aeroporto (m)	port (m) lotniczy	[pɔrt lɔt'nitʃi]
avião (m)	samolot (m)	[sa'mɔlɔt]
companhia (f) aérea	linie (l.mn.) lotnicze	['liɲje lɔt'nitʃɛ]
controlador (m) de tráfego aéreo	kontroler (m) lotów	[kɔnt'rɔler 'lɔtuf]

partida (f)	odlot (m)	['ɔdlɔt]
chegada (f)	przylot (m)	['pʃilɔt]
chegar (~ de avião)	przylecieć	[pʃi'letʃetʃ]

hora (f) de partida	godzina (ż) odlotu	[gɔ'dʒina ɔd'lɔtu]
hora (f) de chegada	godzina (ż) przylotu	[gɔ'dʒina pʃi'lɔtu]

estar atrasado	opóźniać się	[ɔ'puźɲatʃ ɕɛ̃]
atraso (m) de voo	opóźnienie (n) odlotu	[ɔpuź'nene ɔd'lɔtu]

painel (m) de informação	tablica (ż) informacyjna	[tab'litsa infɔrma'tsijna]
informação (f)	informacja (ż)	[infɔr'matsʰja]
anunciar (vt)	ogłaszać	[ɔg'waʃatʃ]
voo (m)	lot (m)	['lɔt]

| alfândega (f) | urząd (m) celny | ['uʒɔ̃t 'ʦɛʎɲi] |
| funcionário (m) da alfândega | celnik (m) | ['ʦɛʎɲik] |

declaração (f) alfandegária	deklaracja (z)	[dɛkʎa'raʦʰja]
preencher a declaração	wypełnić deklarację	[vi'pɛwniʧ dɛkʎa'raʦʰɛ̃]
controlo (m) de passaportes	odprawa (z) paszportowa	[ɔtp'rava paʃpɔr'tɔva]

bagagem (f)	bagaż (m)	['bagaʃ]
bagagem (f) de mão	bagaż (m) podręczny	['bagaʃ pɔd'rɛnʧɲi]
carrinho (m)	wózek (m) bagażowy	['vuzɛk baga'ʒɔvi]

aterragem (f)	lądowanie (n)	[lɔ̃dɔ'vane]
pista (f) de aterragem	pas (m) startowy	[pas star'tɔvi]
aterrar (vi)	lądować	[lɔ̃'dɔvaʧ]
escada (f) de avião	schody (l.mn.) do samolotu	['shɔdi dɔ samɔ'lɔtu]

check-in (m)	odprawa (z) biletowa	[ɔtp'rava bile'tɔva]
balcão (m) do check-in	stanowisko (n) odprawy	[stanɔ'viskɔ ɔtp'ravi]
fazer o check-in	zgłosić się do odprawy	['zgwɔɕiʧ ɕɛ̃ dɔ ɔtp'ravi]
cartão (m) de embarque	karta (z) pokładowa	['karta pɔkwa'dɔva]
porta (f) de embarque	wyjście (n) do odprawy	['vijɕʧe dɔ ɔtp'ravi]

trânsito (m)	tranzyt (m)	['tranzit]
esperar (vi, vt)	czekać	['ʧɛkaʧ]
sala (f) de espera	poczekalnia (z)	[pɔʧɛ'kaʎɲa]
despedir-se de ...	odprowadzać	[ɔtprɔ'vadzaʧ]
despedir-se (vr)	żegnać się	['ʒɛgnaʧ ɕɛ̃]

145. Bicicleta. Motocicleta

bicicleta (f)	rower (m)	['rɔvɛr]
scotter, lambreta (f)	skuter (m)	['skutɛr]
mota (f)	motocykl (m)	[mɔ'tɔʦikʎ]

ir de bicicleta	jechać na rowerze	['ehaʧ na rɔ'vɛʒɛ]
guiador (m)	kierownica (z)	[kerɔv'niʦa]
pedal (m)	pedał (m)	['pɛdaw]
travões (m pl)	hamulce (l.mn.)	[ha'muʎʦɛ]
selim (m)	siodełko (n)	[ɕɝ'dɛwkɔ]

bomba (f) de ar	pompka (z)	['pɔmpka]
porta-bagagens (m)	bagażnik (m)	[ba'gaʒnik]
lanterna (f)	lampa (z)	['ʎampa]
capacete (m)	kask (m)	[kask]

roda (f)	koło (n)	['kɔwɔ]
guarda-lamas (m)	błotnik (m)	['bwɔtnik]
aro (m)	obręcz (z)	['ɔbrɛ̃ʧ]
raio (m)	szprycha (z)	['ʃpriha]

Carros

146. Tipos de carros

carro, automóvel (m)	samochód (m)	[sa'mɔhut]
carro (m) desportivo	samochód (m) sportowy	[sa'mɔhut spɔr'tɔvi]
limusine (f)	limuzyna (ż)	[limu'zina]
todo o terreno (m)	samochód (m) terenowy	[sa'mɔhut tɛrɛ'nɔvi]
descapotável (m)	kabriolet (m)	[kabrʰɔlet]
minibus (m)	mikrobus (m)	[mik'rɔbus]
ambulância (f)	karetka (ż) pogotowia	[ka'rɛtka pɔgɔ'tɔvʲa]
limpa-neve (m)	odśnieżarka (ż)	[ɔtɕne'ʒarka]
camião (m)	ciężarówka (ż)	[tɕɛ̃ʒa'rufka]
camião-cisterna (m)	samochód-cysterna (ż)	[sa'mɔhut tsis'tɛrna]
carrinha (f)	furgon (m)	['furgɔn]
camião-trator (m)	ciągnik (m) siodłowy	['tɕɔ̃gnik sʲɔd'wɔvi]
atrelado (m)	przyczepa (ż)	[pʃit'ʃɛpa]
confortável	komfortowy	[kɔmfɔr'tɔvi]
usado	używany	[uʒi'vani]

147. Carros. Carroçaria

capô (m)	maska (ż)	['maska]
guarda-lamas (m)	błotnik (m)	['bwɔtnik]
tejadilho (m)	dach (m)	[dah]
para-brisa (m)	szyba (ż) przednia	['ʃiba 'pʃɛdɲa]
espelho (m) retrovisor	lusterko (n) wsteczne	[lys'tɛrkɔ 'fstɛtʃnɛ]
lavador (m)	spryskiwacz (m)	[spris'kivatʃ]
limpa-para-brisas (m)	wycieraczki (l.mn.)	[vitʃe'ratʃki]
vidro (m) lateral	szyba (ż) boczna	['ʃiba 'bɔtʃna]
elevador (m) do vidro	podnośnik (m) szyby	[pɔd'nɔɕnik 'ʃibi]
antena (f)	antena (ż)	[an'tɛna]
teto solar (m)	szyberdach (m)	[ʃiberdah]
para-choques (m pl)	zderzak (m)	['zdɛʒak]
bagageira (f)	bagażnik (m)	[ba'gaʒnik]
porta (f)	drzwi (ż)	[dʒvi]
maçaneta (f)	klamka (ż)	['kʎamka]
fechadura (f)	zamek (m)	['zamɛk]
matrícula (f)	tablica (ż) rejestracyjna	[tab'litsa rejestra'tsijna]
silenciador (m)	tłumik (m)	['twumik]

Português	Polaco	Pronúncia
tanque (m) de gasolina	zbiornik (m) paliwa	['zbɔrnik pa'liva]
tubo (m) de escape	rura (ż) wydechowa	['rura vidɛ'hɔva]
acelerador (m)	gaz (m)	[gas]
pedal (m)	pedał (m)	['pɛdaw]
pedal (m) do acelerador	pedał (m) gazu	['pɛdaw 'gazu]
travão (m)	hamulec (m)	[ha'mulɛts]
pedal (m) do travão	pedał (m) hamulca	['pɛdaw ha'muʎtsa]
travar (vt)	hamować	[ha'mɔvatʃ]
travão (m) de mão	hamulec (m) postojowy	[ha'mulɛts pɔstɔɟvi]
embraiagem (f)	sprzęgło (n)	['spʃɛŋwɔ]
pedal (m) da embraiagem	pedał (m) sprzęgła	['pɛdaw 'spʃɛŋwa]
disco (m) de embraiagem	tarcza (ż) sprzęgła	['tartʃa 'spʃɛŋwa]
amortecedor (m)	amortyzator (m)	[amɔrti'zatɔr]
roda (f)	koło (n)	['kɔwɔ]
pneu (m) sobresselente	koło (n) zapasowe	['kɔwɔ zapa'sɔvɛ]
pneu (m)	opona (ż)	[ɔ'pɔna]
tampão (m) de roda	kołpak (m)	['kɔwpak]
rodas (f pl) motrizes	koła (l.mn.) napędowe	['kɔwa napɛ̃'dɔvɛ]
de tração dianteira	z napędem na przednie koła	[z na'pɛndɛm na 'pʃɛdne 'kɔwa]
de tração traseira	z napędem na tylne koła	[z na'pɛndɛm na 'tiʎnɛ 'kɔwa]
de tração às 4 rodas	z napędem na cztery koła	[z na'pɛndɛm na 'tʃtɛri 'kɔwa]
caixa (f) de mudanças	skrzynia (ż) biegów	['skʃiɲa 'beguf]
automático	automatyczny	[autɔma'titʃni]
mecânico	mechaniczny	[mɛha'nitʃni]
alavanca (f) das mudanças	dźwignia (ż) skrzyni biegów	['dʑvigɲa 'skʃini 'beguf]
farol (m)	reflektor (m)	[rɛf'lektɔr]
faróis, luzes	światła (l.mn.)	['ɕfiatwa]
médios (m pl)	światła (l.mn.) mijania	['ɕfiatwa mi'jaɲa]
máximos (m pl)	światła (l.mn.) drogowe	['ɕfiatwa drɔ'gɔvɛ]
luzes (f pl) de stop	światła (l.mn.) hamowania	['ɕfiatwa hamɔ'vaɲa]
mínimos (m pl)	światła (l.mn.) obrysowe	['ɕfiatwa ɔbri'sɔvɛ]
luzes (f pl) de emergência	światła (l.mn.) awaryjne	['ʃfiatwa ava'rijnɛ]
faróis (m pl) antinevoeiro	światła (l.mn.) przeciwmgielne	['ʃfiatwa pʃɛtʃivm'geʎnɛ]
pisca-pisca (m)	migacz (m)	['migatʃ]
luz (f) de marcha atrás	światła (l.mn.) cofania	['ɕfiatwa tsɔ'faɲa]

148. Carros. Habitáculo

interior (m) do carro	wewnątrz (m) samochodu	['vevnɔ̃tʃ samɔ'hɔdu]
de couro, de pele	skórzany	[sku'ʒani]
de veludo	welurowy	[vɛly'rɔvi]
estofos (m pl)	obicie (n)	[ɔ'bitʃe]
indicador (m)	przyrząd (m)	['pʃiʒɔ̃t]

135

painel (m) de instrumentos	deska (ż) rozdzielcza	['dɛska rɔz'dʒɛʎtʃa]
velocímetro (m)	prędkościomierz (m)	[prɛ̃tkɔɕ'tʃɔmeʃ]
ponteiro (m)	strzałka (ż)	['stʃawka]
conta-quilómetros (m)	licznik (m)	['litʃnik]
sensor (m)	czujnik (m)	['tʃujnik]
nível (m)	poziom (m)	['pɔʒɜm]
luz (f) avisadora	lampka (ż)	['ʎampka]
volante (m)	kierownica (ż)	[kerɔv'nitsa]
buzina (f)	klakson (m)	['kʎaksɔn]
botão (m)	przycisk (m)	['pʃitʃisk]
interruptor (m)	przełącznik (m)	[pʃɛ'wɔ̃tʃnik]
assento (m)	siedzenie (n)	[ɕe'dzɛne]
costas (f pl) do assento	oparcie (n)	[ɔ'partʃe]
cabeceira (f)	zagłówek (m)	[zag'wuvɛk]
cinto (m) de segurança	pas (m) bezpieczeństwa	[pas bɛspet'ʃɛɲstfa]
apertar o cinto	zapiąć pasy	['zapɔ̃ɪtʃ 'pasi]
regulação (f)	regulacja (ż)	[rɛgu'ʎatsʰja]
airbag (m)	poduszka (ż) powietrzna	[pɔ'duʃka pɔ'vetʃna]
ar (m) condicionado	klimatyzator (m)	[klimati'zatɔr]
rádio (m)	radio (n)	['radʰɜ]
leitor (m) de CD	odtwarzacz CD (m)	[ɔtt'vaʒatʃ si di]
ligar (vt)	włączyć	['vwɔ̃tʃitʃ]
antena (f)	antena (ż)	[an'tɛna]
porta-luvas (m)	schowek (m)	['shɔvɛk]
cinzeiro (m)	popielniczka (ż)	[pɔpeʎ'nitʃka]

149. Carros. Motor

motor (m)	silnik (m)	['ɕiʎnik]
motor (m)	motor (m)	['mɔtɔr]
diesel	dieslowy	[diz'lɜvi]
a gasolina	benzynowy	[bɛnzi'nɔvi]
cilindrada (f)	pojemność (ż) silnika	[pɔ'emnɔɕtʃ ɕiʎ'nika]
potência (f)	moc (ż)	[mɔts]
cavalo-vapor (m)	koń (m) mechaniczny	[kɔɲ mɛha'nitʃni]
pistão (m)	tłok (m)	[twɔk]
cilindro (m)	cylinder (m)	[tsi'lindɛr]
válvula (f)	zastawka (ż)	[zas'tafka]
injetor (m)	wtryskiwacz (m)	[ftris'kivatʃ]
gerador (m)	generator (m)	[gɛnɛ'ratɔr]
carburador (m)	gaźnik (m)	['gaʒʲnik]
óleo (m) para motor	olej (m) silnikowy	['ɔlej ɕiʎni'kɔvi]
radiador (m)	chłodnica (ż)	[hwɔd'nitsa]
refrigerante (m)	płyn (m) chłodniczy	[pwin hwɔ'dzɔntɕi]
ventilador (m)	wentylator (m)	[vɛnti'ʎatɔr]
bateria (f)	akumulator (m)	[akumu'ʎatɔr]

dispositivo (m) de arranque	rozrusznik (m)	[rɔz'ruʃnik]
ignição (f)	zapłon (m)	['zapwɔn]
vela (f) de ignição	świeca (ż) zapłonowa	['ɕfetsa zapwɔ'nɔva]

borne (m)	zacisk (m)	['zatʃisk]
borne (m) positivo	plus (m)	[plys]
borne (m) negativo	minus (m)	['minus]
fusível (m)	bezpiecznik (m)	[bɛs'petʃnik]

filtro (m) de ar	filtr (m) powietrza	[fiʌtr pɔ'vetʃa]
filtro (m) de óleo	filtr (m) oleju	[fiʌtr ɔ'leju]
filtro (m) de combustível	filtr (m) paliwa	[fiʌtr pa'liva]

150. Carros. Batidas. Reparação

acidente (m) de carro	wypadek (m)	[vɨ'padɛk]
acidente (m) rodoviário	wypadek (m) drogowy	[vɨ'padɛk drɔ'gɔvɨ]
ir contra ...	wjechać w ...	['vʰehatʃ v]
sofrer um acidente	stłuc się	[stwuts ɕɛ̃]
danos (m pl)	uszkodzenie (n)	[uʃkɔ'dzɛne]
intato	nietknięty	[nietkni'ɛ̃ti]

avariar (vi)	zepsuć się	['zɛpsutʃ ɕɛ̃]
cabo (m) de reboque	hol (m)	[hɔʌ]

furo (m)	przebita opona (ż)	[pʃɛ'bita ɔ'pɔna]
estar furado	spuścić	['spuɕtʃitʃ]
encher (vt)	napompowywać	[napɔmpɔ'vivatʃ]
pressão (f)	ciśnienie (n)	[tʃiɕ'nene]
verificar (vt)	skontrolować	[skɔntrɔ'lɔvatʃ]

reparação (f)	naprawa (ż)	[nap'rava]
oficina (f)	warsztat (m) samochodowy	['varʃtat samɔhɔ'dɔvɨ]
de reparação de carros		
peça (f) sobresselente	część (ż) zamienna	[tʃɛ̃ɕtʃ za'mena]
peça (f)	część (ż)	[tʃɛ̃ɕtʃ]

parafuso (m)	śruba (ż)	['ɕruba]
parafuso (m)	wkręt (m)	[fkrɛ̃t]
porca (f)	nakrętka (ż)	[nak'rɛntka]
anilha (f)	podkładka (ż)	[pɔtk'watka]
rolamento (m)	łożysko (n)	[wɔ'ʒiskɔ]

tubo (m)	rura (ż)	['rura]
junta (f)	uszczelka (ż)	[uʃt'ʃɛʌka]
fio, cabo (m)	przewód (m)	['pʃɛvut]

macaco (m)	podnośnik (m)	[pɔd'nɔɕnik]
chave (f) de boca	klucz (m) francuski	[klytʃ fran'tsuski]
martelo (m)	młotek (m)	['mwɔtɛk]
bomba (f)	pompka (ż)	['pɔmpka]
chave (f) de fendas	śrubokręt (m)	[ɕru'bɔkrɛ̃t]
extintor (m)	gaśnica (ż)	[gaɕ'nitsa]
triângulo (m) de emergência	trójkąt (m) odblaskowy	['trujkɔ̃t ɔdbʌas'kɔvɨ]

parar (vi) (motor)	gasnąć	['gasnɔ̃ʧ]
paragem (f)	wyłączenie (n)	[viwɔ̃t'ʃɛne]
estar quebrado	być złamanym	[biʧ zwa'manim]

superaquecer-se (vr)	przegrzać się	['pʃɛgʒaʧ ɕɛ̃]
entupir-se (vr)	zapchać się	['zaphaʧ ɕɛ̃]
congelar-se (vr)	zamarznąć	[za'marznɔ̃ʧ]
rebentar (vi)	pęknąć	['pɛŋknɔ̃ʧ]

pressão (f)	ciśnienie (n)	[ʧiɕ'nene]
nível (m)	poziom (m)	['pɔʒɔm]
frouxo	słaby	['swabi]

mossa (f)	wgniecenie (n)	[vgne'ʧene]
ruído (m)	pukanie (n)	[pu'kane]
fissura (f)	rysa (ż)	['risa]
arranhão (m)	zadrapanie (n)	[zadra'pane]

151. Carros. Estrada

estrada (f)	droga (ż)	['drɔga]
autoestrada (f)	autostrada (ż)	[autɔst'rada]
rodovia (f)	szosa (ż)	['ʃɔsa]
direção (f)	kierunek (m)	[ke'runɛk]
distância (f)	odległość (ż)	[ɔd'legwɔɕʧ]

ponte (f)	most (m)	[mɔst]
parque (m) de estacionamento	parking (m)	['parkiŋk]
praça (f)	plac (m)	[pʎats]
nó (m) rodoviário	skrzyżowanie (n)	[skʃiʒɔ'vane]
túnel (m)	tunel (m)	['tunɛʎ]

posto (m) de gasolina	stacja (ż) benzynowa	['staʦʰja bɛnzi'nɔva]
parque (m) de estacionamento	parking (m)	['parkiŋk]
bomba (f) de gasolina	pompa (ż) benzynowa	['pɔmpa bɛnzi'nɔva]
oficina (f) de reparação de carros	warsztat (m) samochodowy	['varʃtat samɔhɔ'dɔvi]
abastecer (vt)	zatankować	[zata'ŋkɔvaʧ]
combustível (m)	paliwo (n)	[pa'livɔ]
bidão (m) de gasolina	kanister (m)	[ka'nistɛr]

asfalto (m)	asfalt (m)	['asfaʎt]
marcação (f) de estradas	oznakowanie (n)	[ɔznakɔ'vane]
lancil (m)	krawężnik (m)	[kra'vɛnʒnik]
proteção (f) guard-rail	ogrodzenie (n)	[ɔgrɔ'ʣene]
valeta (f)	rów (m) boczny	[ruf 'bɔʧni]
berma (f) da estrada	pobocze (n)	[pɔ'bɔʧɛ]
poste (m) de luz	słup (m)	[swup]

conduzir, guiar (vt)	prowadzić	[prɔ'vaʤiʧ]
virar (ex. ~ à direita)	skręcać	['skrɛnʦaʧ]
dar retorno	zawracać	[zav'raʦaʧ]
marcha-atrás (f)	bieg (m) wsteczny	[bek 'fstɛʧni]
buzinar (vi)	trąbić	['trɔ̃biʧ]

buzina (f)	sygnał (m)	['signaw]
atolar-se (vr)	utknąć	['utknɔʨ]
patinar (na lama)	buksować	[buk'sɔvaʨ]
desligar (vt)	gasić	['gaɕiʨ]
velocidade (f)	szybkość (ż)	['ʃipkɔɕʨ]
exceder a velocidade	przekroczyć prędkość	[pʃɛk'rɔʧiʨ 'prɛntkɔɕʨ]
multar (vt)	karać grzywną	['karaʨ 'gʒivnɔ̃]
semáforo (m)	światła (l.mn.)	['ɕfʲatwa]
carta (f) de condução	prawo (n) jazdy	['pravɔ 'jazdi]
passagem (f) de nível	przejazd (m) kolejowy	['pʃɛjast kɔle'jɔvi]
cruzamento (m)	skrzyżowanie (n)	[skʃiʒɔ'vane]
passadeira (f)	przejście (n) dla pieszych	['pʃɛjɕʨe dʎa 'peʃih]
curva (f)	zakręt (m)	['zakrɛ̃t]
zona (f) pedonal	strefa (ż) dla pieszych	['strɛfa dʎa 'peʃih]

PESSOAS. EVENTOS

Eventos

152. Férias. Evento

festa (f)	święto (n)	['ɕfentɔ]
festa (f) nacional	święto (n) państwowe	['ɕfentɔ paɲst'fɔvɛ]
feriado (m)	dzień (m) świąteczny	[dʑeɲ ɕfɔ̃'tɛtʃni]
festejar (vt)	świętować	[ɕfɛ̃'tɔvatʃ]
evento (festa, etc.)	wydarzenie (n)	[vida'ʒɛne]
evento (banquete, etc.)	impreza (ż)	[imp'rɛza]
banquete (m)	bankiet (m)	['baŋket]
receção (f)	przyjęcie (n)	[pʂi'ɛ̃tʃe]
festim (m)	uczta (ż)	['utʃta]
aniversário (m)	rocznica (ż)	[rɔtʃ'nitsa]
jubileu (m)	jubileusz (m)	[jubi'leuʃ]
celebrar (vt)	obchodzić	[ɔp'hɔdʑitʃ]
Ano (m) Novo	Nowy Rok (m)	['nɔvi rɔk]
Feliz Ano Novo!	Szczęśliwego Nowego Roku!	[ʃtʃɛ̃ɕli'vɛgɔ nɔ'vɛgɔ 'rɔku]
Natal (m)	Boże Narodzenie (n)	['bɔʒɛ narɔ'dzɛne]
Feliz Natal!	Wesołych Świąt !	[vɛ'sɔwih ɕfɔ̃t]
árvore (f) de Natal	choinka (ż)	[hɔ'iŋka]
fogo (m) de artifício	sztuczne ognie (l.mn.)	['ʃtutʃnɛ 'ɔgne]
boda (f)	wesele (n)	[vɛ'sɛle]
noivo (m)	narzeczony (m)	[naʒɛt'ʃɔni]
noiva (f)	narzeczona (ż)	[naʒɛt'ʃɔna]
convidar (vt)	zapraszać	[zap'raʃatʃ]
convite (m)	zaproszenie (n)	[zaprɔ'ʃɛne]
convidado (m)	gość (m)	[gɔɕtʃ]
visitar (vt)	iść w gości	[iɕtʃ v 'gɔɕtʃi]
receber os hóspedes	witać gości	['vitatʃ 'gɔɕtʃi]
presente (m)	prezent (m)	['prɛzɛnt]
oferecer (vt)	dawać w prezencie	['davatʃ f prɛ'zɛntʃe]
receber presentes	dostawać prezenty	[dɔs'tavatʃ prɛ'zɛnti]
ramo (m) de flores	bukiet (m)	['buket]
felicitações (f pl)	gratulacje (l.mn.)	[gratu'ʎatsʰe]
felicitar (dar os parabéns)	gratulować	[gratu'lɔvatʃ]
cartão (m) de parabéns	kartka (ż) z życzeniami	['kartka z ʒitʃɛ'ɲami]

| enviar um postal | wysłać kartkę | ['viswatʃ 'kartkɛ̃] |
| receber um postal | dostać kartkę | ['dɔstatʃ kartkɛ̃] |

brinde (m)	toast (m)	['tɔast]
oferecer (vt)	częstować	[tʃɛ̃s'tɔvatʃ]
champanhe (m)	szampan (m)	['ʃampan]

divertir-se (vr)	bawić się	['bavitʃ ɕɛ̃]
diversão (f)	zabawa (z)	[za'bava]
alegria (f)	radość (z)	['radɔɕtʃ]

| dança (f) | taniec (m) | ['taneʦ] |
| dançar (vi) | tańczyć | ['tajntʃitʃ] |

| valsa (f) | walc (m) | ['vaʎʦ] |
| tango (m) | tango (n) | ['taŋɔ] |

153. Funerais. Enterro

cemitério (m)	cmentarz (m)	['ʦmɛntaʃ]
sepultura (f), túmulo (m)	grób (m)	[grup]
cruz (f)	krzyż (m)	[kʃiʃ]
lápide (f)	nagrobek (m)	[nag'rɔbɛk]
cerca (f)	ogrodzenie (n)	[ɔgrɔ'dzɛne]
capela (f)	kaplica (z)	[kap'liʦa]

morte (f)	śmierć (z)	[ɕmertʃ]
morrer (vi)	umrzeć	['umʒɛtʃ]
defunto (m)	zmarły (m)	['zmarvi]
luto (m)	żałoba (z)	[ʒa'wɔba]

enterrar, sepultar (vt)	chować	['hɔvatʃ]
agência (f) funerária	zakład (m) pogrzebowy	['zakwat pɔgʒɛ'bɔvi]
funeral (m)	pogrzeb (m)	['pɔgʒɛp]

coroa (f) de flores	wieniec (m)	['veneʦ]
caixão (m)	trumna (z)	['trumna]
carro (m) funerário	karawan (m)	[ka'ravan]
mortalha (f)	całun (m)	['ʦawun]

| urna (f) funerária | urna (z) pogrzebowa | ['urna pɔgʒɛ'bɔva] |
| crematório (m) | krematorium (m) | [krɛma'tɔrʲjum] |

obituário (m), necrologia (f)	nekrolog (m)	[nɛk'rɔlɔk]
chorar (vi)	płakać	['pwakatʃ]
soluçar (vi)	szlochać	['ʃlɔhatʃ]

154. Guerra. Soldados

pelotão (m)	pluton (m)	['plytɔn]
companhia (f)	rota (z)	['rɔta]
regimento (m)	pułk (m)	[puwk]

| exército (m) | armia (ż) | ['armʰja] |
| divisão (f) | dywizja (ż) | [di'vizʰja] |

| destacamento (m) | oddział (m) | ['ɔddʒʲaw] |
| hoste (f) | wojsko (n) | ['vɔjskɔ] |

| soldado (m) | żołnierz (m) | ['ʒɔwneʃ] |
| oficial (m) | oficer (m) | [ɔ'fitsɛr] |

soldado (m) raso	szeregowy (m)	[ʃɛrɛ'gɔvi]
sargento (m)	sierżant (m)	['ɕerʒant]
tenente (m)	podporucznik (m)	[pɔtpɔ'rutʃnik]
capitão (m)	kapitan (m)	[ka'pitan]
major (m)	major (m)	['majɔr]

| coronel (m) | pułkownik (m) | [puw'kɔvnik] |
| general (m) | generał (m) | [gɛ'nɛraw] |

marujo (m)	marynarz (m)	[ma'rinaʃ]
capitão (m)	kapitan (m)	[ka'pitan]
contramestre (m)	bosman (m)	['bɔsman]

artilheiro (m)	artylerzysta (m)	[artile'ʒista]
soldado (m) paraquedista	desantowiec (m)	[dɛsan'tɔvets]
piloto (m)	lotnik (m)	['lɔtnik]

| navegador (m) | nawigator (m) | [navi'gatɔr] |
| mecânico (m) | mechanik (m) | [mɛ'hanik] |

| sapador (m) | saper (m) | ['sapɛr] |
| paraquedista (m) | spadochroniarz (m) | [spadɔh'rɔɲaʃ] |

| explorador (m) | zwiadowca (m) | [zvʲa'dɔftsa] |
| franco-atirador (m) | snajper (m) | ['snajpɛr] |

patrulha (f)	patrol (m)	['patrɔʎ]
patrulhar (vt)	patrolować	[patrɔ'lɜvatʃ]
sentinela (f)	wartownik (m)	[var'tɔvnik]

| guerreiro (m) | wojownik (m) | [vɔɔvnik] |
| patriota (m) | patriota (m) | [patrʰɔta] |

| herói (m) | bohater (m) | [bɔ'hatɛr] |
| heroína (f) | bohaterka (ż) | [bɔha'tɛrka] |

traidor (m)	zdrajca (m)	['zdrajtsa]
desertor (m)	dezerter (m)	[dɛ'zɛrtɛr]
desertar (vt)	dezerterować	[dɛzɛrtɛ'rɔvatʃ]

mercenário (m)	najemnik (m)	[na'emnik]
recruta (m)	rekrut (m)	['rɛkrut]
voluntário (m)	ochotnik (m)	[ɔ'hɔtnik]

morto (m)	zabity (m)	[za'biti]
ferido (m)	ranny (m)	['raɲi]
prisioneiro (m) de guerra	jeniec (m)	['enets]

155. Guerra. Ações militares. Parte 1

guerra (f)	wojna (ż)	['vɔjna]
guerrear (vt)	wojować	[vɔ3vatʃ]
guerra (f) civil	wojna domowa (ż)	['vɔjna dɔ'mɔva]
perfidamente	wiarołomnie	[vⁱarɔ'wɔmne]
declaração (f) de guerra	wypowiedzenie (n)	[vipɔve'dzɛne]
declarar (vt) guerra	wypowiedzieć (~ wojnę)	[vipɔ'vedʒetʃ 'vɔjnɛ̃]
agressão (f)	agresja (ż)	[ag'rɛsʰja]
atacar (vt)	napadać	[na'padatʃ]
invadir (vt)	najeźdżać	[na'jezdʒⁱatⁱ]
invasor (m)	najeźdźca (m)	[na'eʨsa]
conquistador (m)	zdobywca (m)	[zdɔ'biftsa]
defesa (f)	obrona (ż)	[ɔb'rɔna]
defender (vt)	bronić	['brɔnitʃ]
defender-se (vr)	bronić się	['brɔnitʃ ɕɛ̃]
inimigo (m)	wróg (m)	[vruk]
adversário (m)	przeciwnik (m)	[pʃɛ'tʃivnik]
inimigo	wrogi	['vrɔgi]
estratégia (f)	strategia (ż)	[stra'tɛgja]
tática (f)	taktyka (ż)	['taktika]
ordem (f)	rozkaz (m)	['rɔskas]
comando (m)	komenda (ż)	[kɔ'mɛnda]
ordenar (vt)	rozkazywać	[rɔska'zivatʃ]
missão (f)	zadanie (n)	[za'dane]
secreto	tajny	['tajnⁱ]
batalha (f)	bitwa (ż)	['bitfa]
combate (m)	bój (m)	[buj]
ataque (m)	atak (m)	['atak]
assalto (m)	szturm (m)	[ʃturm]
assaltar (vt)	szturmować	[ʃtur'mɔvatʃ]
assédio, sítio (m)	oblężenie (n)	[ɔblɛ̃'ʒɛne]
ofensiva (f)	ofensywa (ż)	[ɔfɛn'siva]
passar à ofensiva	nacierać	[na'tʃeratʃ]
retirada (f)	odwrót (m)	['ɔdvrut]
retirar-se (vr)	wycofywać się	[vɨtsɔ'fivatʃ ɕɛ̃]
cerco (m)	okrążenie (n)	[ɔkrɔ̃'ʒɛne]
cercar (vt)	okrążyć	[ɔk'rɔ̃ʒitⁱ]
bombardeio (m)	bombardowanie (n)	[bɔmbardɔ'vane]
lançar uma bomba	zrzucić bombę	['zʒutʃitʃ 'bɔmbɛ̃]
bombardear (vt)	bombardować	[bɔmbar'dɔvatʃ]
explosão (f)	wybuch (m)	['vibuh]
tiro (m)	strzał (m)	[stʃaw]

| disparar um tiro | wystrzelić | [vist'ʃɛliʨ] |
| tiroteio (m) | strzelanina (ż) | [sʧɛʎa'nina] |

apontar para ...	celować	[ʦɛ'lɔvaʧ]
apontar (vt)	wycelować	[viʦɛ'lɔvaʧ]
acertar (vt)	trafić	['trafiʧ]

afundar (um navio)	zatopić	[za'tɔpiʧ]
brecha (f)	dziura (ż)	['dʒyra]
afundar-se (vr)	iść na dno	[iɕʧ na dnɔ]

frente (m)	front (m)	[frɔnt]
evacuação (f)	ewakuacja (ż)	[ɛvaku'aʦ"ja]
evacuar (vt)	ewakuować	[ɛvaku'ɔvaʧ]

arame (m) farpado	drut (m) kolczasty	[drut kɔʎt'ʃasti]
obstáculo (m) anticarro	zapora (ż)	[za'pɔra]
torre (f) de vigia	wieża (ż)	['veʒa]

hospital (m)	szpital (m)	['ʃpitaʎ]
ferir (vt)	ranić	['raniʧ]
ferida (f)	rana (ż)	['rana]
ferido (m)	ranny (m)	['raɲi]
ficar ferido	zostać rannym	['zɔstaʧ 'raɲim]
grave (ferida ~)	ciężki	['ʧenʃki]

156. Armas

arma (f)	broń (ż)	[brɔɲ]
arma (f) de fogo	broń (ż) palna	[brɔɲ 'paʎna]
arma (f) branca	broń (ż) biała	[brɔɲ 'bʲawa]

arma (f) química	broń (ż) chemiczna	[brɔɲ hɛ'miʧna]
nuclear	nuklearny	[nukle'arni]
arma (f) nuclear	broń (ż) nuklearna	[brɔɲ nukle'arna]

| bomba (f) | bomba (ż) | ['bɔmba] |
| bomba (f) atómica | bomba atomowa (ż) | ['bɔmba atɔ'mɔva] |

pistola (f)	pistolet (m)	[pis'tɔlet]
caçadeira (f)	strzelba (ż)	['sʧɛʎba]
pistola-metralhadora (f)	automat (m)	[au'tɔmat]
metralhadora (f)	karabin (m) maszynowy	[ka'rabin maʃi'nɔvi]

boca (f)	wylot (m)	['vilɔt]
cano (m)	lufa (ż)	['lyfa]
calibre (m)	kaliber (m)	[ka'libɛr]

gatilho (m)	spust (m)	[spust]
mira (f)	celownik (m)	[ʦɛ'lɔvnik]
carregador (m)	magazynek (m)	[maga'zinɛk]
coronha (f)	kolba (ż)	['kɔʎba]
granada (f) de mão	granat (m)	['granat]
explosivo (m)	ładunek (m) wybuchowy	[wa'dunɛk vibu'hɔvi]

bala (f)	kula (ż)	['kuʎa]
cartucho (m)	nabój (m)	['nabuj]
carga (f)	ładunek (m)	[wa'dunɛk]
munições (f pl)	amunicja (ż)	[amu'nitsʰja]

bombardeiro (m)	bombowiec (m)	[bɔm'bɔvets]
avião (m) de caça	myśliwiec (m)	[miç'livets]
helicóptero (m)	helikopter (m)	[hɛli'kɔptɛr]

canhão (m) antiaéreo	działo (n) przeciwlotnicze	['dʒʲawɔ pʃɛtʃifl3t'nitʃɛ]
tanque (m)	czołg (m)	[tʃɔwk]
canhão (de um tanque)	działo (n)	['dʒʲawɔ]

artilharia (f)	artyleria (ż)	[arti'lerʰja]
fazer a pontaria	wycelować	[vitsɛ'l3vatʃ]

obus (m)	pocisk (m)	['pɔtʃisk]
granada (f) de morteiro	pocisk (m) moździerzowy	['pɔtʃisk mɔzdzi'ʒɔvi]
morteiro (m)	moździerz (m)	['mɔzʲdʒeʃ]
estilhaço (m)	odłamek (m)	[ɔd'wamɛk]

submarino (m)	łódź (ż) podwodna	[wutʃ pɔd'vɔdna]
torpedo (m)	torpeda (ż)	[tɔr'pɛda]
míssil (m)	rakieta (ż)	[ra'keta]

carregar (uma arma)	ładować	[wa'dɔvatʃ]
atirar, disparar (vi)	strzelać	['stʃɛʎatʃ]
apontar para ...	celować	[tsɛ'l3vatʃ]
baioneta (f)	bagnet (m)	['bagnɛt]

espada (f)	szpada (ż)	['ʃpada]
sabre (m)	szabla (ż)	['ʃabʎa]
lança (f)	kopia (ż), włócznia (ż)	['kɔpʰja], ['vwɔtʃna]
arco (m)	łuk (m)	[wuk]
flecha (f)	strzała (ż)	['stʃawa]
mosquete (m)	muszkiet (m)	['muʃket]
besta (f)	kusza (ż)	['kuʃa]

157. Povos da antiguidade

primitivo	pierwotny	[per'vɔtni]
pré-histórico	prehistoryczny	[prɛhistɔ'ritʃni]
antigo	dawny	['davni]

Idade (f) da Pedra	Epoka (ż) kamienna	[ɛ'pɔka ka'meŋa]
Idade (f) do Bronze	Epoka (ż) brązu	[ɛ'pɔka 'brɔ̃zu]
período (m) glacial	Epoka (ż) lodowcowa	[ɛ'pɔka lɔdɔf'tsɔva]

tribo (f)	plemię (n)	['plemɛ̃]
canibal (m)	kanibal (m)	[ka'nibaʎ]
caçador (m)	myśliwy (m)	[miç'livi]
caçar (vi)	polować	[pɔ'l3vatʃ]
mamute (m)	mamut (m)	['mamut]
caverna (f)	jaskinia (ż)	[jas'kiɲa]

145

fogo (m)	ogień (m)	['ɔgɛɲ]
fogueira (f)	ognisko (n)	[ɔg'niskɔ]
pintura (f) rupestre	malowidło (n) naskalne	[malɜ'vidwɔ nas'kaʎnɛ]

ferramenta (f)	narzędzie (n) pracy	[na'ʒĕdʒe 'pratsi]
lança (f)	kopia (ż), włócznia (ż)	['kɔpʰja], ['vwɔtʃna]
machado (m) de pedra	topór (m) kamienny	['tɔpur ka'meɲi]
guerrear (vt)	wojować	[vɔɜvatʃ]
domesticar (vt)	oswajać zwierzęta	[ɔs'fajatʃ zve'ʒɛnta]

ídolo (m)	bożek (m)	['bɔʒɛk]
adorar, venerar (vt)	czcić	[tʃtʃitʃ]
superstição (f)	przesąd (m)	['pʃɛsɔ̃t]
ritual (m)	obrzęd (m)	['ɔbʒĕt]

evolução (f)	ewolucja (ż)	[ɛvɔ'lytsʰja]
desenvolvimento (m)	rozwój (m)	['rɔzvuj]
desaparecimento (m)	zniknięcie (n)	[znik'nĕtʃe]
adaptar-se (vr)	adaptować się	[adap'tɔvatʃ ɕĕ]

arqueologia (f)	archeologia (ż)	[arhɛɔ'lɔgʰja]
arqueólogo (m)	archeolog (m)	[arhɛ'ɔlɔk]
arqueológico	archeologiczny	[arhɛɔlɜ'gitʃni]

local (m) das escavações	wykopaliska (l.mn.)	[vikɔpa'liska]
escavações (f pl)	prace (l.mn.) wykopaliskowe	['pratsɛ vikɔpalis'kɔvɛ]
achado (m)	znalezisko (n)	[znale'ʒiskɔ]
fragmento (m)	fragment (m)	['fragmɛnt]

158. Idade média

povo (m)	naród (m)	['narut]
povos (m pl)	narody (l.mn.)	[na'rɔdi]
tribo (f)	plemię (n)	['plemĕ]
tribos (f pl)	plemiona (l.mn.)	[ple'mɔna]

bárbaros (m pl)	Barbarzyńcy (l.mn.)	[barba'ʒiɲtsi]
gauleses (m pl)	Gallowie (l.mn.)	[gal'lɔve]
godos (m pl)	Goci (l.mn.)	['gɔtʃi]
eslavos (m pl)	Słowianie (l.mn.)	[swɔ'vʲane]
víquingues (m pl)	Wikingowie (l.mn.)	[viki'ɲɔve]

romanos (m pl)	Rzymianie (l.mn.)	[ʒi'mʲane]
romano	rzymski	['ʒimski]

bizantinos (m pl)	Bizantyjczycy (l.mn.)	[bizantijt'ʃitsi]
Bizâncio	Bizancjum (n)	[bi'zantsʰjum]
bizantino	bizantyjski	[bizan'tijski]

imperador (m)	cesarz (m)	['tsɛsaʃ]
líder (m)	wódz (m)	[vuts]
poderoso	potężny	[pɔ'tɛnʒni]
rei (m)	król (m)	[kruʎ]
governante (m)	władca (m)	['vwattsa]

cavaleiro (m)	rycerz (m)	['ritsɛʃ]
senhor feudal (m)	feudał (m)	[fɛ'udaw]
feudal	feudalny	[fɛu'daʎnɨ]
vassalo (m)	wasal (m)	['vasaʎ]

duque (m)	książę (m)	[kɕɔ̃ʒɛ̃]
conde (m)	hrabia (m)	['hrabʲa]
barão (m)	baron (m)	['barɔn]
bispo (m)	biskup (m)	['biskup]

armadura (f)	zbroja (ż)	['zbrɔja]
escudo (m)	tarcza (ż)	['tartʃa]
espada (f)	miecz (m)	[metʃ]
viseira (f)	przyłbica (ż)	[pʃiw'bitsa]
cota (f) de malha	kolczuga (ż)	[kɔʎt'ʃuga]
cruzada (f)	wyprawa (ż) krzyżowa	[vip'rava kʃi'ʒɔva]
cruzado (m)	krzyżak (m)	['kʃiʒak]

território (m)	terytorium (n)	[tɛri'tɔrʲjum]
atacar (vt)	napadać	[na'padatʃ]
conquistar (vt)	zawojować	[zavɔɔvatʃ]
ocupar, invadir (vt)	zająć	['zaɔ̃tʃ]

assédio, sítio (m)	oblężenie (n)	[ɔblɛ̃'ʒɛne]
sitiado	oblężony	[ɔblɛ̃'ʒɔnɨ]
assediar, sitiar (vt)	oblegać	[ɔb'legatʃ]

inquisição (f)	inkwizycja (ż)	[iŋkfi'zɨtsʰja]
inquisidor (m)	inkwizytor (m)	[iŋkfi'zɨtɔr]
tortura (f)	tortury (l.mn.)	[tɔr'turɨ]
cruel	okrutny	[ɔk'rutnɨ]
herege (m)	heretyk (m)	[hɛ'rɛtik]
heresia (f)	herezja (ż)	[hɛ'rɛzʰja]

navegação (f) marítima	nawigacja (ż)	[navi'gatsʰja]
pirata (m)	pirat (m)	['pirat]
pirataria (f)	piractwo (n)	[pi'ratstfɔ]
abordagem (f)	abordaż (m)	[a'bɔrdaʃ]
presa (f), butim (m)	łup (m)	[wup]
tesouros (m pl)	skarby (l.mn.)	['skarbɨ]

descobrimento (m)	odkrycie (n)	[ɔtk'ritʃe]
descobrir (novas terras)	odkryć	['ɔtkritʃ]
expedição (f)	ekspedycja (ż)	[ɛkspɛ'ditsʰja]

mosqueteiro (m)	muszkieter (m)	[muʃ'ketɛr]
cardeal (m)	kardynał (m)	[kar'dɨnaw]
heráldica (f)	heraldyka (ż)	[hɛ'raʎdika]
heráldico	heraldyczny	[hɛraʎ'ditʃnɨ]

159. Líder. Chefe. Autoridades

| rei (m) | król (m) | [kruʎ] |
| rainha (f) | królowa (ż) | [kru'lɔva] |

| real | królewski | [kru'lefski] |
| reino (m) | królestwo (n) | [kru'lestfɔ] |

| príncipe (m) | książę (m) | [kɕɔ̃ʒɛ̃] |
| princesa (f) | księżniczka (ż) | [kɕɛ̃ʒ'nitʃka] |

presidente (m)	prezydent (m)	[prɛ'zidɛnt]
vice-presidente (m)	wiceprezydent (m)	[vitsɛprɛ'zidɛnt]
senador (m)	senator (m)	[sɛ'natɔr]

monarca (m)	monarcha (m)	[mɔ'narha]
governante (m)	władca (m)	['vwattsa]
ditador (m)	dyktator (m)	[dɨk'tatɔr]
tirano (m)	tyran (m)	['tiran]
magnata (m)	magnat (m)	['magnat]

diretor (m)	dyrektor (m)	[di'rɛktɔr]
chefe (m)	szef (m)	[ʃɛf]
dirigente (m)	kierownik (m)	[ke'rɔvnik]
patrão (m)	szef (m)	[ʃɛf]
dono (m)	właściciel (m)	[vwaɕ'tʃitʃeʎ]

chefe (~ de delegação)	głowa (ż)	['gwɔva]
autoridades (f pl)	władze (l.mn.)	['vwadzɛ]
superiores (m pl)	kierownictwo (n)	[kerɔv'nitstfɔ]

governador (m)	gubernator (m)	[gubɛr'natɔr]
cônsul (m)	konsul (m)	['kɔnsuʎ]
diplomata (m)	dyplomata (m)	[diplɔ'mata]
Presidente (m) da Câmara	mer (m)	[mɛr]
xerife (m)	szeryf (m)	['ʃɛrif]

imperador (m)	cesarz (m)	['tsɛsaʃ]
czar (m)	car (m)	[tsar]
faraó (m)	faraon (m)	[fa'raɔn]
cã (m)	chan (m)	[han]

160. Viloação da lei. Criminosos. Parte 1

bandido (m)	bandyta (m)	[ban'dita]
crime (m)	przestępstwo (n)	[pʃɛs'tɛ̃pstfɔ]
criminoso (m)	przestępca (m)	[pʃɛs'tɛ̃ptsa]

ladrão (m)	złodziej (m)	['zwɔdʒej]
roubar (vt)	kraść	[kraɕtʃ]
furto (m)	złodziejstwo (n)	[zwɔ'dʒejstfɔ]
furto (m)	kradzież (ż)	['kradʒeʃ]

raptar (ex. ~ uma criança)	porwać	['pɔrvatʃ]
rapto (m)	porwanie (n)	[pɔr'vane]
raptor (m)	porywacz (m)	[pɔ'rivatʃ]

| resgate (m) | okup (m) | ['ɔkup] |
| pedir resgate | żądać okupu | ['ʒɔ̃datʃ ɔ'kupu] |

roubar (vt)	rabować	[ra'bɔvatʃ]
assaltante (m)	rabuś (m)	['rabuɕ]
extorquir (vt)	wymuszać	[vi'muʃatʃ]
extorsionário (m)	szantażysta (m)	[ʃanta'ʒista]
extorsão (f)	wymuszanie (n)	[vimu'ʃane]
matar, assassinar (vt)	zabić	['zabitʃ]
homicídio (m)	zabójstwo (n)	[za'bujstfɔ]
homicida, assassino (m)	zabójca (m)	[za'bujtsa]
tiro (m)	strzał (m)	[stʃaw]
dar um tiro	wystrzelić	[vist'ʃɛlitʃ]
matar a tiro	zastrzelić	[zast'ʃɛlitʃ]
atirar, disparar (vi)	strzelać	['stʃɛʎatʃ]
tiroteio (m)	strzelanina (ż)	[stʃɛʎa'nina]
incidente (m)	wypadek (m)	[vi'padɛk]
briga (~ de rua)	bójka (ż)	['bujka]
vítima (f)	ofiara (ż)	[ɔ'fʲara]
danificar (vt)	uszkodzić	[uʃ'kɔdʒitʃ]
dano (m)	uszczerbek (m)	[uʃt'ʃɛrbɛk]
cadáver (m)	zwłoki (l.mn.)	['zvwɔki]
grave	ciężki	['tʃenʃki]
atacar (vt)	napaść	['napaɕtʃ]
bater (espancar)	bić	[bitʃ]
espancar (vt)	pobić	['pɔbitʃ]
tirar, roubar (dinheiro)	zabrać	['zabratʃ]
esfaquear (vt)	zadźgać	['zʲadzgatʃ]
mutilar (vt)	okaleczyć	[ɔka'letʃitʃ]
ferir (vt)	zranić	['zranitʃ]
chantagem (f)	szantaż (m)	['ʃantaʃ]
chantagear (vt)	szantażować	[ʃanta'ʒɔvatʃ]
chantagista (m)	szantażysta (m)	[ʃanta'ʒista]
extorsão	wymuszania (l.mn.)	[vimu'ʃaɲa]
(em troca de proteção)		
extorsionário (m)	kanciarz (m)	['kantʃaʃ]
gângster (m)	gangster (m)	['gaŋstɛr]
máfia (f)	mafia (ż)	['mafʲja]
carteirista (m)	kieszonkowiec (m)	[keʃɔ'ŋkɔvets]
assaltante, ladrão (m)	włamywacz (m)	[vwa'mivatʃ]
contrabando (m)	przemyt (m)	['pʃɛmit]
contrabandista (m)	przemytnik (m)	[pʃɛ'mitnik]
falsificação (f)	falsyfikat (m)	[faʎsi'fikat]
falsificar (vt)	podrabiać	[pɔd'rabʲatʃ]
falsificado	fałszywy	[faw'ʃivi]

149

161. Viloação da lei. Criminosos. Parte 2

violação (f)	gwałt (m)	[gvawt]
violar (vt)	zgwałcić	['gvawtʃitʃ]
violador (m)	gwałciciel (m)	[gvaw'tʃitʃeʎ]
maníaco (m)	maniak (m)	['maɲjak]
prostituta (f)	prostytutka (ż)	[prɔsti'tutka]
prostituição (f)	prostytucja (ż)	[prɔsti'tutsʰja]
chulo (m)	sutener (m)	[su'tɛnɛr]
toxicodependente (m)	narkoman (m)	[nar'kɔman]
traficante (m)	handlarz narkotyków (m)	['handʎaʒ narkɔ'tikuʃ]
explodir (vt)	wysadzić w powietrze	[vi'sadʒitʃ f pɔ'vetʃɛ]
explosão (f)	wybuch (m)	['vibuh]
incendiar (vt)	podpalić	[pɔt'palitʃ]
incendiário (m)	podpalacz (m)	[pɔt'paʎatʃ]
terrorismo (m)	terroryzm (m)	[tɛ'rɔrizm]
terrorista (m)	terrorysta (m)	[tɛrɔ'rista]
refém (m)	zakładnik (m)	[zak'wadnik]
enganar (vt)	oszukać	[ɔ'ʃukatʃ]
engano (m)	oszustwo (n)	[ɔ'ʃustfɔ]
vigarista (m)	oszust (m)	['ɔʃust]
subornar (vt)	przekupić	[pʃɛ'kupitʃ]
suborno (atividade)	przekupstwo (n)	[pʃɛ'kupstfɔ]
suborno (dinheiro)	łapówka (ż)	[wa'pufka]
veneno (m)	trucizna (ż)	[tru'tʃizna]
envenenar (vt)	otruć	['ɔtrutʃ]
envenenar-se (vr)	otruć się	['ɔtrutʃ ɕɛ̃]
suicídio (m)	samobójstwo (ż)	[samɔ'bujstfɔ]
suicida (m)	samobójca (m)	[samɔ'bujtsa]
ameaçar (vt)	grozić	['grɔʒitʃ]
ameaça (f)	groźba (ż)	['grɔʑba]
atentar contra a vida de ...	targnąć się	['targnɔ̃tʃ ɕɛ̃]
atentado (m)	zamach (m)	['zamah]
roubar (o carro)	ukraść	['ukraɕtʃ]
desviar (o avião)	porwać	['pɔrvatʃ]
vingança (f)	zemsta (ż)	['zɛmsta]
vingar (vt)	mścić się	[mɕtʃitʃ ɕɛ̃]
torturar (vt)	torturować	[tɔrtu'rɔvatʃ]
tortura (f)	tortury (l.mn.)	[tɔr'turi]
atormentar (vt)	znęcać się	['znɛntsatʃ ɕɛ̃]
pirata (m)	pirat (m)	['pirat]
desordeiro (m)	chuligan (m)	[hu'ligan]

| armado | uzbrojony | [uzbrɔɜni] |
| violência (f) | przemoc (ż) | ['pʃɛmɔts] |

| espionagem (f) | szpiegostwo (n) | [ʃpe'gɔstfɔ] |
| espionar (vi) | szpiegować | [ʃpe'gɔvatʃ] |

162. Polícia. Lei. Parte 1

| justiça (f) | sprawiedliwość (ż) | [spraved'livɔstʃ] |
| tribunal (m) | sąd (m) | [sɔt] |

juiz (m)	sędzia (m)	['sɛ̃dʑa]
jurados (m pl)	przysięgli (l.mn.)	[pʃi'ɕeŋli]
tribunal (m) do júri	sąd (m) przysięgłych	[sɔt pʃi'ɕeŋwih]
julgar (vt)	sądzić	['sɔ̃dʑitʃ]

advogado (m)	adwokat (m)	[ad'vɔkat]
réu (m)	oskarżony (m)	[ɔskar'ʒɔni]
banco (m) dos réus	ława (ż) oskarżonych	['wava ɔskar'ʒɔnih]

| acusação (f) | oskarżenie (n) | [ɔskar'ʒɛne] |
| acusado (m) | oskarżony (m) | [ɔskar'ʒɔni] |

| sentença (f) | wyrok (m) | ['virɔk] |
| sentenciar (vt) | skazać | ['skazatʃ] |

culpado (m)	sprawca (m), winny (m)	['spraftsa], ['viɲi]
punir (vt)	ukarać	[u'karatʃ]
punição (f)	kara (ż)	['kara]

multa (f)	kara (ż)	['kara]
prisão (f) perpétua	dożywocie (n)	[dɔʒi'vɔtʃe]
pena (f) de morte	kara śmierci (ż)	['kara 'ɕmertʃi]
cadeira (f) elétrica	krzesło (n) elektryczne	['kʃɛswɔ ɛlekt'ritʃnɛ]
forca (f)	szubienica (ż)	[ʃube'nitsa]

| executar (vt) | stracić | ['stratʃitʃ] |
| execução (f) | egzekucja (ż) | [ɛgzɛ'kutsʰja] |

| prisão (f) | więzienie (n) | [vɛ̃'ʒene] |
| cela (f) de prisão | cela (ż) | ['tsɛʎa] |

escolta (f)	konwój (m)	['kɔnvuj]
guarda (m) prisional	nadzorca (m)	[na'dzortsa]
preso (m)	więzień (m)	['veɲʒɛ̃]

| algemas (f pl) | kajdanki (l.mn.) | [kaj'daŋki] |
| algemar (vt) | założyć kajdanki | [za'wɔʒitʃ kaj'daŋki] |

fuga, evasão (f)	ucieczka (ż)	[u'tʃetʃka]
fugir (vi)	uciec	['utʃets]
desaparecer (vi)	zniknąć	['zniknɔ̃tʃ]
soltar, libertar (vt)	zwolnić	['zvɔʎnitʃ]
amnistia (f)	amnestia (ż)	[am'nɛstʰja]

polícia (instituição)	policja (ż)	[pɔ'liʦʰja]
polícia (m)	policjant (m)	[pɔ'liʦʰjant]
esquadra (f) de polícia	komenda (ż)	[kɔ'mɛnda]
cassetete (m)	pałka (ż) gumowa	['pawka gu'mɔva]
megafone (m)	głośnik (m)	['gwɔɕnik]

carro (m) de patrulha	samochód (m) patrolowy	[sa'mɔhut patrɔ'lɔvi]
sirene (f)	syrena (ż)	[si'rɛna]
ligar a sirene	włączyć syrenę	['vwɔ̃ʧiʧ si'rɛnɛ̃]
toque (m) da sirene	wycie (n) syreny	['viʧe si'rɛni]

cena (f) do crime	miejsce (n) zdarzenia	['mejsʦɛ zda'ʒɛɲa]
testemunha (f)	świadek (m)	['ɕfʲadɛk]
liberdade (f)	wolność (ż)	['vɔʎnɔɕʧ]
cúmplice (m)	współsprawca (m)	[fspuwspʲ'rafʦa]
escapar (vi)	ukryć się	['ukriʧ ɕɛ̃]
traço (não deixar ~s)	ślad (m)	[ɕʎat]

163. Polícia. Lei. Parte 2

procura (f)	poszukiwania (l.mn.)	[pɔʃuki'vaɲa]
procurar (vt)	poszukiwać	[pɔʃu'kivaʧ]
suspeita (f)	podejrzenie (n)	[pɔdɛj'ʒɛne]
suspeito	podejrzany	[pɔdɛj'ʒani]
parar (vt)	zatrzymać	[zat'ʃimaʧ]
deter (vt)	zatrzymać	[zat'ʃimaʧ]

caso (criminal)	sprawa (ż)	['sprava]
investigação (f)	śledztwo (n)	['ɕletstfɔ]
detetive (m)	detektyw (m)	[dɛ'tɛktiv]
investigador (m)	śledczy (m)	['ɕletʃi]
versão (f)	wersja (ż)	['vɛrsʰja]

motivo (m)	motyw (m)	['mɔtif]
interrogatório (m)	przesłuchanie (n)	[pʃɛswu'hane]
interrogar (vt)	przesłuchiwać	[pʃɛswu'hivaʧ]
questionar (vt)	przesłuchiwać	[pʃɛswu'hivaʧ]
verificação (f)	kontrola (ż)	[kɔnt'rɔʎa]

batida (f) policial	obława (ż)	[ɔb'wava]
busca (f)	rewizja (ż)	[rɛ'vizʰja]
perseguição (f)	pogoń (ż)	['pɔgɔɲ]
perseguir (vt)	ścigać	['ɕʧigaʧ]
seguir (vt)	śledzić	['ɕledʑiʧ]

prisão (f)	areszt (m)	['arɛʃt]
prender (vt)	aresztować	[arɛʃ'tɔvaʧ]
pegar, capturar (vt)	złapać	['zwapaʧ]
captura (f)	pojmanie (n)	[pɔj'mane]

documento (m)	dokument (m)	[dɔ'kumɛnt]
prova (f)	dowód (m)	['dɔvut]
provar (vt)	udowadniać	[udɔ'vadɲaʧ]
pegada (f)	ślad (m)	[ɕʎat]

| impressões (f pl) digitais | odciski (l.mn.) palców | [ɔ'ʧiski 'paʎtsuf] |
| prova (f) | poszlaka (ż) | [pɔʃ'ʎaka] |

álibi (m)	alibi (n)	[a'libi]
inocente	niewinny	[ne'viɲi]
injustiça (f)	niesprawiedliwość (ż)	[nespraved'livɔʨʃ]
injusto	niesprawiedliwy	[nespraved'livi]

criminal	kryminalny	[krimi'naʎni]
confiscar (vt)	konfiskować	[kɔnfis'kɔvaʧ]
droga (f)	narkotyk (m)	[nar'kɔtɨk]
arma (f)	broń (ż)	[brɔɲ]
desarmar (vt)	rozbroić	[rɔzb'rɔiʧ]
ordenar (vt)	rozkazywać	[rɔska'zivaʧ]
desaparecer (vi)	zniknąć	['zniknɔ̃ʧ]

lei (f)	prawo (n)	['pravɔ]
legal	legalny	[le'gaʎni]
ilegal	nielegalny	[nele'gaʎni]

| responsabilidade (f) | odpowiedzialność (ż) | [ɔtpɔve'dʑaʎnɔʨʃ] |
| responsável | odpowiedzialny | [ɔtpɔve'dʑaʎni] |

153

NATUREZA

A Terra. Parte 1

164. Espaço sideral

cosmos (m)	kosmos (m)	['kɔsmɔs]
cósmico	kosmiczny	[kɔs'mitʃɲi]
espaço (m) cósmico	przestrzeń (ż) kosmiczna	['pʃɛstʃɛɲ kɔs'mitʃna]
mundo (m)	świat (m)	[ɕfʲat]
universo (m)	wszechświat (m)	['fʃɛhɕfʲat]
galáxia (f)	galaktyka (ż)	[ga'ʎaktika]
estrela (f)	gwiazda (ż)	['gvʲazda]
constelação (f)	gwiazdozbiór (m)	[gvʲaz'dɔzbyr]
planeta (m)	planeta (ż)	[pʎa'nɛta]
satélite (m)	satelita (m)	[satɛ'lita]
meteorito (m)	meteoryt (m)	[mɛtɛ'ɔrit]
cometa (m)	kometa (ż)	[kɔ'mɛta]
asteroide (m)	asteroida (ż)	[astɛrɔ'ida]
órbita (f)	orbita (ż)	[ɔr'bita]
girar (vi)	obracać się	[ɔb'ratsatɕ ɕɛ̃]
atmosfera (f)	atmosfera (ż)	[atmɔs'fɛra]
Sol (m)	Słońce (n)	['swɔɲtsɛ]
Sistema (m) Solar	Układ (m) Słoneczny	['ukwad swɔ'nɛtʃɲi]
eclipse (m) solar	zaćmienie (n) słońca	[zatɕ'mene 'swɔɲtsa]
Terra (f)	Ziemia (ż)	['ʒemʲa]
Lua (f)	Księżyc (m)	['kɕenʒits]
Marte (m)	Mars (m)	[mars]
Vénus (f)	Wenus (ż)	['vɛnus]
Júpiter (m)	Jowisz (m)	[ɜviʃ]
Saturno (m)	Saturn (m)	['saturn]
Mercúrio (m)	Merkury (m)	[mɛr'kuri]
Urano (m)	Uran (m)	['uran]
Neptuno (m)	Neptun (m)	['nɛptun]
Plutão (m)	Pluton (m)	['plytɔn]
Via Láctea (f)	Droga (ż) Mleczna	['drɔga 'mletʃna]
Ursa Maior (f)	Wielki Wóz (m)	['veʎki vus]
Estrela Polar (f)	Gwiazda (ż) Polarna	['gvʲazda pɔ'ʎarna]
marciano (m)	Marsjanin (m)	[marsʲˮjanin]
extraterrestre (m)	kosmita (m)	[kɔs'mita]

| alienígena (m) | obcy (m) | ['ɔbtsi] |
| disco (m) voador | talerz (m) latający | ['talef ʎataɔ̃tsi] |

nave (f) espacial	statek (m) kosmiczny	['statɛk kɔs'mitʃni]
estação (f) orbital	stacja (ż) kosmiczna	['statsʰja kɔs'mitʃna]
lançamento (m)	start (m)	[start]

motor (m)	silnik (m)	['ɕiʎnik]
bocal (m)	dysza (ż)	['diʃa]
combustível (m)	paliwo (n)	[pa'livɔ]

cabine (f)	kabina (ż)	[ka'bina]
antena (f)	antena (ż)	[an'tɛna]
vigia (f)	iluminator (m)	[ilymi'natɔr]
bateria (f) solar	bateria (ż) słoneczna	[ba'tɛrʰja swɔ'nɛtʃna]
traje (m) espacial	skafander (m)	[ska'fandɛr]

| imponderabilidade (f) | nieważkość (ż) | [ne'vaʃkɔɕtʃ] |
| oxigénio (m) | tlen (m) | [tlen] |

| acoplagem (f) | połączenie (n) | [pɔwɔ̃t'ʃɛne] |
| fazer uma acoplagem | łączyć się | ['wɔ̃tʃitʃ ɕɛ̃] |

observatório (m)	obserwatorium (n)	[ɔbsɛrva'tɔrʰjum]
telescópio (m)	teleskop (m)	[tɛ'leskɔp]
observar (vt)	obserwować	[ɔbsɛr'vɔvatʃ]
explorar (vt)	badać	['badatʃ]

165. A Terra

Terra (f)	Ziemia (ż)	['ʒemʲa]
globo terrestre (Terra)	kula (ż) ziemska	['kuʎa 'ʒemska]
planeta (m)	planeta (ż)	[pʎa'nɛta]

atmosfera (f)	atmosfera (ż)	[atmɔs'fɛra]
geografia (f)	geografia (ż)	[gɛɔg'rafʰja]
natureza (f)	przyroda (ż)	[pʃi'rɔda]

globo (mapa esférico)	globus (m)	['glɔbus]
mapa (m)	mapa (ż)	['mapa]
atlas (m)	atlas (m)	['atʎas]

| Europa (f) | Europa (ż) | [ɛu'rɔpa] |
| Ásia (f) | Azja (ż) | ['azʰja] |

| África (f) | Afryka (ż) | ['afrika] |
| Austrália (f) | Australia (ż) | [aust'raʎja] |

América (f)	Ameryka (ż)	[a'mɛrika]
América (f) do Norte	Ameryka (ż) Północna	[a'mɛrika puw'nɔtsna]
América (f) do Sul	Ameryka (ż) Południowa	[a'mɛrika pɔwud'nɔva]

| Antártida (f) | Antarktyda (ż) | [antark'tida] |
| Ártico (m) | Arktyka (ż) | ['arktika] |

155

166. Pontos cardeais

norte (m)	północ (ż)	['puwnɔts]
para norte	na północ	[na 'puwnɔts]
no norte	na północy	[na puw'nɔtsi]
do norte	północny	[puw'nɔtsni]
sul (m)	południe (n)	[pɔ'wudne]
para sul	na południe	[na pɔ'wudne]
no sul	na południu	[na pɔ'wudny]
do sul	południowy	[pɔwud'nɜvi]
oeste, ocidente (m)	zachód (m)	['zahut]
para oeste	na zachód	[na 'zahut]
no oeste	na zachodzie	[na za'hɔʥe]
ocidental	zachodni	[za'hɔdni]
leste, oriente (m)	wschód (m)	[fshut]
para leste	na wschód	['na fshut]
no leste	na wschodzie	[na 'fshɔʥe]
oriental	wschodni	['fshɔdni]

167. Mar. Oceano

mar (m)	morze (n)	['mɔʒɛ]
oceano (m)	ocean (m)	[ɔ'tsɛan]
golfo (m)	zatoka (ż)	[za'tɔka]
estreito (m)	cieśnina (ż)	[ʧeɕ'nina]
terra (f) firme	ląd (m)	[lɔ̃t]
continente (m)	kontynent (m)	[kɔn'tinɛnt]
ilha (f)	wyspa (ż)	['vispa]
península (f)	półwysep (m)	[puw'visɛp]
arquipélago (m)	archipelag (m)	[arhi'pɛʎak]
baía (f)	zatoka (ż)	[za'tɔka]
porto (m)	port (m)	[pɔrt]
lagoa (f)	laguna (ż)	[ʎa'guna]
cabo (m)	przylądek (m)	[pʃilɔ̃dɛk]
atol (m)	atol (m)	['atɔʎ]
recife (m)	rafa (ż)	['rafa]
coral (m)	koral (m)	['kɔral]
recife (m) de coral	rafa (ż) koralowa	['rafa kɔra'lɜva]
profundo	głęboki	[gwɛ̃'bɔki]
profundidade (f)	głębokość (ż)	[gwɛ̃'bɔkɔʨ]
abismo (m)	otchłań (ż)	['ɔthwaɲ]
fossa (f) oceânica	rów (m)	[ruf]
corrente (f)	prąd (m)	[prɔ̃t]
banhar (vt)	omywać	[ɔ'mivaʧ]
litoral (m)	brzeg (m)	[bʒɛk]

costa (f)	wybrzeże (n)	[vib'ʒɛʒe]
maré (f) alta	przypływ (m)	['pʃipwif]
refluxo (m), maré (f) baixa	odpływ (m)	['ɔtpwif]
restinga (f)	mielizna (ż)	[me'lizna]
fundo (m)	dno (n)	[dnɔ]

onda (f)	fala (ż)	['faʎa]
crista (f) da onda	grzywa (ż) fali	['gʒiva 'fali]
espuma (f)	piana (ż)	['pʲana]

tempestade (f)	burza (ż)	['buʒa]
furacão (m)	huragan (m)	[hu'ragan]
tsunami (m)	tsunami (n)	[tsu'nami]
calmaria (f)	cisza (ż) morska	['tʃiʃa 'mɔrska]
calmo	spokojny	[spɔ'kɔjnʲi]

| polo (m) | biegun (m) | ['begun] |
| polar | polarny | [pɔ'ʎarnʲi] |

latitude (f)	szerokość (ż)	[ʃɛ'rɔkɔɕtʃ]
longitude (f)	długość (ż)	['dwugɔɕtʃ]
paralela (f)	równoleżnik (m)	[ruvnɔ'leʒnik]
equador (m)	równik (m)	['ruvnik]

céu (m)	niebo (n)	['nebɔ]
horizonte (m)	horyzont (m)	[hɔ'rizɔnt]
ar (m)	powietrze (n)	[pɔ'vetʃɛ]

farol (m)	latarnia (ż) morska	[ʎa'tarɲa 'mɔrska]
mergulhar (vi)	nurkować	[nur'kɔvatʃ]
afundar-se (vr)	zatonąć	[za'tɔɔɲtʃ]
tesouros (m pl)	skarby (l.mn.)	['skarbʲi]

168. Montanhas

montanha (f)	góra (ż)	['gura]
cordilheira (f)	łańcuch (m) górski	['waɲtsuh 'gurski]
serra (f)	grzbiet (m) górski	[gʒbet 'gurski]

cume (m)	szczyt (m)	[ʃtʃit]
pico (m)	szczyt (m)	[ʃtʃit]
sopé (m)	podnóże (n)	[pɔd'nuʒɛ]
declive (m)	zbocze (n)	['zbɔtʃɛ]

vulcão (m)	wulkan (m)	['vuʎkan]
vulcão (m) ativo	czynny (m) wulkan	['tʃiɲi 'vuʎkan]
vulcão (m) extinto	wygasły (m) wulkan	[vi'gaswɨ 'vuʎkan]

erupção (f)	wybuch (m)	['vibuh]
cratera (f)	krater (m)	['kratɛr]
magma (m)	magma (ż)	['magma]
lava (f)	lawa (ż)	['ʎava]
fundido (lava ~a)	rozżarzony	[rɔzʒa'ʒɔnʲi]
desfiladeiro (m)	kanion (m)	['kaɲjɔn]

| garganta (f) | wąwóz (m) | ['vɔ̃vus] |
| fenda (f) | rozpadlina (m) | [rɔspad'lina] |

passo, colo (m)	przełęcz (ż)	['pʃɛwɛ̃tʃ]
planalto (m)	płaskowyż (m)	[pwas'kɔviʃ]
falésia (f)	skała (ż)	['skawa]
colina (f)	wzgórze (ż)	['vzguʒɛ]

glaciar (m)	lodowiec (m)	[lɔ'dɔvɛʦ]
queda (f) d'água	wodospad (m)	[vɔ'dɔspat]
géiser (m)	gejzer (m)	['gɛjzɛr]
lago (m)	jezioro (m)	[e'ʒɔrɔ]

planície (f)	równina (ż)	[ruv'nina]
paisagem (f)	pejzaż (m)	['pɛjzaʃ]
eco (m)	echo (n)	['ɛhɔ]

alpinista (m)	alpinista (m)	[aʎpi'nista]
escalador (m)	wspinacz (m)	['fspinatʃ]
conquistar (vt)	pokonywać	[pɔkɔ'nivatʃ]
subida, escalada (f)	wspinaczka (ż)	[fspi'natʃka]

169. Rios

rio (m)	rzeka (m)	['ʒɛka]
fonte, nascente (f)	źródło (n)	['zʲrudwɔ]
leito (m) do rio	koryto (n)	[kɔ'ritɔ]
bacia (f)	dorzecze (n)	[dɔ'ʒɛtʃɛ]
desaguar no …	wpadać	['fpadatʃ]

| afluente (m) | dopływ (m) | ['dɔpwif] |
| margem (do rio) | brzeg (m) | [bʒɛk] |

corrente (f)	prąd (m)	[prɔ̃t]
rio abaixo	z prądem	[s 'prɔ̃dɛm]
rio acima	pod prąd	[pɔt prɔ̃t]

inundação (f)	powódź (ż)	['pɔvutʃ]
cheia (f)	wylew (m) rzeki	['viɭef 'ʒɛki]
transbordar (vi)	rozlewać się	[rɔz'levatʃ ɕɛ̃]
inundar (vt)	zatapiać	[za'tapʲatʃ]

| banco (m) de areia | mielizna (ż) | [me'lizna] |
| rápidos (m pl) | próg (m) | [pruk] |

barragem (f)	tama (ż)	['tama]
canal (m)	kanał (m)	['kanaw]
reservatório (m) de água	zbiornik (m) wodny	['zbɔrnik 'vɔdni]
eclusa (f)	śluza (ż)	['ɕlyza]

corpo (m) de água	zbiornik (m) wodny	['zbɔrnik 'vɔdni]
pântano (m)	bagno (n)	['bagnɔ]
tremedal (m)	grzęzawisko (n)	[gʒɛ̃za'viskɔ]
remoinho (m)	wir (m) wodny	[vir 'vɔdni]

arroio, regato (m)	potok (m)	['pɔtɔk]
potável	pitny	['pitni]
doce (água)	słodki	['swɔtki]

| gelo (m) | lód (m) | [lyt] |
| congelar-se (vr) | zamarznąć | [za'marznɔʧ] |

170. Floresta

| floresta (f), bosque (m) | las (m) | [ʎas] |
| florestal | leśny | ['leɕni] |

mata (f) cerrada	gąszcz (ż)	[gɔ̃ʃʧ]
arvoredo (m)	gaj (m), lasek (m)	[gaj], ['ʎasɛk]
clareira (f)	polana (ż)	[pɔ'ʎana]

| matagal (m) | zarośla (l.mn.) | [za'rɔɕʎa] |
| mato (m) | krzaki (l.mn.) | ['kʃaki] |

| vereda (f) | ścieżka (ż) | ['ɕʨeʃka] |
| ravina (f) | wąwóz (m) | ['vɔ̃vus] |

árvore (f)	drzewo (n)	['dʒɛvɔ]
folha (f)	liść (m)	[liɕʨ]
folhagem (f)	listowie (n)	[lis'tɔve]

queda (f) das folhas	opadanie (n) liści	[ɔpa'dane 'liɕʨi]
cair (vi)	opadać	[ɔ'padaʧ]
topo (m)	wierzchołek (m)	[veʃ'hɔwɛk]

ramo (m)	gałąź (ż)	['gawɔ̃ɕ]
galho (m)	sęk (m)	[sɛ̃k]
botão, rebento (m)	pączek (m)	['pɔ̃ʧɛk]
agulha (f)	igła (ż)	['igwa]
pinha (f)	szyszka (ż)	['ʃiʃka]

buraco (m) de árvore	dziupla (ż)	['dʒypʎa]
ninho (m)	gniazdo (n)	['gɲazdɔ]
toca (f)	nora (ż)	['nɔra]

tronco (m)	pień (m)	[peɲ]
raiz (f)	korzeń (m)	['kɔʒɛɲ]
casca (f) de árvore	kora (ż)	['kɔra]
musgo (m)	mech (m)	[mɛh]

arrancar pela raiz	karczować	[kart'ʃɔvaʧ]
cortar (vt)	ścinać	['ɕʨinaʧ]
desflorestar (vt)	wycinać	[vi'ʦinaʧ]
toco, cepo (m)	pieniek (m)	['penek]

fogueira (f)	ognisko (n)	[ɔg'niskɔ]
incêndio (m) florestal	pożar (m)	['pɔʒar]
apagar (vt)	gasić	['gaɕiʧ]
guarda-florestal (m)	leśnik (m)	['leɕnik]

proteção (f)	ochrona (ż)	[ɔh'rɔna]
proteger (a natureza)	chronić	['hrɔnitʃ]
caçador (m) furtivo	kłusownik (m)	[kwu'sɔvnik]
armadilha (f)	potrzask (m)	['pɔtʃask]

colher (cogumelos, bagas)	zbierać	['zberatʃ]
perder-se (vr)	zabłądzić	[zab'wɔ̃dʒitʃ]

171. Recursos naturais

recursos (m pl) naturais	zasoby (l.mn.) naturalne	[za'sɔbi natu'raɫnɛ]
minerais (m pl)	kopaliny (l.mn.) użyteczne	[kɔpa'lini uʒi'tɛtʃnɛ]
depósitos (m pl)	złoża (l.mn.)	['zwɔʒa]
jazida (f)	złoże (n)	['zwɔʒɛ]

extrair (vt)	wydobywać	[vidɔ'bivatʃ]
extração (f)	wydobywanie (n)	[vidɔbi'vane]
minério (m)	ruda (ż)	['ruda]
mina (f)	kopalnia (ż) rudy	[kɔ'paɫɲa 'rudi]
poço (m) de mina	szyb (m)	[ʃib]
mineiro (m)	górnik (m)	['gurnik]

gás (m)	gaz (m)	[gas]
gasoduto (m)	gazociąg (m)	[ga'zɔtʃɔ̃k]

petróleo (m)	ropa (ż) naftowa	['rɔpa naf'tɔva]
oleoduto (m)	rurociąg (m)	[ru'rɔtʃɔ̃k]
poço (m) de petróleo	szyb (m) naftowy	[ʃip naf'tɔvi]
torre (f) petrolífera	wieża (ż) wiertnicza	['veʒa vert'nitʃa]
petroleiro (m)	tankowiec (m)	[ta'ŋkɔvets]

areia (f)	piasek (m)	['pʲasɛk]
calcário (m)	wapień (m)	['vapeɲ]
cascalho (m)	żwir (m)	[ʒvir]
turfa (f)	torf (m)	[tɔrf]
argila (f)	glina (ż)	['glina]
carvão (m)	węgiel (m)	['vɛŋeɫ]

ferro (m)	żelazo (n)	[ʒɛ'ɫazɔ]
ouro (m)	złoto (n)	['zwɔtɔ]
prata (f)	srebro (n)	['srɛbrɔ]
níquel (m)	nikiel (n)	['nikeɫ]
cobre (m)	miedź (ż)	[metʃ]

zinco (m)	cynk (m)	[tsiŋk]
manganês (m)	mangan (m)	['maɲan]

mercúrio (m)	rtęć (ż)	[rtɛ̃tʃ]
chumbo (m)	ołów (m)	['ɔwuf]

mineral (m)	minerał (m)	[mi'nɛraw]
cristal (m)	kryształ (m)	['kriʃtaw]
mármore (m)	marmur (m)	['marmur]
urânio (m)	uran (m)	['uran]

A Terra. Parte 2

172. Tempo

tempo (m)	pogoda (ż)	[pɔ'gɔda]
previsão (f) do tempo	prognoza (ż) pogody	[prɔg'nɔza pɔ'gɔdi]
temperatura (f)	temperatura (ż)	[tɛmpɛra'tura]
termómetro (m)	termometr (m)	[tɛr'mɔmɛtr]
barómetro (m)	barometr (m)	[ba'rɔmɛtr]
humidade (f)	wilgoć (ż)	['viʎgɔʨ]
calor (m)	żar (m)	[ʒar]
cálido	upalny, gorący	[u'paʎni], [gɔ'rɔ̃tsi]
está muito calor	gorąco	[gɔ'rɔ̃tsɔ]
está calor	ciepło	['ʨepwɔ]
quente	ciepły	['ʨepwi]
está frio	zimno	['ʑimnɔ]
frio	zimny	['ʑimni]
sol (m)	słońce (n)	['swɔɲʦɛ]
brilhar (vi)	świecić	['ɕfeʨiʨ]
de sol, ensolarado	słoneczny	[swɔ'nɛʧni]
nascer (vi)	wzejść	[vzɛjɕʨ]
pôr-se (vr)	zajść	[zajɕʨ]
nuvem (f)	obłok (m)	['ɔbwɔk]
nublado	zachmurzony	[zahmu'ʒɔni]
nuvem (f) preta	chmura (ż)	['hmura]
escuro, cinzento	pochmurny	[pɔh'murni]
chuva (f)	deszcz (m)	[dɛʃʧ]
está a chover	pada deszcz	['pada dɛʃʧ]
chuvoso	deszczowy	[dɛʃt'ʃɔvi]
chuviscar (vi)	mżyć	[mʒiʨ]
chuva (f) torrencial	ulewny deszcz (m)	[u'levni dɛʃʧ]
chuvada (f)	ulewa (ż)	[u'leva]
forte (chuva)	silny	['ɕiʎni]
poça (f)	kałuża (ż)	[ka'wuʒa]
molhar-se (vr)	moknąć	['mɔknɔ̃ʨ]
nevoeiro (m)	mgła (ż)	[mgwa]
de nevoeiro	mglisty	['mglisti]
neve (f)	śnieg (m)	[ɕnek]
está a nevar	pada śnieg	['pada ɕnek]

173. Tempo extremo. Catástrofes naturais

trovoada (f)	burza (ż)	['buʒa]
relâmpago (m)	błyskawica (ż)	[bwiska'viʦa]
relampejar (vi)	błyskać	['bwiskaʧ]
trovão (m)	grzmot (m)	[gʒmɔt]
trovejar (vi)	grzmieć	[gʒmeʧ]
está a trovejar	grzmi	[gʒmi]
granizo (m)	grad (m)	[grat]
está a cair granizo	pada grad	['pada grat]
inundar (vt)	zatopić	[za'tɔpiʧ]
inundação (f)	powódź (ż)	['pɔvuʧ]
terremoto (m)	trzęsienie (n) ziemi	[ʧɛ̃'ɕene 'ʒemi]
abalo, tremor (m)	wstrząs (m)	[fsʧɔ̃s]
epicentro (m)	epicentrum (n)	[ɛpi'ʦɛntrum]
erupção (f)	wybuch (m)	['vibuh]
lava (f)	lawa (ż)	['ʎava]
turbilhão (m)	trąba (ż) powietrzna	['trɔ̃ba pɔ'vetʃna]
tornado (m)	tornado (n)	[tɔr'nadɔ]
tufão (m)	tajfun (m)	['tajfun]
furacão (m)	huragan (m)	[hu'ragan]
tempestade (f)	burza (ż)	['buʒa]
tsunami (m)	tsunami (n)	[ʦu'nami]
ciclone (m)	cyklon (m)	['ʦiklɔn]
mau tempo (m)	niepogoda (ż)	[nepɔ'gɔda]
incêndio (m)	pożar (m)	['pɔʒar]
catástrofe (f)	katastrofa (ż)	[katast'rɔfa]
meteorito (m)	meteoryt (m)	[mɛtɛ'ɔrit]
avalanche (f)	lawina (ż)	[ʎa'vina]
deslizamento (m) de neve	lawina (ż)	[ʎa'vina]
nevasca (f)	zamieć (ż)	['zameʧ]
tempestade (f) de neve	śnieżyca (ż)	[ɕne'ʒiʦa]

Fauna

174. Mamíferos. Predadores

predador (m)	drapieżnik (m)	[dra'peʒnik]
tigre (m)	tygrys (m)	['tigris]
leão (m)	lew (m)	[lef]
lobo (m)	wilk (m)	[viʎk]
raposa (f)	lis (m)	[lis]
jaguar (m)	jaguar (m)	[ja'guar]
leopardo (m)	lampart (m)	['ʎampart]
chita (f)	gepard (m)	['gɛpart]
pantera (f)	pantera (ż)	[pan'tɛra]
puma (m)	puma (ż)	['puma]
leopardo-das-neves (m)	irbis (m)	['irbis]
lince (m)	ryś (m)	[riɕ]
coiote (m)	kojot (m)	['kɔst]
chacal (m)	szakal (m)	['ʃakaʎ]
hiena (f)	hiena (ż)	['hʰena]

175. Animais selvagens

animal (m)	zwierzę (n)	['zveʒɛ̃]
besta (f)	dzikie zwierzę (n)	['dʒike 'zveʒɛ̃]
esquilo (m)	wiewiórka (ż)	[ve'vyrka]
ouriço (m)	jeż (m)	[eʃ]
lebre (f)	zając (m)	['zaɔ̃ts]
coelho (m)	królik (m)	['krulik]
texugo (m)	borsuk (m)	['bɔrsuk]
guaxinim (m)	szop (m)	[ʃɔp]
hamster (m)	chomik (m)	['hɔmik]
marmota (f)	świstak (m)	['ɕfistak]
toupeira (f)	kret (m)	[krɛt]
rato (m)	mysz (ż)	[miʃ]
ratazana (f)	szczur (m)	[ʃʧur]
morcego (m)	nietoperz (m)	[ne'tɔpɛʃ]
arminho (m)	gronostaj (m)	[grɔ'nɔstaj]
zibelina (f)	soból (m)	['sɔbuʎ]
marta (f)	kuna (ż)	['kuna]
doninha (f)	łasica (ż)	[wa'ɕitsa]
vison (m)	norka (ż)	['nɔrka]

| castor (m) | bóbr (m) | [bubr] |
| lontra (f) | wydra (ż) | ['vidra] |

cavalo (m)	koń (m)	[kɔɲ]
alce (m)	łoś (m)	[wɔɕ]
veado (m)	jeleń (m)	['eleɲ]
camelo (m)	wielbłąd (m)	['veʎbwɔ̃t]

bisão (m)	bizon (m)	['bizɔn]
auroque (m)	żubr (m)	[ʒubr]
búfalo (m)	bawół (m)	['bavuw]

zebra (f)	zebra (ż)	['zɛbra]
antílope (m)	antylopa (ż)	[anti'lɔpa]
corça (f)	sarna (ż)	['sarna]
gamo (m)	łania (ż)	['waɲa]
camurça (f)	kozica (ż)	[kɔ'ʒitsa]
javali (m)	dzik (m)	[dʑik]

baleia (f)	wieloryb (m)	[ve'lɔrip]
foca (f)	foka (ż)	['fɔka]
morsa (f)	mors (m)	[mɔrs]
urso-marinho (m)	kot (m) morski	[kɔt 'mɔrski]
golfinho (m)	delfin (m)	['dɛʎfin]

urso (m)	niedźwiedź (m)	['nedʑivetʃ]
urso (m) branco	niedźwiedź (m) polarny	['nedʑivetʃ pɔ'ʎarni]
panda (m)	panda (ż)	['panda]

macaco (em geral)	małpa (ż)	['mawpa]
chimpanzé (m)	szympans (m)	['ʃimpans]
orangotango (m)	orangutan (m)	[ɔra'ŋutan]
gorila (m)	goryl (m)	['gɔriʎ]
macaco (m)	makak (m)	['makak]
gibão (m)	gibon (m)	['gibɔn]

elefante (m)	słoń (m)	['swɔɲ]
rinoceronte (m)	nosorożec (m)	[nɔsɔ'rɔʒɛts]
girafa (f)	żyrafa (ż)	[ʒi'rafa]
hipopótamo (m)	hipopotam (m)	[hipɔ'pɔtam]

| canguru (m) | kangur (m) | ['kaɲur] |
| coala (m) | koala (ż) | [kɔ'aʎa] |

mangusto (m)	mangusta (ż)	[ma'ŋusta]
chinchila (m)	szynszyla (ż)	[ʃin'ʃiʎa]
doninha-fedorenta (f)	skunks (m)	[skuŋks]
porco-espinho (m)	jeżozwierz (m)	[e'ʒɔzveʃ]

176. Animais domésticos

gata (f)	kotka (ż)	['kɔtka]
gato (m) macho	kot (m)	[kɔt]
cão (m)	pies (m)	[pes]

cavalo (m)	koń (m)	[kɔɲ]
garanhão (m)	źrebak (m), ogier (m)	['ʑrɛbak], ['ɔgjer]
égua (f)	klacz (ż)	[kʎatʃ]

vaca (f)	krowa (ż)	['krɔva]
touro (m)	byk (m)	[bik]
boi (m)	wół (m)	[vuw]

ovelha (f)	owca (ż)	['ɔftsa]
carneiro (m)	baran (m)	['baran]
cabra (f)	koza (ż)	['kɔza]
bode (m)	kozioł (m)	['kɔʒɜw]

burro (m)	osioł (m)	['ɔɕɜw]
mula (f)	muł (m)	[muw]

porco (m)	świnia (ż)	['ɕfiɲa]
leitão (m)	prosiak (m)	['prɔɕak]
coelho (m)	królik (m)	['krulik]

galinha (f)	kura (ż)	['kura]
galo (m)	kogut (m)	['kɔgut]

pata (f)	kaczka (ż)	['katʃka]
pato (macho)	kaczor (m)	['katʃor]
ganso (m)	gęś (ż)	[gɛ̃ɕ]

peru (m)	indyk (m)	['indik]
perua (f)	indyczka (ż)	[in'ditʃka]

animais (m pl) domésticos	zwierzęta (l.mn.) domowe	[zve'ʒɛnta dɔ'mɔvɛ]
domesticado	oswojony	[ɔsfɔɜni]
domesticar (vt)	oswajać	[ɔs'fajatʃ]
criar (vt)	hodować	[hɔ'dɔvatʃ]

quinta (f)	ferma (ż)	['fɛrma]
aves (f pl) domésticas	drób (m)	[drup]
gado (m)	bydło (n)	['bidwɔ]
rebanho (m), manada (f)	stado (n)	['stadɔ]

estábulo (m)	stajnia (ż)	['stajɲa]
pocilga (f)	chlew (m)	[hlef]
estábulo (m)	obora (ż)	[ɔ'bɔra]
coelheira (f)	klatka (ż) dla królików	['klatka dʎa krɔ'likɔf]
galinheiro (m)	kurnik (m)	['kurnik]

177. Cães. Raças de cães

cão (m)	pies (m)	[pes]
cão pastor (m)	owczarek (m)	[ɔft'ʃarɛk]
caniche (m)	pudel (m)	['pudɛʎ]
teckel (m)	jamnik (m)	['jamnik]
buldogue (m)	buldog (m)	['buʎdɔk]
boxer (m)	bokser (m)	['boksɛr]

mastim (m)	mastyf (m)	['mastif]
rottweiler (m)	rottweiler (m)	[rɔt'vajler]
dobermann (m)	doberman (m)	[dɔ'bɛrman]

basset (m)	basset (m)	['basɛt]
pastor inglês (m)	owczarek (m) staroangielski	[ɔft'ʃarɛk starɔa'ŋeʎski]
dálmata (m)	dalmatyńczyk (m)	[daʎma'tiɲtʃik]
cocker spaniel (m)	cocker spaniel (m)	['kɔkɛr 'spaneʎ]

terra-nova (m)	nowofundland (m)	[nɔvɔ'fundʎant]
são-bernardo (m)	bernardyn (m)	[bɛr'nardin]

husky (m)	husky (m)	['haski]
Chow-chow (m)	chow-chow (m)	[tʃau tʃau]
spitz alemão (m)	szpic (m)	[ʃpits]
carlindogue (m)	mops (m)	[mɔps]

178. Sons produzidos pelos animais

latido (m)	szczekanie (n)	[ʃtʃɛ'kane]
latir (vi)	szczekać	['ʃtʃɛkatʃ]
miar (vi)	miauczeć	[mʲa'utʃɛtʃ]
ronronar (vi)	mruczeć	['mrutʃɛtʃ]

mugir (vaca)	muczeć	['mutʃɛtʃ]
bramir (touro)	ryczeć	['ritʃɛtʃ]
rosnar (vi)	warczeć	['vartʃɛtʃ]

uivo (m)	wycie (n)	['vitʃe]
uivar (vi)	wyć	['vitʃ]
ganir (vi)	skomleć	['skɔmletʃ]

balir (vi)	beczeć	['bɛtʃɛtʃ]
grunhir (porco)	chrząkać	['hʃɔkatʃ]
guinchar (vi)	kwiczeć	['kfitʃɛtʃ]

coaxar (sapo)	kwakać	['kfakatʃ]
zumbir (inseto)	bzyczeć	['bzitʃɛtʃ]
estridular, ziziar (vi)	cykać	['tsikatʃ]

179. Pássaros

pássaro (m), ave (f)	ptak (m)	[ptak]
pombo (m)	gołąb (m)	['gɔwɔ̃p]
pardal (m)	wróbel (m)	['vrubɛʎ]
chapim-real (m)	sikorka (ż)	[ɕi'kɔrka]
pega-rabuda (f)	sroka (ż)	['srɔka]

corvo (m)	kruk (m)	[kruk]
gralha (f) cinzenta	wrona (ż)	['vrɔna]
gralha-de-nuca-cinzenta (f)	kawka (ż)	['kafka]
gralha-calva (f)	gawron (m)	['gavrɔn]

pato (m)	kaczka (ż)	['katʃka]
ganso (m)	gęś (ż)	[gɛ̃ɕ]
faisão (m)	bażant (m)	['baʒant]

águia (f)	orzeł (m)	['ɔʒɛw]
açor (m)	jastrząb (m)	['jastʃɔ̃p]
falcão (m)	sokół (m)	['sɔkuw]
abutre (m)	sęp (m)	[sɛ̃p]
condor (m)	kondor (m)	['kɔndɔr]

cisne (m)	łabędź (m)	['wabɛ̃tʃ]
grou (m)	żuraw (m)	['ʒuraf]
cegonha (f)	bocian (m)	['bɔtʃan]
papagaio (m)	papuga (ż)	[pa'puga]
beija-flor (m)	koliber (m)	[kɔ'libɛr]
pavão (m)	paw (m)	[paf]

avestruz (m)	struś (m)	[struɕ]
garça (f)	czapla (ż)	['tʃapʎa]
flamingo (m)	flaming (m)	['fʎamiŋ]
pelicano (m)	pelikan (m)	[pɛ'likan]

rouxinol (m)	słowik (m)	['swɔvik]
andorinha (f)	jaskółka (ż)	[jas'kuwka]
tordo-zornal (m)	drozd (m)	[drɔst]
tordo-músico (m)	drozd śpiewak (m)	[drɔst 'ɕpevak]
melro-preto (m)	kos (m)	[kɔs]

andorinhão (m)	jerzyk (m)	['eʒik]
cotovia (f)	skowronek (m)	[skɔv'rɔnɛk]
codorna (f)	przepiórka (ż)	[pʃɛ'pyrka]

pica-pau (m)	dzięcioł (m)	['dʒɛ̃tʃɔw]
cuco (m)	kukułka (ż)	[ku'kuwka]
coruja (f)	sowa (ż)	['sɔva]
corujão, bufo (m)	puchacz (m)	['puhatʃ]
tetraz-grande (m)	głuszec (m)	['gwuʃɛts]
tetraz-lira (m)	cietrzew (m)	['tʃetʃɛf]
perdiz-cinzenta (f)	kuropatwa (ż)	[kurɔ'patfa]

estorninho (m)	szpak (m)	[ʃpak]
canário (m)	kanarek (m)	[ka'narɛk]
galinha-do-mato (f)	jarząbek (m)	[ja'ʒɔ̃bɛk]
tentilhão (m)	zięba (ż)	['ʒɛ̃ba]
dom-fafe (m)	gil (m)	[giʎ]

gaivota (f)	mewa (ż)	['mɛva]
albatroz (m)	albatros (m)	[aʎ'batrɔs]
pinguim (m)	pingwin (m)	['piŋvin]

180. Pássaros. Canto e sons

| cantar (vi) | śpiewać | ['ɕpevatʃ] |
| gritar (vi) | krzyczeć | ['kʃitʃɛtʃ] |

cantar (o galo)	piać	[pʲatʃ]
cocorocó (m)	kukuryku	[kuku'riku]

cacarejar (vi)	gdakać	['gdakatʃ]
crocitar (vi)	krakać	['krakatʃ]
grasnar (vi)	kwakać	['kfakatʃ]
piar (vi)	piszczeć	['piɕtʃatʃ]
chilrear, gorjear (vi)	ćwierkać	['tʃferkatʃ]

181. Peixes. Animais marinhos

brema (f)	leszcz (m)	[leʃtʃ]
carpa (f)	karp (m)	[karp]
perca (f)	okoń (m)	['ɔkɔɲ]
siluro (m)	sum (m)	[sum]
lúcio (m)	szczupak (m)	['ʃtʃupak]

salmão (m)	łosoś (m)	['wɔsɔɕ]
esturjão (m)	jesiotr (m)	['eɕ3tr]

arenque (m)	śledź (m)	[ɕletʃ]
salmão (m)	łosoś (m)	['wɔsɔɕ]

cavala, sarda (f)	makrela (ż)	[mak'rɛla]
solha (f)	flądra (ż)	[flõdra]

lúcio perca (m)	sandacz (m)	['sandatʃ]
bacalhau (m)	dorsz (m)	[dɔrʃ]

atum (m)	tuńczyk (m)	['tuɲtʃik]
truta (f)	pstrąg (m)	[pstrõk]

enguia (f)	węgorz (m)	['vɛŋɔʃ]
raia elétrica (f)	drętwa (ż)	['drɛntfa]

moreia (f)	murena (ż)	[mu'rɛna]
piranha (f)	pirania (ż)	[pi'raɲja]

tubarão (m)	rekin (m)	['rɛkin]
golfinho (m)	delfin (m)	['dɛʎfin]
baleia (f)	wieloryb (m)	[ve'l3rip]

caranguejo (m)	krab (m)	[krap]
medusa, alforreca (f)	meduza (ż)	[mɛ'duza]
polvo (m)	ośmiornica (ż)	[ɔɕmɜr'nitsa]

estrela-do-mar (f)	rozgwiazda (ż)	[rɔzg'vʲazda]
ouriço-do-mar (m)	jeżowiec (m)	[e'ʒɔvets]
cavalo-marinho (m)	konik (m) morski	['kɔnik 'mɔrski]

ostra (f)	ostryga (ż)	[ɔst'riga]
camarão (m)	krewetka (ż)	[krɛ'vɛtka]
lavagante (m)	homar (m)	['hɔmar]
lagosta (f)	langusta (ż)	[ʎa'ŋusta]

182. Amfíbios. Répteis

| serpente, cobra (f) | wąż (m) | [võʃ] |
| venenoso | jadowity | [jadɔ'viti] |

víbora (f)	żmija (ż)	['ʒmija]
cobra-capelo, naja (f)	kobra (ż)	['kɔbra]
pitão (m)	pyton (m)	['pitɔn]
jiboia (f)	wąż dusiciel (m)	[võʒ du'ɕiʧeʎ]

cobra-de-água (f)	zaskroniec (m)	[zask'rɔneʦ]
cascavel (f)	grzechotnik (m)	[gʒɛ'hɔtnik]
anaconda (f)	anakonda (ż)	[ana'kɔnda]

lagarto (m)	jaszczurka (ż)	[jaʃt'ʃurka]
iguana (f)	legwan (m)	['legvan]
varano (m)	waran (m)	['varan]
salamandra (f)	salamandra (ż)	[saʎa'mandra]
camaleão (m)	kameleon (m)	[kamɛ'leɔn]
escorpião (m)	skorpion (m)	['skɔrpʰɜn]

tartaruga (f)	żółw (m)	[ʒuwf]
rã (f)	żaba (ż)	['ʒaba]
sapo (m)	ropucha (ż)	[rɔ'puha]
crocodilo (m)	krokodyl (m)	[krɔ'kɔdiʎ]

183. Insetos

inseto (m)	owad (m)	['ɔvat]
borboleta (f)	motyl (m)	['mɔtiʎ]
formiga (f)	mrówka (ż)	['mrufka]
mosca (f)	mucha (ż)	['muha]
mosquito (m)	komar (m)	['kɔmar]
escaravelho (m)	żuk (m), chrząszcz (m)	[ʒuk], [hʃõʃʧ]

vespa (f)	osa (ż)	['ɔsa]
abelha (f)	pszczoła (ż)	['pʃʧɔwa]
mamangava (f)	trzmiel (m)	[ʧmeʎ]
moscardo (m)	giez (m)	[ges]

| aranha (f) | pająk (m) | ['paõk] |
| teia (f) de aranha | pajęczyna (ż) | [paɛ̃t'ʃina] |

libélula (f)	ważka (ż)	['vaʃka]
gafanhoto-do-campo (m)	konik (m) polny	['kɔnik 'pɔʎni]
traça (f)	omacnica (ż)	[ɔmaʦ'niʦa]

barata (f)	karaluch (m)	[ka'ralyh]
carraça (f)	kleszcz (m)	[kleʃʧ]
pulga (f)	pchła (ż)	[phwa]
borrachudo (m)	meszka (ż)	['mɛʃka]
gafanhoto (m)	szarańcza (ż)	[ʃa'raɲʧa]
caracol (m)	ślimak (m)	['ɕlimak]

grilo (m)	świerszcz (m)	[ɕferʃʧ]
pirilampo (m)	robaczek (m) świętojański	[rɔ'baʧɛk ɕfɛ̃tɔ'jaɲski]
joaninha (f)	biedronka (ż)	[bed'rɔŋka]
besouro (m)	chrabąszcz (m) majowy	['hrabɔ̃ʃʧ maʒvi]

sanguessuga (f)	pijawka (ż)	[pi'jafka]
lagarta (f)	gąsienica (ż)	[gɔ̃ɕe'niʦa]
minhoca (f)	robak (m)	['rɔbak]
larva (f)	poczwarka (ż)	[pɔʧ'farka]

184. Animais. Partes do corpo

bico (m)	dziób (m)	[ʤyp]
asas (f pl)	skrzydła (l.mn.)	['skʃidwa]
pata (f)	łapa (ż)	['wapa]
plumagem (f)	upierzenie (n)	[upe'ʒɛne]
pena, pluma (f)	pióro (n)	['pyrɔ]
crista (f)	czubek (m)	['ʧubɛk]

brânquias, guelras (f pl)	skrzela (l.mn.)	['skʃɛʎa]
ovas (f pl)	ikra (ż)	['ikra]
larva (f)	larwa (ż)	['ʎarva]
barbatana (f)	płetwa (ż)	['pwɛtfa]
escama (f)	łuska (ż)	['wuska]

canino (m)	kieł (m)	[kew]
pata (f)	łapa (ż)	['wapa]
focinho (m)	pysk (m)	[pisk]
boca (f)	paszcza (ż)	['paʃʧa]
cauda (f), rabo (m)	ogon (m)	['ɔgɔn]
bigodes (m pl)	wąsy (l.mn.)	['vɔ̃si]

casco (m)	kopyto (n)	[kɔ'pitɔ]
corno (m)	róg (m)	[ruk]

carapaça (f)	pancerz (m)	['panʦɛʃ]
concha (f)	muszla (ż)	['muʃʎa]
casca (f) de ovo	skorupa (ż)	[skɔ'rupa]

pelo (m)	sierść (ż)	[ɕerɕʧ]
pele (f), couro (m)	skóra (ż)	['skura]

185. Animais. Habitats

hábitat	siedlisko (n)	[ɕed'liskɔ]
migração (f)	migracja (ż)	[mig'raʦʰja]

montanha (f)	góra (ż)	['gura]
recife (m)	rafa (ż)	['rafa]
falésia (f)	skała (ż)	['skawa]
floresta (f)	las (m)	[ʎas]
selva (f)	dżungla (ż)	['ʤuŋʎa]

| savana (f) | sawanna (ż) | [sa'vaŋa] |
| tundra (f) | tundra (ż) | ['tundra] |

estepe (f)	step (m)	[stɛp]
deserto (m)	pustynia (ż)	[pus'tiɲa]
oásis (m)	oaza (ż)	[ɔ'aza]

mar (m)	morze (n)	['mɔʒɛ]
lago (m)	jezioro (n)	[e'ʒʒrɔ]
oceano (m)	ocean (m)	[ɔ'ʦɛan]

pântano (m)	bagno (n)	['bagnɔ]
de água doce	słodkowodny	[swɔtkɔ'vɔdni]
lagoa (f)	staw (m)	[staf]
rio (m)	rzeka (ż)	['ʒɛka]

toca (f) do urso	barłóg (m)	['barwuk]
ninho (m)	gniazdo (n)	['gɲazdɔ]
buraco (m) de árvore	dziupla (ż)	['dʒypʎa]
toca (f)	nora (ż)	['nɔra]
formigueiro (m)	mrowisko (n)	[mrɔ'viskɔ]

Flora

186. Árvores

árvore (f)	drzewo (n)	['dʒɛvɔ]
decídua	liściaste	[liɕ'ʧastɛ]
conífera	iglaste	[ig'ʎastɛ]
perene	wiecznie zielony	[veʧnɛʒe'lɔni]

macieira (f)	jabłoń (ż)	['jabwɔɲ]
pereira (f)	grusza (ż)	['gruʃa]
cerejeira (f)	czereśnia (ż)	[ʧɛ'rɛɕɲa]
ginjeira (f)	wiśnia (ż)	['viɕɲa]
ameixeira (f)	śliwa (ż)	['ɕliva]

bétula (f)	brzoza (ż)	['bʒɔza]
carvalho (m)	dąb (m)	[dɔ̃p]
tília (f)	lipa (ż)	['lipa]
choupo-tremedor (m)	osika (ż)	[ɔ'ɕika]
bordo (m)	klon (m)	['klɔn]
espruce-europeu (m)	świerk (m)	['ɕferk]
pinheiro (m)	sosna (ż)	['sɔsna]
alerce, lariço (m)	modrzew (m)	['mɔdʒɛf]
abeto (m)	jodła (ż)	[ɜdwa]
cedro (m)	cedr (m)	[ʦɛdr]

choupo, álamo (m)	topola (ż)	[tɔ'pɔʎa]
tramazeira (f)	jarzębina (ż)	[jaʒɛ̃'bina]
salgueiro (m)	wierzba iwa (ż)	['veʒba 'iva]
amieiro (m)	olcha (ż)	['ɔʎha]
faia (f)	buk (m)	[buk]
ulmeiro (m)	wiąz (m)	[vɔ̃z]
freixo (m)	jesion (m)	['eɕɔn]
castanheiro (m)	kasztan (m)	['kaʃtan]

magnólia (f)	magnolia (ż)	[mag'nɔʎja]
palmeira (f)	palma (ż)	['paʎma]
cipreste (m)	cyprys (m)	['ʦipris]

mangue (m)	drzewo (n) mangrowe	['dʒɛvɔ maŋ'rɔvɛ]
embondeiro, baobá (m)	baobab (m)	[ba'ɔbap]
eucalipto (m)	eukaliptus (m)	[ɛuka'liptus]
sequoia (f)	sekwoja (ż)	[sɛk'fɔja]

187. Arbustos

| arbusto (m) | krzew (m) | [kʃɛf] |
| arbusto (m), moita (f) | krzaki (l.mn.) | ['kʃaki] |

| videira (f) | winorośl (ż) | [vi'nɔrɔɕʎ] |
| vinhedo (m) | winnica (ż) | [vi'ɲitsa] |

framboeseira (f)	malina (ż)	[ma'lina]
groselheira-vermelha (f)	porzeczka (ż) czerwona	[pɔ'ʒɛʧka ʧɛr'vɔna]
groselheira (f) espinhosa	agrest (m)	['agrɛst]

acácia (f)	akacja (ż)	[a'kaʦʲja]
bérberis (f)	berberys (m)	[bɛr'bɛris]
jasmim (m)	jaśmin (m)	['jaɕmin]

junípero (m)	jałowiec (m)	[ja'wɔvets]
roseira (f)	róża (ż)	['ruʒa]
roseira (f) brava	dzika róża (ż)	['dʑika 'ruʒa]

188. Cogumelos

cogumelo (m)	grzyb (m)	[gʒip]
cogumelo (m) comestível	grzyb (m) jadalny	[gʒip ja'daʎni]
cogumelo (m) venenoso	grzyb (m) trujący	[gʒip truɔ̃tsi]
chapéu (m)	kapelusz (m)	[ka'pɛlyʃ]
pé, caule (m)	nóżka (ż)	['nuʃka]

boleto (m)	prawdziwek (m)	[prav'dʑivɛk]
boleto (m) alaranjado	koźlarz (m) czerwony	['kɔʑʎaʃ ʧɛr'vɔni]
míscaro (m) das bétulas	koźlarz (m)	['kɔʑʎaʃ]
cantarela (f)	kurka (ż)	['kurka]
rússula (f)	gołąbek (m)	[gɔ'wɔ̃bɛk]

morchella (f)	smardz (m)	[smarʦ]
agário-das-moscas (m)	muchomor (m)	[mu'hɔmɔr]
cicuta (f) verde	psi grzyb (m)	[pɕi gʒip]

189. Frutos. Bagas

fruta (f)	owoc (m)	['ɔvɔʦ]
frutas (f pl)	owoce (l.mn.)	[ɔ'vɔʦɛ]
maçã (f)	jabłko (n)	['jabkɔ]
pera (f)	gruszka (ż)	['gruʃka]
ameixa (f)	śliwka (ż)	['ɕlifka]

morango (m)	truskawka (ż)	[trus'kafka]
ginja (f)	wiśnia (ż)	['viɕɲa]
cereja (f)	czereśnia (ż)	[ʧɛ'rɛɕɲa]
uva (f)	winogrona (l.mn.)	[vinɔg'rɔna]

framboesa (f)	malina (ż)	[ma'lina]
groselha (f) preta	czarna porzeczka (ż)	['ʧarna pɔ'ʒɛʧka]
groselha (f) vermelha	czerwona porzeczka (ż)	[ʧɛr'vɔna pɔ'ʒɛʧka]
groselha (f) espinhosa	agrest (m)	['agrɛst]
oxicoco (m)	żurawina (ż)	[ʒura'vina]
laranja (f)	pomarańcza (ż)	[pɔma'raɲʧa]

tangerina (f)	mandarynka (ż)	[manda'riŋka]
ananás (m)	ananas (ż)	[a'nanas]
banana (f)	banan (m)	['banan]
tâmara (f)	daktyl (m)	['daktil]

limão (m)	cytryna (ż)	[tsit'rina]
damasco (m)	morela (ż)	[mɔ'rɛʎa]
pêssego (m)	brzoskwinia (ż)	[bʒɔsk'fiɲa]
kiwi (m)	kiwi (n)	['kivi]
toranja (f)	grejpfrut (m)	['grɛjpfrut]

baga (f)	jagoda (ż)	[ja'gɔda]
bagas (f pl)	jagody (l.mn.)	[ja'gɔdi]
arando (m) vermelho	borówka (ż)	[bɔ'rufka]
morango-silvestre (m)	poziomka (ż)	[pɔ'ʒɜmka]
mirtilo (m)	borówka (ż) czarna	[bɔ'rɔfka 'tʃarna]

190. Flores. Plantas

| flor (f) | kwiat (m) | [kfiat] |
| ramo (m) de flores | bukiet (m) | ['buket] |

rosa (f)	róża (ż)	['ruʒa]
tulipa (f)	tulipan (m)	[tu'lipan]
cravo (m)	goździk (m)	['gɔzʲdʑik]
gladíolo (m)	mieczyk (m)	['metʃik]

centáurea (f)	bławatek (m)	[bwa'vatɛk]
campânula (f)	dzwonek (m)	['dzvɔnɛk]
dente-de-leão (m)	dmuchawiec (m)	[dmu'havets]
camomila (f)	rumianek (m)	[ru'mʲanɛk]

aloé (m)	aloes (m)	[a'lɜɛs]
cato (m)	kaktus (m)	['kaktus]
fícus (m)	fikus (m)	['fikus]

lírio (m)	lilia (ż)	['liʎja]
gerânio (m)	pelargonia (ż)	[pɛʎar'gɔɲja]
jacinto (m)	hiacynt (m)	['hʰjatsint]

mimosa (f)	mimoza (ż)	[mi'mɔza]
narciso (m)	narcyz (m)	['nartsis]
capuchinha (f)	nasturcja (ż)	[nas'turtsʰja]

orquídea (f)	orchidea (ż)	[ɔrhi'dɛa]
peónia (f)	piwonia (ż)	[pi'vɔɲja]
violeta (f)	fiołek (m)	[fʰɔwɛk]

amor-perfeito (m)	bratek (m)	['bratɛk]
não-me-esqueças (m)	niezapominajka (ż)	[nezapɔmi'najka]
margarida (f)	stokrotka (ż)	[stɔk'rɔtka]

| papoula (f) | mak (m) | [mak] |
| cânhamo (m) | konopie (l.mn.) | [kɔ'nɔpje] |

hortelã (f)	mięta (ż)	['menta]
lírio-do-vale (m)	konwalia (ż)	[kɔn'vaʎja]
campânula-branca (f)	przebiśnieg (m)	[pʃɛ'biɕnek]

urtiga (f)	pokrzywa (ż)	[pɔk'ʃiva]
azeda (f)	szczaw (m)	[ʃʧaf]
nenúfar (m)	lilia wodna (ż)	['liʎja 'vɔdna]
feto (m), samambaia (f)	paproć (ż)	['paprɔʨ]
líquen (m)	porost (m)	['pɔrɔst]

estufa (f)	szklarnia (ż)	['ʃkʎarɲa]
relvado (m)	trawnik (m)	['travnik]
canteiro (m) de flores	klomb (m)	['klɔmp]

planta (f)	roślina (ż)	[rɔɕ'lina]
erva (f)	trawa (ż)	['trava]
folha (f) de erva	źdźbło (n)	[ʑʥ'bwɔ]

folha (f)	liść (m)	[liɕʧ]
pétala (f)	płatek (m)	['pwatɛk]
talo (m)	łodyga (ż)	[wɔ'diga]
tubérculo (m)	bulwa (ż)	['buʎva]

broto, rebento (m)	kiełek (m)	['kewɛk]
espinho (m)	kolec (m)	['kɔleʦ]

florescer (vi)	kwitnąć	['kfitnɔ̃ʨ]
murchar (vi)	więdnąć	['vendnɔ̃ʨ]
cheiro (m)	zapach (m)	['zapah]
cortar (flores)	ściąć	[ɕʨɔ̃ʨ]
colher (uma flor)	zerwać	['zɛrvaʨ]

191. Cereais, grãos

grão (m)	zboże (n)	['zbɔʒɛ]
cereais (plantas)	zboża (l.mn.)	['zbɔʒa]
espiga (f)	kłos (m)	[kwɔs]

trigo (m)	pszenica (ż)	[pʃɛ'niʦa]
centeio (m)	żyto (n)	['ʒitɔ]
aveia (f)	owies (m)	['ɔves]

milho-miúdo (m)	proso (n)	['prɔsɔ]
cevada (f)	jęczmień (m)	['enʧmɛ̃]

milho (m)	kukurydza (ż)	[kuku'ridza]
arroz (m)	ryż (m)	[riʃ]
trigo-sarraceno (m)	gryka (ż)	['grika]

ervilha (f)	groch (m)	[grɔh]
feijão (m)	fasola (ż)	[fa'sɔʎa]
soja (f)	soja (ż)	['sɔja]
lentilha (f)	soczewica (ż)	[sɔʧɛ'viʦa]
fava (f)	bób (m)	[bup]

GEOGRAFIA REGIONAL

Países. Nacionalidades

192. Política. Governo. Parte 1

política (f)	polityka (ż)	[pɔ'litika]
político	polityczny	[pɔli'titʃni]
político (m)	polityk (m)	[pɔ'litik]
estado (m)	państwo (n)	['paɲstfɔ]
cidadão (m)	obywatel (m)	[ɔbi'vatɛʎ]
cidadania (f)	obywatelstwo (n)	[ɔbiva'tɛʎstfɔ]
brasão (m) de armas	godło (n) państwowe	['gɔdwɔ paɲst'vɔvɛ]
hino (m) nacional	hymn (m) państwowy	[himn paɲst'fɔvi]
governo (m)	rząd (m)	[ʒɔ̃t]
Chefe (m) de Estado	szef (m) państwa	[ʃɛf 'paɲstfa]
parlamento (m)	parlament (m)	[par'ʎamɛnt]
partido (m)	partia (ż)	['partʰja]
capitalismo (m)	kapitalizm (m)	[kapi'talizm]
capitalista	kapitalistyczny	[kapitalis'titʃni]
socialismo (m)	socjalizm (m)	[sɔts'ʰjalizm]
socialista	socjalistyczny	[sɔtsʰjalis'titʃni]
comunismo (m)	komunizm (m)	[kɔ'munizm]
comunista	komunistyczny	[kɔmunis'titʃni]
comunista (m)	komunista (m)	[kɔmu'nista]
democracia (f)	demokracja (ż)	[dɛmɔk'ratsʰja]
democrata (m)	demokrata (m)	[dɛmɔk'rata]
democrático	demokratyczny	[dɛmɔkra'titʃni]
Partido (m) Democrático	partia (ż) demokratyczna	['partʰja dɛmɔkra'titʃna]
liberal (m)	liberał (m)	[li'bɛraw]
liberal	liberalny	[libɛ'raʎni]
conservador (m)	konserwatysta (m)	[kɔnsɛrva'tista]
conservador	konserwatywny	[kɔnsɛrva'tivni]
república (f)	republika (ż)	[rɛ'publika]
republicano (m)	republikanin (m)	[rɛpubli'kanin]
Partido (m) Republicano	partia (ż) republikańska	['partʰja rɛpubli'kaɲska]
eleições (f pl)	wybory (l.mn.)	[vi'bɔri]
eleger (vt)	wybierać	[vi'bɛratʃ]

eleitor (m)	wyborca (m)	[vɨ'bɔrtsa]
campanha (f) eleitoral	kampania (ż) wyborcza	[kam'paɲja vɨ'bɔrtʃa]
votação (f)	głosowanie (n)	[gwɔsɔ'vane]
votar (vi)	głosować	[gwɔ'sɔvatʃ]
direito (m) de voto	prawo (n) wyborcze	['pravɔ vɨ'bɔrtʃɛ]
candidato (m)	kandydat (m)	[kan'dɨdat]
candidatar-se (vi)	kandydować	[kandɨ'dɔvatʃ]
campanha (f)	kampania (ż)	[kam'paɲja]
da oposição	opozycyjny	[ɔpɔzɨ'tsɨjnɨ]
oposição (f)	opozycja (ż)	[ɔpɔ'zɨtsʰja]
visita (f)	wizyta (ż)	[vi'zita]
visita (f) oficial	wizyta (ż) oficjalna	[vi'zita ɔfitsʰ'jaʎna]
internacional	międzynarodowy	[mɛ̃dzinarɔ'dɔvɨ]
negociações (f pl)	rozmowy (l.mn.)	[rɔz'mɔvɨ]
negociar (vi)	prowadzić rozmowy	[prɔ'vadʒitʃ rɔz'mɔvɨ]

193. Política. Governo. Parte 2

sociedade (f)	społeczeństwo (n)	[spɔwɛt'ʃɛɲstfɔ]
constituição (f)	konstytucja (ż)	[kɔnsti'tutsʰja]
poder (ir para o ~)	władza (ż)	['vwadza]
corrupção (f)	korupcja (ż)	[kɔ'ruptsʰja]
lei (f)	prawo (n)	['pravɔ]
legal	prawny	['pravnɨ]
justiça (f)	sprawiedliwość (ż)	[spraved'livɔstʃ]
justo	sprawiedliwy	[spraved'livɨ]
comité (m)	komitet (m)	[kɔ'mitɛt]
projeto-lei (m)	projekt (m) ustawy	['prɔekt us'tavɨ]
orçamento (m)	budżet (m)	['budʒɛt]
política (f)	polityka (ż)	[pɔ'litika]
reforma (f)	reforma (ż)	[rɛ'fɔrma]
radical	radykalny	[radɨ'kaʎnɨ]
força (f)	siła (ż)	['ɕiwa]
poderoso	silny	['ɕiʎnɨ]
partidário (m)	zwolennik (m)	[zvɔ'leɲik]
influência (f)	wpływ (m)	[fpwɨf]
regime (m)	reżim (m)	['rɛʒim]
conflito (m)	konflikt (m)	['kɔnflikt]
conspiração (f)	spisek (m)	['spisɛk]
provocação (f)	prowokacja (ż)	[prɔvɔ'katsʰja]
derrubar (vt)	obalić	[ɔ'balitʃ]
derrube (m), queda (f)	obalenie (n)	[ɔba'lene]
revolução (f)	rewolucja (ż)	[rɛvɔ'lytsʰja]

| golpe (m) de Estado | przewrót (m) | ['pʃɛvrut] |
| golpe (m) militar | przewrót (m) wojskowy | ['pʃɛvrut vɔjs'kɔvi] |

crise (f)	kryzys (m)	['krizis]
recessão (f) económica	recesja (ż)	[rɛ'tsɛsʲja]
manifestante (m)	demonstrant (m)	[dɛ'mɔnstrant]
manifestação (f)	demonstracja (ż)	[dɛmɔnst'ratsʲja]
lei (f) marcial	stan (m) wojenny	[stan vɔ'ɛɲi]
base (f) militar	baza (ż) wojskowa	['baza vɔjs'kɔva]

| estabilidade (f) | stabilność (ż) | [sta'biʎnɔɕʧ] |
| estável | stabilny | [sta'biʎni] |

| exploração (f) | eksploatacja (ż) | [ɛksplʒa'tatsʲja] |
| explorar (vt) | eksploatować | [ɛksplʒa'tɔvaʧ] |

racismo (m)	rasizm (m)	['raɕizm]
racista (m)	rasista (m)	[ra'ɕista]
fascismo (m)	faszyzm (m)	['faʃizm]
fascista (m)	faszysta (m)	[fa'ʃista]

194. Países. Diversos

estrangeiro (m)	obcokrajowiec (m)	[ɔptsɔkraʒvets]
estrangeiro	zagraniczny	[zagra'niʧni]
no estrangeiro	za granicą	[za gra'nitsɔ̃]

emigrante (m)	emigrant (m)	[ɛ'migrant]
emigração (f)	emigracja (ż)	[ɛmig'ratsʲja]
emigrar (vi)	emigrować	[ɛmig'rɔvaʧ]

Ocidente (m)	Zachód (m)	['zahut]
Oriente (m)	Wschód (m)	[fshut]
Extremo Oriente (m)	Daleki Wschód (m)	[da'leki fshut]

civilização (f)	cywilizacja (ż)	[tsivili'zatsʲja]
humanidade (f)	ludzkość (ż)	['lyʦkɔɕʧ]
mundo (m)	świat (m)	[ɕfʲat]
paz (f)	pokój (m)	['pɔkuj]
mundial	światowy	[ɕfʲa'tɔvi]

pátria (f)	ojczyzna (ż)	[ɔjt'ʃizna]
povo (m)	naród (m)	['narut]
população (f)	ludność (ż)	['lydnɔɕʧ]
gente (f)	ludzie (l.mn.)	['lyʤe]
nação (f)	naród (m)	['narut]
geração (f)	pokolenie (n)	[pɔkɔ'lene]

território (m)	terytorium (n)	[tɛri'tɔrʲjum]
região (f)	region (m)	['rɛgʲʒn]
estado (m)	stan (m)	[stan]

| tradição (f) | tradycja (ż) | [tra'diʦʲja] |
| costume (m) | obyczaj (m) | [ɔ'biʧaj] |

ecologia (f)	ekologia (ż)	[ɛkɔ'lɜgʰja]
índio (m)	Indianin (m)	[indʰ'janin]
cigano (m)	Cygan (m)	['tsigan]
cigana (f)	Cyganka (ż)	[tsi'gaŋka]
cigano	cygański	[tsi'gaɲski]

império (m)	imperium (n)	[im'pɛrʰjum]
colónia (f)	kolonia (ż)	[kɔ'lɜɲja]
escravidão (f)	niewolnictwo (n)	[nevɔʎ'nitstfɔ]
invasão (f)	najazd (m)	['najast]
fome (f)	głód (m)	[gwut]

195. Grupos religiosos mais importantes. Confissões

| religião (f) | religia (ż) | [rɛ'ligʰja] |
| religioso | religijny | [rɛli'gijnі] |

crença (f)	wiara (ż)	['vˡara]
crer (vt)	wierzyć	['veʒitʃ]
crente (m)	wierzący (m)	[ve'ʒɔ̃tsi]

| ateísmo (m) | ateizm (m) | [a'tɛizm] |
| ateu (m) | ateista (m) | [atɛ'ista] |

cristianismo (m)	chrześcijaństwo (n)	[hʃɛʨʃi'jaɲstfɔ]
cristão (m)	chrześcijanin (m)	[hʃɛʨʃi'janin]
cristão	chrześcijański	[hʃɛʨʃi'jaɲski]

catolicismo (m)	katolicyzm (m)	[katɔ'litsizm]
católico (m)	katolik (m)	[ka'tɔlik]
católico	katolicki	[katɔ'litski]

protestantismo (m)	protestantyzm (m)	[prɔtɛs'tantizm]
Igreja (f) Protestante	kościół (m) protestancki	['kɔʃtʃow prɔtɛs'tantski]
protestante (m)	protestant (m)	[prɔ'tɛstant]

ortodoxia (f)	prawosławie (n)	[pravɔs'wave]
Igreja (f) Ortodoxa	kościół (m) prawosławny	['kɔʃtʃow pravɔs'wavnі]
ortodoxo (m)	prawosławny (m)	[pravɔs'wavnі]

presbiterianismo (m)	prezbiterianizm (m)	[prɛzbitɛrʰ'janizm]
Igreja (f) Presbiteriana	kościół (m) prezbiteriański	['kɔʃtʃow prɛzbitɛ'rjaɲski]
presbiteriano (m)	prezbiterianin (m)	[prɛzbitɛrʰ'janin]

| Igreja (f) Luterana | kościół (m) luterański | ['kɔʃtʃow lytɛ'raɲski] |
| luterano (m) | luteranin (m) | [lytɛ'ranin] |

| Igreja (f) Batista | baptyzm (m) | ['baptizm] |
| batista (m) | baptysta (m) | [bap'tista] |

Igreja (f) Anglicana	Kościół Anglikański (m)	['kɔʃtʃow aŋli'kaɲski]
anglicano (m)	anglikanin (m)	[aŋli'kanin]
mormonismo (m)	religia (ż) mormonów	[rɛ'ligʰja mɔr'mɔnuf]
mórmon (m)	mormon (m)	['mɔrmɔn]

| Judaísmo (m) | judaizm (m) | [ju'daizm] |
| judeu (m) | żyd (m) | [ʒit] |

| budismo (m) | buddyzm (m) | ['buddizm] |
| budista (m) | buddysta (m) | [bud'dista] |

| hinduísmo (m) | hinduizm (m) | [hin'duizm] |
| hindu (m) | hinduista (m) | [hindu'ista] |

Islão (m)	islam (m)	['isʎam]
muçulmano (m)	muzułmanin (m)	[muzuw'manin]
muçulmano	muzułmański	[muzuw'maɲski]

| Xiismo (m) | szyizm (m) | ['ʃiizm] |
| xiita (m) | szyita (m) | ['ʃiita] |

| sunismo (m) | sunnizm (m) | ['suɲizm] |
| sunita (m) | sunnita (m) | [su'ɲita] |

196. Religiões. Padres

| padre (m) | ksiądz (m) | [kɕɔ̃ts] |
| Papa (m) | papież (m) | ['papeʃ] |

monge (m)	zakonnik (m)	[za'kɔɲik]
freira (f)	zakonnica (ż)	[zakɔ'ɲitsa]
pastor (m)	pastor (m)	['pastɔr]

abade (m)	opat (m)	['ɔpat]
vigário (m)	wikariusz (m)	[vi'karjyʃ]
bispo (m)	biskup (m)	['biskup]
cardeal (m)	kardynał (m)	[kar'dinaw]

pregador (m)	kaznodzieja (m)	[kaznɔ'dʒeja]
sermão (m)	kazanie (n)	[ka'zane]
paroquianos (pl)	parafianie (l.mn.)	[para'fʲane]

| crente (m) | wierzący (m) | [ve'ʒɔ̃tɕi] |
| ateu (m) | ateista (m) | [atɛ'ista] |

197. Fé. Cristianismo. Islão

| Adão | Adam (m) | ['adam] |
| Eva | Ewa (ż) | ['ɛva] |

Deus (m)	Bóg (m)	[buk]
Senhor (m)	Pan (m)	[pan]
Todo Poderoso (m)	Wszechmogący (m)	[fʃɛhmɔ'gɔ̃tɕi]

pecado (m)	grzech (m)	[gʒɛh]
pecar (vi)	grzeszyć	['gʒɛʃitʃ]
pecador (m)	grzesznik (m)	['gʒɛʃnik]

pecadora (f)	grzesznica (ż)	[gʒɛʃ'niʦa]
inferno (m)	piekło (n)	['pekwɔ]
paraíso (m)	raj (m)	[raj]
Jesus	Jezus (m)	['ezus]
Jesus Cristo	Jezus Chrystus (m)	['ezus 'hristus]
Espírito (m) Santo	Duch Święty (m)	[duh 'ɕfenti]
Salvador (m)	Zbawiciel (m)	[zba'viʧeʎ]
Virgem Maria (f)	Matka Boska (ż)	['matka 'bɔska]
Diabo (m)	diabeł (m)	['dʰjabɛw]
diabólico	diabelski	[dʰja'bɛʎski]
Satanás (m)	szatan (m)	['ʃatan]
satânico	szatański	[ʃa'taɲski]
anjo (m)	anioł (m)	['anɜw]
anjo (m) da guarda	anioł stróż (m)	['anɜw struʃ]
angélico	anielski	[a'neʎski]
apóstolo (m)	apostoł (m)	[a'pɔstɔw]
arcanjo (m)	archanioł (m)	[ar'hanɜw]
anticristo (m)	antychryst (m)	[an'tihrist]
Igreja (f)	Kościół (m)	['kɔʃʧɔw]
Bíblia (f)	Biblia (ż)	['bibʎja]
bíblico	biblijny	[bib'lijni]
Velho Testamento (m)	Stary Testament (m)	['stari tɛs'tamɛnt]
Novo Testamento (m)	Nowy Testament (m)	['nɔvi tɛs'tamɛnt]
Evangelho (m)	Ewangelia (ż)	[ɛva'ŋɛʎja]
Sagradas Escrituras (f pl)	Pismo (n) Święte	['pismɔ 'ɕfentɛ]
Céu (m)	Królestwo (n) Niebiańskie	[kru'lestfɔ ne'bʲaɲske]
mandamento (m)	przykazanie (n)	[pʃika'zane]
profeta (m)	prorok (m)	['prɔrɔk]
profecia (f)	proroctwo (n)	[prɔ'rɔʦtfɔ]
Alá	Allach, Allah (m)	['allah]
Maomé	Mohammed (m)	[mɔ'hamɛt]
Corão, Alcorão (m)	Koran (m)	['kɔran]
mesquita (f)	meczet (m)	['mɛʧɛt]
mulá (m)	mułła (m)	['muwwa]
oração (f)	modlitwa (ż)	[mɔd'litfa]
rezar, orar (vi)	modlić się	['mɔdliʧ ɕɛ̃]
peregrinação (f)	pielgrzymka (ż)	[peʎg'ʒimka]
peregrino (m)	pielgrzym (m)	['peʎgʒim]
Meca (f)	Mekka (ż)	['mɛkka]
igreja (f)	kościół (m)	['kɔʃʧɔw]
templo (m)	świątynia (ż)	[ɕfɔ̃'tiɲa]
catedral (f)	katedra (ż)	[ka'tɛdra]
gótico	gotycki	[gɔ'tiʦki]
sinagoga (f)	synagoga (ż)	[sina'gɔga]

mesquita (f)	meczet (m)	['mɛʧɛt]
capela (f)	kaplica (ż)	[kap'litsa]
abadia (f)	opactwo (n)	[ɔ'paʦtfɔ]
convento (m)	klasztor (m) żeński	['kʎaʃtɔr 'ʒɛɲski]
mosteiro (m)	klasztor (m) męski	['kʎaʃtɔr 'mɛnski]

sino (m)	dzwon (m)	[ʣvɔn]
campanário (m)	dzwonnica (ż)	[ʣvɔ'ɲiʦa]
repicar (vi)	dzwonić	['ʣvɔniʧ]

cruz (f)	krzyż (m)	[kʃiʃ]
cúpula (f)	kopuła (ż)	[kɔ'puwa]
ícone (m)	ikona (ż)	[i'kɔna]

alma (f)	dusza (ż)	['duʃa]
destino (m)	los (m)	['lɔs]
mal (m)	zło (n)	[zwɔ]
bem (m)	dobro (n)	['dɔbrɔ]

vampiro (m)	wampir (m)	['vampir]
bruxa (f)	wiedźma (ż)	['vedʒima]
demónio (m)	demon (m)	['dɛmɔn]
espírito (m)	duch (m)	[duh]

redenção (f)	odkupienie (n)	[ɔtku'pene]
redimir (vt)	odkupić	[ɔt'kupiʧ]

missa (f)	msza (ż)	[mʃa]
celebrar a missa	odprawiać mszę	[ɔtp'raviaʧ mʒɛ̃]
confissão (f)	spowiedź (ż)	['spɔveʧ]
confessar-se (vr)	spowiadać się	[spɔ'viadaʧ ɕɛ̃]

santo (m)	święty (m)	['ɕfenti]
sagrado	święty	['ɕfenti]
água (f) benta	woda (ż) święcona	['vɔda ɕfɛ̃'ʦɔna]

ritual (m)	obrzęd (m)	['ɔbʒɛ̃t]
ritual	obrzędowy	[ɔbʒɛ̃'dɔvi]
sacrifício (m)	ofiara (ż)	[ɔ'fiara]

superstição (f)	przesąd (m)	['pʃɛsɔ̃t]
supersticioso	przesądny	[pʃɛ'sɔ̃dni]
vida (f) depois da morte	życie (n) pozagrobowe	['ʒiʧe pɔzagrɔ'bɔvɛ]
vida (f) eterna	życie (n) wieczne	['ʒiʧe 'vetʃnɛ]

TEMAS DIVERSOS

198. Várias palavras úteis

ajuda (f)	pomoc (ż)	['pɔmɔʦ]
barreira (f)	przeszkoda (ż)	[pʃɛʃ'kɔda]
base (f)	baza (ż)	['baza]
categoria (f)	kategoria (ż)	[katɛ'gɔrʰja]
causa (f)	przyczyna (ż)	[pʃit'ʃina]

coincidência (f)	koincydencja (ż)	[kɔjnsi'dɛnsija]
coisa (f)	rzecz (ż)	[ʒɛʧ]
começo (m)	początek (m)	[pɔt'ʃõtɛk]
cómodo (ex. poltrona ~a)	wygodny	[vi'gɔdni]
comparação (f)	porównanie (n)	[pɔruv'nane]

compensação (f)	rekompensata (ż)	[rɛkɔmpɛn'sata]
crescimento (m)	wzrost (m)	[vzrɔst]
desenvolvimento (m)	rozwój (m)	['rɔzvuj]
diferença (f)	różnica (ż)	[ruʒ'niʦa]
efeito (m)	efekt (m)	['ɛfɛkt]

elemento (m)	element (m)	[ɛ'lemɛnt]
equilíbrio (m)	równowaga (ż)	[ruvnɔ'vaga]
erro (m)	błąd (m)	[bwõt]
esforço (m)	wysiłek (m)	[vi'ɕiwɛk]
estilo (m)	styl (m)	[stiʎ]

exemplo (m)	przykład (m)	['pʃikwat]
facto (m)	fakt (m)	[fakt]
fim (m)	zakończenie (n)	[zakɔɲt'ʃɛne]
forma (f)	kształt (m)	['kʃtawt]

frequente	częsty	['ʧɛnsti]
fundo (ex. ~ verde)	tło (n)	[twɔ]
género (tipo)	rodzaj (m)	['rɔdzaj]
grau (m)	stopień (m)	['stɔpeɲ]
ideal (m)	ideał (m)	[i'dɛaw]

labirinto (m)	labirynt (m)	[ʎa'birint]
modo (m)	sposób (m)	['spɔsup]
momento (m)	moment (m)	['mɔmɛnt]
objeto (m)	obiekt (m)	['ɔbʰekt]
obstáculo (m)	przeszkoda (ż)	[pʃɛʃ'kɔda]

original (m)	oryginał (m)	[ɔri'ginaw]
padrão	standardowy	[standar'dɔvi]
padrão (m)	standard (m)	['standart]
paragem (pausa)	przerwa (ż)	['pʃɛrva]
parte (f)	część (ż)	[ʧɛ̃ɕʧ]

partícula (f)	cząstka (ż)	['tʃɔ̃stka]
pausa (f)	pauza (ż)	['pauza]
posição (f)	stanowisko (n)	[stanɔ'viskɔ]
princípio (m)	zasada (ż)	[za'sada]

problema (m)	problem (m)	['prɔblem]
processo (m)	proces (m)	['prɔtsɛs]
progresso (m)	postęp (m)	['pɔstɛ̃p]
propriedade (f)	właściwość (ż)	[vwaɕ'tʃivɔɕtʃ]

reação (f)	reakcja (ż)	[rɛ'aktsʰja]
risco (m)	ryzyko (n)	['riziko]
ritmo (m)	tempo (n)	['tɛmpɔ]
segredo (m)	tajemnica (ż)	[taem'nitsa]
série (f)	seria (ż)	['sɛrʰja]

sistema (m)	system (m)	['sistɛm]
situação (f)	sytuacja (ż)	[situ'atsʰja]
solução (f)	rozwiązanie (n)	[rɔzvɔ̃'zane]
tabela (f)	tablica (ż)	[tab'litsa]
termo (ex. ~ técnico)	termin (m)	['tɛrmin]

tipo (m)	typ (m)	[tip]
urgente	pilny	['piʎni]
urgentemente	pilnie	['piʎne]
utilidade (f)	korzyść (ż)	['kɔʑiɕtʃ]

variante (f)	wariant (m)	['varʰjant]
variedade (f)	wybór (m)	['vibur]
verdade (f)	prawda (ż)	['pravda]
vez (f)	kolej (ż)	['kɔlej]
zona (f)	strefa (ż)	['strɛfa]

www.ingramcontent.com/pod-product-compliance
Lightning Source LLC
LaVergne TN
LVHW051343080426
835509LV00020BA/3278